拾萃·聚力

中等职业教育实践与研究

殷华 杨旻 主编

中西书局

图书在版编目(CIP)数据

拾萃·聚力:中等职业教育实践与研究/殷华,杨旻主编. —上海:中西书局,2024. —ISBN 978-7-5475-2286-8

Ⅰ.G718.3

中国国家版本馆 CIP 数据核字第 202470J5C1 号

拾萃·聚力
——中等职业教育实践与研究
殷 华 杨 旻 主编

责任编辑	邓益明
装帧设计	梁业礼
责任印制	朱人杰
出版发行	上海世纪出版集团 中西书局(www.zxpress.com.cn)
地　　址	上海市闵行区号景路 159 弄 B 座(邮政编码:201101)
印　　刷	常熟市兴达印刷有限公司
开　　本	700 毫米×1000 毫米　1/16
印　　张	14.75
字　　数	254 000
版　　次	2024 年 8 月第 1 版　2024 年 8 月第 1 次印刷
书　　号	ISBN 978-7-5475-2286-8/G·791
定　　价	90.00 元

本书如有质量问题,请与承印厂联系。电话:0512-52381162

本书编委会

主　　编：殷　华　杨　旻
副 主 编：唐春凤　杨宏波
执行编辑：傅璇鑫

序

做教师,既要善教,也要懂科研。就如低头拉车,还要抬头看天。

翻开这本集子,你会看到我校一群教师在三尺讲台默默耕耘的身影,你也会看到他们静下心来读书和思考的执着。于是实践和理论擦出了火花,火花绽放凝结成智慧的结晶。

这是一群热爱着职业教育的老师。他们不仅关注职教理论的发展,更注重在实践中运用最新的理论来指导教学。在"传道授业解惑"的同时,将教学中的经验和感悟,化为朴实的文字,求教大方,切磋同道。有宏观大政的解读,有中观课程的落实,也有微观课堂的得失。捧读这本集子,就如跟一个个作者对话。

他们会向你讲述他们在教育道路上的点点滴滴,分享他们的教育理念和教学方法。他们的文字充满了热情和真挚,让人感受到他们对教育事业的热爱和执着。

这本集子不仅是一本教育实践的记录,更是一本教育智慧的结晶。它不仅展示了教师们在教学中的成果和经验,更反映了他们在教学过程中的思考和探索。这些文章既有对职业教育理论的深入解读,也有对教学实践具体问题的分析和解决。无论是从宏观的政策解读,还是从微观的课堂教学,这些文章都展现了我校教师们在教育领域的专业素养和实践能力。他们用自己的实际行动,诠释着教育的真谛,为职业教育的发展贡献着自己的力量。

读着这本集子,你会被其中蕴含的教育智慧和人文关怀所感动。老师们用他们的笔,书写着教育的美好和希望,激励着我们为教育事业谱写新篇。让我们一起跟随他们的脚步,共同探索教育的奥秘,为培养更多优秀的人才而努力。

习近平总书记对职业教育重要指示强调,在全面建设社会主义现代化国家新征程中,职业教育前途广阔、大有可为。这本书的出版,正是我校教师有所为的写照。

杨 旻

目 录

大思政篇

探析红色文化融入中职思政课堂教学……………………（陆汝群）3

中职学校思政教育与心理健康教育结合探析……………（卫婷婷）7

探索课程思政在中职平面设计专业图形创意课程中的融入
　　应用……………………………………………………（董　爽）14

以"创新鸡尾酒"项目为例探讨课程思政在中职"酒吧服务"
　　课程中的运用…………………………………………（丁　辉）21

表达性艺术治疗在中职生心理健康教育中的应用探究…（苏　洁）25

从板球精神谈中职校板球教学中的德育渗透和实践路径…（仰燕燕）31

OH卡在中职生自我认识中的实践研究……………………（罗　忆）45

基础文化篇

求同存异，在比较阅读中完善实用性文本的阅读方法………（顾莉亚）55

浅谈通过语文课前演讲培养中职生自我效能感的途径………（何其乐）60

核心素养下中职语文古诗词教学实践研究………………（杨艺欣）69

指向职业素养培养的中职语文教学实践与思考…………（卫　来）73

职教语文的项目化学习设计与实施………………………（裴　雯）78

根据艾宾浩斯遗忘曲线探究中职数学的作业设计………（时　娜）85

5E教学模式在中职英语阅读教学中的运用………………（杨宏波）91

中职英语听说教学中如何培养学生思维品质的教学实践……（林　楠）99

关于中职体育特长生培养方向和策略的研究……………(傅璇鑫)107
基于项目化学习的中职特教学生职业体能实践研究………(王　超)113
关于特教中职数学课程中引入生活应用问题的教学研究……(吴欢华)122
融合教育背景下的中职特教班分层教学思考及建议………(徐　梅)129

专业建设篇

PBL项目教学基于SPOC重构落实混合式教学的实践研究
……………………………………………………………(蒋　辉)137
混合式教学在"数控车削程序编制与调试"中教学评价的探究
……………………………………………………………(宋晓芬)146
中职机械制图课程混合式教学模式的探索与实践…………(周　芸)151
基于1+X证书制度下的"岗课赛证"综合育人模式探讨……(雍　玲)156
浅谈数控专业"产教融合、工学交替"人才培养模式探索与实践
……………………………………………………………(金之或)161
职业教育的实践与创新………………………………………(陈　平)166
中职平面产品设计课程与创新创业大赛的融合尝试………(周一冰)174
中职特教学生在高星级饭店运营与管理专业实践活动中的探索
……………………………………………………………(黄煜棋)180
思维导图在中职软件类内容教学中的应用探究……………(孙　鑫)185
探索优化数媒专业课程教学考核评价体系…………………(王　赟)192
以学生互评为主的翻转课堂构建……………………………(李佳臻)196
基于钉钉平台在线教学互动激发学生学习兴趣的实践研究
……………………………………………………………(徐　萍)208
中职幼儿保育专业教玩具制作课程的实践研究……………(张奕玫)215
项目教学法在中职"燃气工程施工"课程教学中的实践探索
……………………………………………………………(卫晶菁)221

大思政篇

探析红色文化融入中职思政课堂教学

思政组　陆汝群

[摘　要]红色文化是具有中华民族特色的文化,传承、弘扬红色文化,一方面是表达对历史的尊重,另一方面是培养青年学生爱国情怀的重要途径。本文重点探析将红色文化渗透进中职思政教学的有效策略。

[关键词]红色文化　中职思政　教学

一、前　　言

从 2013 年起,文化建设被党中央摆在了重要的位置,无论是领导人民的道路上,还是国家治理过程中,文化建设都发挥着举足轻重的作用。2022年,习近平总书记在考察陕北时说:"用好红色文化,发展社会主义先进文化。"他曾经提到"共和国是红色的,不能淡化这个颜色",要"使红色基因渗进血液、浸入心扉,引导广大青少年树立正确的世界观、人生观、价值观"。在中职学生教育教学中,红色文化融入中职思政课堂已成为推进新时代中职思政课建设的重要力量。

二、红色文化的内涵及特点

红色文化具有正确的价值导向,具备传播正能量的作用。中国共产党在百年实践奋斗的征程中,红色文化是其精神底色。中国共产党在百年理论创新的历程中,红色文化是其精神财富。新时代中职思政课建设过程中,红色文化是优质资源。

红色文化是指不同历史时期,中国共产党在带领炎黄子孙进行革命、建设、创新等奋斗历程中,形成的一系列能够彰显民族精神、体现时代要求、凝聚各方力量的革命精神,以及承载这些精神资源的遗址、遗迹、遗物等物质资源的总和。

红色文化具有深厚的历史底蕴、鲜明的时代特征和广泛的社会基础等特点。红色文化不论是在物质层面,还是在精神层面,都彰显了共产党人的精神气质和价值追求。红色文化深刻体现了党依靠人民、服务人民、贡献人民的民心基础。

三、红色文化融入中职思政课的意义

1. 增强文化自信

中职学生正值拔节孕穗期,接收信息途径多种多样,世界多元文化冲击着中职学生,增强文化自信显得迫在眉睫。所以,要利用思政课堂主阵地,全面、完整认识红色文化,抵抗侵蚀,实现和平稳定发展。

2. 赓续红色基因

习近平总书记在2021年主持十九届中央政治局第三十一次集体学习时强调"要用心用情用力保护好、管理好、运用好红色资源",他提出"设计符合青少年认知特点的教育活动,建设富有特色的革命传统教育、爱国主义教育、青少年思想道德教育基地,引导他们从小在心里树立红色理想"。红色基因不是与生俱来的,需要通过后天培育,思政课成为重要载体。

3. 培育社会主义核心价值观

社会主义核心价值观国家层面内容是红色文化形成之初中国共产党人的初心,社会层面内容是红色文化中共产主义理想信念的实践转化,个人层面内容是红色文化中模范人物的真实写照。作为社会主义建设的劳动者,中职学生有必要将红色文化做到知情意行。

总之,将红色文化融入中职思政课程,既可以丰富思政课的教学内容,创新人才培养方式,又可以提升思政教学的针对性和实效性。

四、红色文化融入中职思政课的策略

红色文化是中华优秀传统文化的重要组成部分。红色文化包含的人物、精神具有崇高色彩,容易让中职学生"敬而远之"。但是,帮助中职学生更直接地感受红色文化,近距离地认识、直观地理解"马克思主义深刻改变了中国,中国也极大丰富了马克思主义",更饱满地延续红色血脉又是每位中职思政教师的职责。如何解决两者之间的矛盾?这需要遵循教育教学规律,遵循中职学生的认知规律,用心用情用脑地探究教学教育策略,构建学习共同体,激活思政课教学。

1. 发挥"互联网+"的优势

新媒体时代,互联网已经成为人们获取信息和表达观点的重要途径。那么,中职思政教师可以利用"互联网+"的优势。例如,课前任务布置的时候,学生可以在教师指定平台完成课前预习、上传作业等任务。教师可以使用"学习强国""央视网"等官方平台,将纪录片、历史视频、语录音频等内容融入教学中,提升中职学生对于红色文化的感知和理解。

中职学生也可以利用微信、抖音、小红书等社交媒体开展线上讨论、分享红色故事红色歌曲等,实现潜移默化的隐性效果。

2. 延伸课堂教学的广度与深度

红色主题教育基地可以成为思政课课中或是课后的重要地方。无论是在红色革命旧址、革命烈士纪念馆、博物馆、展览馆、陈列馆、规划馆还是文化墙等基础设施场地,中职学生都可以深入了解红色文化的历史和精神,理解课本理论知识。

课中,教师根据授课内容,布置相关任务,学生组队在场馆寻找答案。打破常规桌椅课堂,创新教学形式。课后,学生按照教师要求,走进红色主题教育基地,学会完成作业。通过红色主题教育基地辅助,积极引导中职学生增强个人历史责任感,培养中职学生强烈的爱国主义精神及为社会主义建设贡献的使命感。

同时,红色文化社团建立也可以发挥作用。以传帮带的形式,以个别学生带动小组学生形式,争取大部分学生切实感受红色文化的魅力,培养正确的政治方向,树立崇高的理想信念,更好地服务社会主义建设。

3. 重视教学内容的实践

2020年中等职业学校思想政治课程标准将《中国特色社会主义》《心理健康与职业生涯》《哲学与人生》《职业道德与法治》列为必修课程,培养中职学生政治认同、法治意识、公共参与、职业精神和健全人格这五项核心素养。所以,在实际教学中,需要将内容实践化。通过主题教育活动、辩论等形式,增强对祖国的认同,以红色文化引领学生健康成长。通过家庭社区参与、社会实践,以红色文化助推学生责任担当。

五、结　　语

　　红色文化是中华民族之魂,是中国人民为之自豪的精神财富。中职思政教师需要结合中职学生的实际情况,兢兢业业地优化地方红色文化与中职思政课堂教学的融合。通过丰富而有效的教学活动,将红色文化铭记于心、外化于行,扎根于中职学生的日常,培养学生们"先天下之忧而忧"的主人翁精神,引导学生们提升职业素养,不忘红心,方得始终。这也是时代浪潮赋予每一位中职思政教师的使命。

参考文献

[1] 习近平在中国人民大学考察时强调:坚持党的领导传承红色基因扎根中国大地走出一条建设中国特色世界一流大学新路[N].人民日报,2022-04-26(01).

[2] 习近平在中共中央政治局第三十一次集体学习时强调用好红色资源赓续红色血脉努力创造无愧于历史和人民的新业绩[N].人民日报,2021-06-27(01).

[3] 石书臣,张朋林.习近平关于红色文化重要论述的德育思考[J].思想政治教育研究,2019,35(05):1—6.

[4] 习近平.思政课是落实立德树人根本任务的关键课程[M].北京:人民出版社,2020.

[5] 刘向军,李昂.思政课要做好创造性工作[J].中国高校社会科学,2022(05):88—95.

中职学校思政教育与心理健康教育结合探析

政史组　卫婷婷

[摘　要]当前,随着社会的快速发展和教育环境的不断变化,中职学校学生世界观、人生观、价值观呈现出多元化的趋势,这无疑给学校的思政教育工作带来了前所未有的挑战。为了有效应对这一挑战,我们需要积极探索新的教育方法和路径。文章认为,将思政教育与心理健康教育相结合,不仅可以丰富教育的内容和形式,还能有效提升学生的综合素质。为了充分发挥思政教育与心理健康教育的协同作用,文章建议学校应高度重视这两支教育队伍的建设。通过整合教育资源和力量,实现教育方法和手段、教育目标和内容的有机结合。同时,通过营造积极向上的育人文化氛围、利用数字化手段加强师生间的互动交流、优化课程设置等方式,为中职学生的身心健康发展提供有力保障。

[关键词]中职学校　思政教育　心理健康教育

一、前　言

在当前社会快速发展和教育环境不断变化的背景下,中等职业学校面临着前所未有的挑战。学生的世界观、人生观、价值观日益多元化,思想政治教育面临着新的考验和需求。同时,学生心理健康问题的普遍存在也给教育工作带来了新的挑战。在这样的背景下,如何有效地开展思政教育,促进学生的身心健康发展成为中等职业学校教育面临的重要课题。本文旨在探讨如何将思政教育与心理健康教育相结合,以更好地应对当前教育挑战,提升学生的综合素质。通过深入分析思政教育与心理健康教育的关系,探讨两者结合的必要性,并提出有效的方法和途径,以期为中等职业学校的教育工作提供有益的借鉴和启示。

二、思政教育与心理健康教育的关系

（一）思政教育与心理健康教育的不同之处

1. 在理论基础上存在显著差异。思想政治教育以马克思列宁主义、毛泽东思想及中国特色社会主义理论为核心，其重点在于满足社会意识形态教育的需要。而心理健康教育则植根于心理学理论和心理咨询、辅导、治疗等实践，其主要任务是为学生提供心理辅导和治疗，引导他们正确认识自我、调节情绪，维护人际关系平衡，解决心理问题。两者虽有异曲同工之妙，但在理论基础上有着明显的差异。

2. 思政教育的工作重心在于对个体进行思想、政治及道德层面的引导与教育，而心理健康教育则主要关注个体心理健康知识的普及、维护心理健康的路径探索，以及心理调适方法的传授与实践。两者在工作内容上各有侧重，共同构成了全面而均衡的教育体系。

3. 在教育教学过程中，思政教育与心理健康教育所采用的方式方法存在显著差异。思政教育主要通过正面教育和榜样示范，致力于引导学生形成正确的政治观念，坚定其政治立场，并提升其政治觉悟。相对而言，心理健康教育则更具针对性，它专注于对有心理困扰或行为问题的学生进行个别化心理辅导。为实现这一目标，心理健康教育常采用讨论、面对面交谈等多样化的方法。该领域特别重视对学生的尊重与理解，强调在民主、平等的氛围中，深入关注问题学生的情感体验和行为训练，以促进其心理健康的逐步恢复。

（二）思政教育和心理健康教育的内在关联

1. 人才培养目标相同。二者在人才培养目标上存在相似之处。思想政治教育和心理健康教育共同的对象是学生，它们都致力于促进学生全面素质的提升和综合发展。这两者的核心目标都在于丰富学生的认知和情感体验，以增强他们适应社会的能力。思想政治教育通过系统规划、明确目标、有序组织的方式，对学生产生积极影响。学校组织的文化活动和思政教育课程对学生的综合素养提升和高尚品质的培养具有重要作用。而心理教育则专注于学生的心理健康，重点培养学生健康的心理状态和社会适应能力。对于有心理困扰的学生，心理教育有助于他们克服障碍、增强自信，有效预防和缓解心理异常,促进学生的身心健康和情感体验,从而实现综合素质的提升。因此,可以看出,这两者在培养方向和目标上具有高度的一致性。

2.思政教育和心理健康教育相互依存,彼此为实施的前提和条件。心理状态作为思想的基础,对思想的形成和变化具有深远的影响和制约。同时,思想也对心理活动的方向产生支配作用。因此,在教育工作中,这两者相互交织,共同发挥作用。

实施思政教育是中等职业学校开展心理健康教育的必要前提。当前,一些学生存在自我评价偏差,对社会现实的认知不够客观,这导致了一系列问题的产生。通过思政教育,我们可以有效地纠正这些误解,引导学生形成正确的世界观、人生观和价值观,使他们能够作出客观的自我评价,深刻理解社会现实,并建立和谐的人际关系。同时,思政教育注重培养积极人生态度和坚韧意志品质,这也是实施心理健康教育的重要基础。

中等职业学校对学生进行心理健康教育活动,有助于巩固和深化思政教育的成果。心理健康的学生往往具备良好的思想品质和和谐的人际关系,更容易接受思政教育的影响。因此,健全的心理健康教育机制是确保思政教育取得良好成效的重要保障。在进行心理疏导时,教育工作者不仅应关注学生的心理层面,还应结合世界观、人生观和价值观进行全方位的引导,帮助学生更有效地解决问题。

三、思政教育与心理健康教育结合的必要性

（一）学生心理问题的普遍性构成中职学校思政教育的严峻挑战

在当前社会背景下,中等职业学校学生面临着诸多心理问题,这些问题的普遍存在构成了中职学校思政教育面临的严峻挑战。随着社会竞争的日益激烈和学业压力的增加,许多学生面临着情绪焦虑、压力过大等心理问题。他们可能感到挫折、无助甚至绝望,缺乏有效的情绪调节和心理应对能力,影响了学习和生活的质量。社会变革的加速和信息化的发展给学生的人生规划和职业选择带来了更多不确定性,导致一些学生缺乏自信,迷茫无措,甚至出现抑郁和焦虑等心理问题。此外,家庭矛盾、人际关系不和谐、对未来的担忧等也是中职学生常见的心理困扰。

这些心理问题的存在不仅直接影响了学生的学习效果和生活质量,还

可能引发一系列的不良行为和社会问题,如早恋、校园暴力、欺凌等,严重影响了学校的教育秩序和良好氛围。因此,中职学校迫切需要思政教育与心理健康教育相结合,共同应对学生心理问题带来的挑战。思政教育的理性思辨和情感引导与心理健康教育的情绪调节和心理疏导相结合,有助于有效解决学生心理问题,提升他们的心理素质和综合能力,实现全面发展。

(二)将思政教育与心理健康教育相结合,可实现双方深度交融、互为补充和共同推进

1. 思政教育强调理性思维和高尚品质的培养,重点在于引导学生树立正确的世界观、人生观和价值观,提升其道德素养和社会责任感。而心理健康教育则注重学生心理健康问题的识别、预防和干预,通过心理疏导和情感管理等手段帮助学生解决心理困扰,增强心理韧性。将两者结合起来,思政教育的理性思辨和高尚品质可以为学生提供认知和道德的引导,促使他们更好地应对心理挑战,而心理健康教育则可以为思政教育提供学生心理状态的更深入了解,有针对性地进行情感疏导和心理支持,使学生更加积极地参与思政教育的学习和实践。

2. 思政教育与心理健康教育相结合,可以形成教育工作的良性循环。思政教育注重培养学生的高尚情操和社会责任感,通过丰富多彩的课程和活动引导学生积极参与社会实践和志愿服务,从而增强其社会情感和社会适应能力。而心理健康教育则可以通过对学生心理健康状况的关注和干预,确保学生在社会实践中心理健康,增强其实践活动的积极性和效果,形成良性的教育循环。

3. 思政教育与心理健康教育相结合,可以更好地满足学生全面发展的需求。学生的发展是一个整体的过程,不仅需要在认知和道德上得到培养,更需要在心理健康上得到关注和支持。思政教育与心理健康教育的深度交融,可以更全面地促进学生的身心健康发展,提升其综合素质和竞争力,为其未来的成长和发展奠定良好的基础。

四、探讨思政教育与心理健康教育相结合的有效方法

(一)强化思政教育与心理健康教育师资力量的构建

要实现思政教育与心理健康教育的有机结合,关键在于加强师资力量

的建设。这要求我们通过多种方式提升教师的专业素养和教育水平,使他们不仅具备深厚的思政理论知识,还掌握心理学知识和心理咨询辅导能力。为此,学校可以组织专门的培训,邀请专家进行深入的理论和实践指导,同时鼓励教师考取相关资格证书。建立导师制度,让经验丰富的老师带领新任教师成长,也是提高教师整体水平的有效途径。此外,组建专业团队,促进教师间的交流与合作,以及营造良好的教育氛围,都能为学校开展综合素质教育提供坚实的师资保障。通过这些措施,我们能够打造一支高素质的教师队伍,推动思政教育与心理健康教育在学校中的有效融合。

（二）思政教育与心理健康教育方法的融合

思政教育与心理健康教育方法的融合是中职学校教育工作的重要探索和实践。通过将情感教育与心理疏导相结合,学校可以帮助学生识别和表达情感,释放压力,促进心理健康;同时,运用案例教学法与心理辅导手段相结合,学校可以引导学生思考与分析,帮助他们了解自己的心理问题并寻找解决方法。此外,结合游戏化教学与情感管理,创设情境游戏,让学生在游戏中体验情绪管理的重要性,培养他们解决问题和面对挑战的能力,增强心理韧性。在课程设置方面,学校可以将心理健康教育内容融入思政教育课程中,或者专门开设心理健康教育课程,让学生系统学习心理健康知识和技能,提升心理素质。同时,通过参与社会实践活动,学生可以亲身体验社会生活,感受社会责任和情感交流,从而促进他们的心理健康和思想品德的培养。这些方法的融合,不仅可以更好地促进学生思想政治素质和心理健康水平的提升,还能实现思政教育与心理健康教育的有机结合,共同推动学校教育工作的深入开展。

（三）思政教育与心理健康教育目标的融合与内容的互补

思政教育与心理健康教育,二者均以培养全面发展、身心健康的高素质人才为终极目标,其核心均聚焦于学生个体的成长与发展。心理健康教育致力于深入学生内心世界,关注其自我认知、人格塑造及情绪管理能力等心理层面的培养,而思政教育则侧重于引导学生形成正确的思想导向与行为习惯。尽管心理健康教育更为细致入微,思政教育则显得更为宏观,但二者的结合却能从宏观与微观两个层面,全面而有效地应对学生面临的心理挑战。在内容层面,思政教育对学生品质与理想信念的培育,实际上也构成了心理健康教育不可或缺的一环。确立科学的世界观、人生观与价值观,不仅是中职学校思政教育的核心目标,更是促进学生身心健康发展的基石。因此,将思政教育与心理健康教育相结合,不仅符合教育规律,也是实现教育现代化的必然要求。

（四）实现思政教育与心理健康教育协同融合于和谐校园文化环境之中

中等职业学校应当积极增强校园文化建设的力度,致力于塑造积极正向、健康有益的校园环境。通过广泛运用多元化渠道与手段,精心策划并组织一系列内容丰富多彩、形式多样的文体活动。这些活动旨在将校园文化中蕴含的先进价值观念、思想意识、现代文明行为以及健康生活方式等元素,广泛传播至中职学生之中,以此推动心理健康教育与思政教育的有机整合与协同发展。

（五）运用数字化手段推进思政与心理健康教育融合

中等职业学校应构建以数字化为驱动的思政与心理健康教育综合平台。数字化手段具有虚拟化的特质,使学生在平台上能够无所顾忌地展现真实的自我,同时,教育者亦能通过此平台迅速且精准地为学生提供指导,实现双方的深度沟通与问题的有效解决。

（六）推动思政教育与心理健康教育在课程安排上的融合

推动思政教育与心理健康教育在课程安排上的融合是中职学校教育工作的一项重要任务。学校可以对现有的思政教育课程进行优化和调整,将心理健康教育内容融入其中,形成全新的综合素质教育课程体系。这样的课程安排使学生在学习思政知识的同时,也能够系统地了解和学习心理健康知识,从而全面提升思想政治素质和心理素质。学校还可以开设专门的心理健康教育课程,设置针对性强、内容丰富的课程模块,涵盖心理健康知识、情绪管理、压力释放等方面内容,让学生系统地学习和掌握心理健康知识和技能。此外,学校还可以通过跨学科的课程设置,将思政教育与心理健康教育相结合,形成跨学科、综合性的课程体系,使学生能够在不同学科领域中感受到思政教育和心理健康教育的融合与共生。通过这些课程安排的融合,学校可以更好地满足学生全面发展的需求,促进其思想政治素质和心理健康水平的提升,为其未来的成长和发展奠定良好的基础。

参考文献

[1] 李冬生.学生的心理健康与心理卫生[J].思想教育研究,1997(5).

[2] 黄轲.学生的心理健康初探[J].宜春医专学报,2000(Sl).

[3] 中共中央国务院关于进一步加强和改进学生思想政治教育的意见[N].中国教育报,2004-10-15.

[4] 李伦娥.大力推进学生心理健康教育工作[N].中国教育报,2004-06-15.

[5] 赵水琛,试论高校心理健康教育与思想政治教育的关系[J].山西高等学校社会科学学报,2005(3).

[6] 梅传强,学生心理健康教育[M].北京:中国法制出版社,2001.

[7] 励骅.地方新建高校心理健康教育工作的困境与出路[J].铜陵学院学报,2008(2).

探索课程思政在中职平面设计专业图形创意课程中的融入应用

平面设计组　董　爽

[摘　要]习近平总书记提出要加强和改进学校美育教育。本文以"传统图形在儿童护肤品包装设计中的应用"为案例,详细探讨了如何将思政教育融入平面设计专业课程《图形创意》的整体教学设计以及教学成效。课程在传统图形与现代设计的融合过程中,注重培养学生的审美素养和创新能力,强调人际交往、团队协作、爱国情感、敬业精神、守法意识等多方面素养的培养。采用任务驱动法作为主要教学方法,通过情境创设、课前调研、实际任务等环节,引导学生将传统图形与现代包装设计相融合,从而达到教学目标并提升思政素养。通过将专业技能与思政素养有机结合,学生不仅对传统图形有了更深入的认识,同时他们的图形设计实践能力也得到了显著提升。整个课程的设计与实施在培养学生创意能力和文化自信方面取得了显著成效。

[关键词]课程思政　平面设计　传统图形　融合变形　传承与创新

一、整体教学设计

(一)设计理念与思路

习近平总书记在全国教育大会上指出,要全面加强和改进学校美育,坚持以美育人、以文化人,提高学生审美和人文素养。本课程贯彻总书记重要讲话精神,"传承传统文化""美育素养渗透"与"核心职业能力"相结合,三位一体打造平面设计专业岗位人才。

在新时代课程思政教育的背景下,平面设计专业课程不仅注重专业知识、职业技能和职业道德的培养,而且强调课程德育和人文内涵内容的挖掘。作为传统文化的一部分,传统图形也承载着历史人文和美学价值。引导学生运用传统文化元素,结合现代设计的形式美法则进行设计,通过挖掘传统图形中蕴含的人文价值和精神内涵,提升学生的民族意识、文化意识,引导他们亲近传统文化,坚定文化自信,培养爱国、敬业、守法的平面设计专业人才。

在设计思路上,以企业项目驱动,由易到难,从局部到成品,递进式地完成企业项目,并通过企业和市场反馈验证学生实训实践的成果。

(二)学情与目标

本课程开设于中专二年级第一学期,学生已具备色彩与构图等平面设计基础知识,能使用 Photoshop、Illustrator 软件绘制图形,制作简单平面设计作品,需提升元素提炼、图形表现等整体设计规划能力,培养质量管理和设计规范意识。此外,还需要加强对中国传统文化知识、法律法规、爱国敬业等思想素养方面的培养。因此,通过综合项目实训和创意设计教学,结合广告设计员、包装设计员、印前制作员等岗位要求,制定教学三维目标。

知识目标:

1. 掌握传统图形的基本类型和制作要点;

2. 熟悉传统图形的基本样式、变形与组合。

技能目标:

1. 能独立设计制作传统图形的组合、变形、融合等;

2. 能综合运用传统图形创意设计制作标志、书籍、包装、招贴、VI 等平面作品。

素养目标:

1. 培养学生的审美素养,提升创新能力;

2. 具有良好的人际交往、团队协作能力、客户服务意识和专业法律意识;

3. 弘扬中华传统文化,增强文化自信、爱国情感。

(三)课程思政教学设计思路

某校企合作企业提出设计研发一款融入中华传统文化的儿童护肤品包装需求,针对学情和教学目标,专业教学团队调研儿童护肤品市场,发现图形创意匮乏,用到传统图形的例子更少,在以往的教学计划中也没有得到充分重视,因此重构了部分教学内容:增加了传统图形章节的设计实践,设置了"连理枝"传统婚庆工作室标志设计、"三叶"儿童护肤品包装设计、"古都风韵"传统文化礼品设计等项目,全程贯穿渗透传统文化和美育素养,让学生作品能够体现本土设计风格,更好继承和发扬中国传统文化。

以"传统图形在儿童护肤品包装中的应用"一课为例：通过知识的重构，围绕培养学生"利用中国传统图形，进行不同风格的融合变形，结合合适的表现形式进行包装设计"这一目标，以"儿童护肤品包装设计要求"为任务起点，以"传统图形的融合变形"为学习主线，以"护肤品包装设计"为教学内容载体，以弘扬"中华传统文化"、强调设计元素"文化特性"、树立正确的职业素养为思政要素，根据"儿童护肤品包装设计"的任务要求开展教学。

（四）教学实施策略

为了实现教学目标，结合学生的学情和认知规律，本堂课采用任务驱动法来开展教学。具体包括以下环节。

1. 创设情境以激发学生兴趣。

2. 课前走访调研，以传统文化交流活动形式走进小学课堂，通过与小学生协作绘制传统图形，了解小朋友们对传统图形的喜好，寻找设计思路。

3. 采用由浅入深、循序渐进的方法，让学生逐步掌握知识点，并通过主题讨论、微课展示图形的创意和变形，运用动画演示图形的发散联想，使学生能快速理解抽象、难懂的理论；通过平板电脑进行创意初稿手绘，用平面软件进行设计制作等多种形式突破重难点。

4. 通过任务驱动的小组协作方式完成设计任务，以小组为单位，探究策略，合理分工合作实施。

5. 通过课堂多元评价系统进行评价，找出差距，让学生分享经验教训，积极反思，继续完善提升，加深对知识的理解。

二、课堂教学实施流程

（一）课前思政元素的引入

鉴于平时学生对传统图形缺乏了解，利用学校网络教学平台乐学网发布课前任务：搜集中国传统图形及该图形的历史和寓意，并按照图案的类型进行分类。

组织学生与小学生进行传统图形绘画交流活动，向小学生讲述中国传统图形的由来，与他们一起绘画，了解他们对传统图形的喜好。

通过课前预习和调研让学生对中国传统图形的基本形态、寓意及文化内涵有初步的了解,为课程的开展提供知识积累。

(二)课程内容与思政元素的融合教学

1. 新课导入

某校企合作企业将推出一款纯天然成分的儿童护肤品,希望我们为该产品设计含有传统图形元素的包装。

好的包装能够吸引人们的眼球,满足新时代人民日益增长的美好生活需要,促使人们购买和使用。

2. 发布任务

① 观察归纳:传统图形有哪些?儿童对传统图形的喜好是什么?

传统图形有几何图案、植物图案、动物图案、吉祥图案、神话与传说中的图案五大类。儿童比较喜欢其中的古代神话传说图案、动植物图案、几何图案。

② 引导思考:包装图案如何创新而不雷同?

好的图案不是拿来就用,传统图形与现代图形的结合,是一种创意创新。

明确课堂任务,引导学生了解中国传统文化,增强文化自信,培养爱国情操。引导学生去发现问题,明确探索目标,引出新知识内容。

3. 课堂实施

环节一:联想讨论

学生联想与儿童护肤品相关的形象,比如水滴、花草、儿童的卡通形象、"宝贝"等文字。

环节二:观察分析几组传统图形的现代化演绎和创新设计,学生简述案例中运用到的方法。

环节三:播放微课和动画演示,学生根据教师的引导,观察并参与课堂互动问答,归纳出图形变形的常用方法:填——图形填充法;代——局部替代法;夸——结构夸张法;字——汉字图形化。

环节四:学生根据所学变形方法,分组把儿童喜欢的三组传统图形和儿童护肤品相关形象结合起来,形成一个新图案草图。

环节五:学生利用平面设计软件绘制出融合图案,并贴入化妆品样机观察效果。

通过案例赏析和变形融合方法的学习,学生了解了中国传统文化的传承与创新,懂得尊重传统文化与现代化需求的统一,也能意识到作为一名设计师的社会责任与文化自觉。

4. 展示评价

学生把作品提交到在线教学平台，由组长代表展示自己小组的作品，阐述设计思路和运用的变形方法。学生和教师利用多元评价系统根据评价标准进行评分。

根据课程思政的目标，在评价标准中加入一定比例的德育考核评价：作品是否体现中国传统文化要素的内容，传统元素与现代技术的结合是否符合时代要求，设计作品是否体现出创新精神、职业道德等相关的思想素养。以多维的评价内容完成"教学闭环"。

5. 拓展提升

结合包装设计的文字、色彩、图形等相关要素，学生补充包装上图案以外的内容，完善包装设计，注意色彩搭配和谐，包装风格统一。

从文字、色彩、图形等相关要素，让学生了解关于包装设计的设计规范和法律法规，引导学生敬业、守法。

6. 布置作业

课后布置"鼎丰酱油包装"的设计任务，要求学生以家乡特色产品为主题开展包装设计，巩固了专业课的应用，进一步激发学生对优秀传统文化和家乡的热爱。

三、课堂教学实施成效

（一）教学目标有效达成

1. 本次课堂教学，利用"任务驱动教学法"传达企业工作内容，让学生将基础理论知识应用在实际任务里，提高了学生参与度，提升了学生的专业技能和职业素养。

2. 学生对中国传统图形的概念和分类有了更深入的了解，能够将传统图形与现代包装设计进行有机结合，提高了设计思维和创意能力。

3. 学生探究了传统图形的融合与变形在包装设计中的应用，提高了设计实践能力和文化创新意识。

4. 学生评价了作品，讨论了设计思路、表现手法和文化意义，增强了团队协作和交流能力。

5. 学生通过与小学生（客户）互动，了解儿童对传统图形的爱好和需求，以客户为指向，与其进行面对面的交流，锻炼自己的沟通能力。

6. 利用乐学网平台支撑线上线下的学习过程,进行混合式学习和评价,实现学生的课前调研、预习,课中互动、练习,课后复习巩固的学习效果。通过微课、动画、图图小程序等信息化技术手段全程辅助任务实施,提高了课堂学习效率。

(二) 思政成效

1. 在以现代图形的变化为主的课程中融入了传统文化元素,使学生了解了中国传统图形的基本形态、寓意及文化内涵,提高了对传统文化的认识和理解,增强了文化自信和民族自豪感。

2. 设计内容植根于传统文化,并与现代图形进行融合与提炼,培养学生发现美、审视美、运用美的能力。

3. 学生主导与小学生协作绘制传统图形的互动教学,带动了小学生对传统图形的喜爱,传承中国的传统文化。

四、教学反思与改进

图形创意能力的强弱决定了学生设计水平的高低,学生还需加强创意思维、图形的联想能力、结合包装造型、VI设计的综合运用能力。

学生的创意发挥有待提升,老师需耐心引导学生图形的思维发散点,使课堂更高效有趣。

将中国优秀传统文化作为"思政"元素融入平面设计课程教学实践中,以实现专业课程育人的有效性。利用新时代党中央构建"三全"育人的重要举措背景,将课程目标、内容等与思政元素有机结合,让学生在学习设计技能的同时,潜移默化地感受和增强对传统文化的认同和自信心。这样的教学模式不仅具备理论和实践意义,也推进了平面设计专业课程的教学改革。

参考文献

[1] 黎志辉.包装设计课程思政的教学设计探索与实践——以"裹蒸粽"包装设计为例[J].广东教育,2021(12):18—19.

[2] 高林娟."大思政"格局下高校文创产品设计课程思政教学探索[J].今古文创,2020(13):92—94.

[3] 吴红梅."三全育人"理念下《包装设计》课程思政改革与实践[J].包装工程,2020,41(S1):175—177.

[4] 陆道坤.课程思政推行中若干核心问题及解决思路——基于专业课程思政的探讨[J].思想理论教育,2018(03):64—69.

以"创新鸡尾酒"项目为例探讨课程思政在中职"酒吧服务"课程中的运用

酒店组 丁 辉

[摘 要]"酒吧服务"课程是中职高星级饭店运营与管理专业的专业选修课,承担着帮助学生掌握酒水基础知识、酒水制作与服务专业技能以及培养调酒师岗位所需的职业道德、职业精神的双重任务。基于此,本文拟针对中职"酒吧服务"课程进行课程思政教学设计,探索"酒吧服务"课程专业知识体系与思政元素的融合,以发挥"酒吧服务"课程的育人作用。在本文中,特以"创新鸡尾酒"为切入点,试作探讨。

[关键词]酒吧服务 创新鸡尾酒 课程思政 正向激励

一、研究背景

"酒吧服务"是中职高星级饭店运营与管理专业的核心课程之一,其对应的"调酒师"证书是目前重新恢复的人保局认证考证课程之一。本课程中主要涉及的教学内容——酒水服务与鸡尾酒制作是国赛以及上海市星光杯相关酒店专业类服务竞赛的参赛必选项目之一;此外,鸡尾酒调制历年来都是行业职教集团单独设置的专项技能竞赛,足见本课程重要性。而作为一门技能课程,在对应社会用工需求上,本课程所培育的酒水服务和鸡尾酒制作技能拥有独立性强、综合性强、边缘性强的特点,因此拥有相对较广的就业前景,在多年教学实践中成为学生最喜爱的本专业课程之一。

也正因此,探索、挖掘与建设好这门专业课的课程思政显得尤为重要。这是一个需要逐渐深入探索的过程,需要我们从不同维度去认知。首先,我们要主动加强本课程中的思政意识。酒店专业所有课程从逻辑上必须强调服务属性,而对所有学习本专业的中职学生而言,服务往往意味着颠覆性,颠覆学生从小到大都是被服务者的认知,从被服务者变成服务者,进而变成主动进取、关心品质的服务者。这需要教师在技能训练中充分融入思政元素，以练促养，培育学生服务意识。其次，要讲究方法，改变原先课程思政融入的被动状态。在教学伊始，主观意愿上，将课程思政有机融入，这个过程是合理的、有计划、有准备的融入，而不是碎片的、想当然的，甚至是不正确的融入。最后，我们要摆明立场，辨明本课程思政建设的方向，基于这门课程"舶来品"的属性，我们要精心选择，需要融入什么思政元素、融入的效果怎么样，考虑清楚之后，才能够策略性地将思政元素融入本课程。

二、酒吧服务在课程思政融入背景下存在的不足

1. 教学理念与方法存在兼容问题

教学理念比较落后，教学方法偏于单一，有机械重复现象。由于授课内容较多，课时有限，教学任务比较重，在课上老师往往撇开理念，单刀直入采用讲授法贯穿知识点，较少会用到各类不同的教学方法来贯穿讲课。这也造成了原本可以上得很精彩的课陷入枯燥无聊，课程思政无从谈起。

2. 教学目标不明确

2016年至2023年这七年间，调酒师证书被取消，教学抓手骤然消失，教学动力转移。酒吧服务应该教什么、教到什么程度、衡量教学水平的依据是什么，甚至教学参考用书如何选择，等等，这些问题都成为摆在专业教师面前的问题。

3. 学科内在逻辑与课程思政之间的契合度不够

鸡尾酒乃至酒吧服务是随着西方世界而来的舶来品，典型的资本主义世界的消费品，与中国古典传统中的饮酒文化差距非常远。课程可以知识丰富，面面俱到，但是我们如何在课程上融入思政，最终让学生产生对中国文化的认同感和自豪感，并非易事。

三、运用课程思政提升酒吧服务教学实效的实践

综合以上问题，我们开展研究，以"创新鸡尾酒"项目为抓手，巧用课程思政来提升酒吧服务教学实效的探索。

1. 选择"创新鸡尾酒"有如下考虑

（1）"创新鸡尾酒"项目在整个课程体系中属于中后期科目，学生已经具备一定基础，这也是我们的知识根基。

（2）"创新鸡尾酒"这几年具备深厚基础。近几年相关技能赛事关于"自创酒"部分都要求融入中国元素，强调鸡尾酒本土化探索。回答好我们"为什么这么做"这个难题，有助于我们开展思政探索。

（3）在该项目研究中，我们首先要强调学生的主观能动性，最大可能发挥出"翻转课堂"的效力，巧用众人合力，立足传统，将中国传统特色的饮品如黄酒、米酒作为基底，融合进鸡尾酒的创新过程。

（4）在深层次意义上，"创新鸡尾酒"又体现了当代中国青少年对鸡尾酒世界包容兼蓄的开放心态，只有开放，才能包容，才能真正引领，这是我们这堂课中所蕴含的真正有层次的思政元素。

2. 课程中的具体实践过程

（1）充分的课前准备。引导学生充分做好课前预习，课前布置学生通过各类学习资料平台，除了超星等学习平台，更包括抖音、小红书、"B站"等互联网平台，做好基础工作。在广泛的浏览中，去研究认知中国广阔的幅员中有哪些特色茶饮，其风味各有什么特点。在这一步中，我们已经引领着学生初步思考——中国特色饮品与中国人中正谦和的民族性情有什么联系。同时在课前给学生进行任务布置，做好分组，打好项目化教学的基础。

（2）单刀直入地切入内容。教师在课前认真做好引导后即可单刀直入，展示历史上获奖的鸡尾酒，这其中包罗了近年来获奖的创新鸡尾酒。出具创作者的国籍、酒款的特色、所获得的赞誉，在这一过程中逐渐使学生明白这些经典作品的优点所在——它们源于创作者深厚的地域情结，让其他国家的人们产生共情。

（3）明确学生制作标准与考核要求。我们已经根据班级情况进行了分组，比方说我们酒店中高班通常有20名学生，我们将其分成5组，每组4名同学。教师已经给出关键词：创新、中国风、茶饮、中国特色的酒品等。学生可以将材料进行自由组合。同时，教师根据竞赛要求，化繁为简，统一各组学生制作过程中的考核点——口感前后稳定、酸甜均衡、香气丰富、展示得当。强调制作的规范性，能够有力地激发学生操作过程中的职业技能自豪感。

（4）制作过程中的合适指导和更正。教师在这过程中既要强调调制鸡尾酒的规范性，也要充分尊重学生创作过程中的自主性，一名合格的调酒师不仅仅技艺稳定出众，还要保持强烈的自信，能够面对客人侃侃而谈。这种职业技能层面的思想政治的养成，离不开训练过程中教师的耐心支持和鼓励。要多用正向激励语言，千万不要随意指摘、不当点评。

（5）展示过程中中国元素的融入。这堂课的高潮在于展示，展示过程中,学生要能够将自己的创意介绍出来。由于前期准备比较精当,有的小组通过自主学习,将鸡尾酒的制作同摆盘、插花、盆景艺术融会贯通,充分体现中国的古典元素,又能在美学审美上呈现自己的特点,这样,通过全班同学的努力,最终,大家都能够发自内心地对中国传统文化中所蕴含的美学产生认同。一堂课取得了较为圆满的效果。

四、总　　结

中职学生同样具备灵巧的双手和优秀的审美,他们在项目实践中,通过适当的正向激励,一样可以激发潜能,萌发出源于职业教育的自豪感,补足自我成长中曾经的缺失,甚至可以达到更高的目标,如对家国文化的情结。事实证明,只要我们教师用心去研究课程思政,它就能与我们的教学目标水乳交融,相得益彰,产生令人惊叹的效果。

表达性艺术治疗在中职生心理健康教育中的应用探究

政史组　苏　洁

[摘　要]在新时代背景下,围绕立德树人根本任务,切实推进五育融合,并不断夯实美育,促进心育,助力德育,将表达性艺术治疗应用于中职学生的心理健康教育工作中,利用表达性艺术所具有的体验性、多元性、创造性和非语言性,满足中职生个性化心理健康需求,引导学生探索自我、提升自我,为育人赋能,在培养中职生健全人格积极品质中发挥重要作用。

[关键词]中职生　心理健康教育　表达性艺术治疗

一、前　　言

随着社会的发展和竞争的加剧,中职生的心理健康问题日益受到关注。如何有效地进行心理健康教育,帮助他们解决心理问题,提升自我认知和情感管理能力,已成为教育领域的重要课题。表达性艺术治疗作为一种体验式心理教育方式,以其独特的方式和效果,在中职生心理健康教育中得到越来越多的应用。

二、中职生心理发展特点

中职生年龄大多在15至18岁之间,处于青春期后期,其认知发展逐渐趋于成年人水平,自我意识逐渐增强但过于敏感,情绪体验日益发展但强烈不稳定,意志力水平偏低,处在趋于成熟但尚未真正成熟的阶段,是自我意识矛盾最突出的时期。

随着年龄的增长,知识、技能的拓展,中职生逐渐成熟,但心理发展仍处在错综复杂的多种矛盾之中,主要表现为:生理成熟与心理不成熟的矛盾,独立与依赖的矛盾,闭锁与开放的矛盾,理想与现实的矛盾,自尊与自卑的矛盾。在日常学习生活中,他们渴望独立,却又希望获得家长、老师、朋友们更多的关注;他们主动沟通意愿逐渐减弱,却希望家人、朋友等重要的他人可以理解自己;他们想要表现自己,却自尊心过强且十分敏感;他们想要学习专业技能知识,却欠缺学习内驱力,甚至沉迷于手机、游戏等。在这些复杂的矛盾中,学生容易产生各种心理困惑而迷茫,又因不知如何应对,进而易产生心理问题。

三、表达性艺术治疗

表达性艺术治疗(Expressive Arts Therapy)是指透过绘画、音乐、舞蹈、游戏、沙盘、戏剧、影像、雕塑等艺术媒介,以一种非语言的沟通方式介入,帮助个体表达内心的情绪、感受和经验,释放被言语所压抑的情感经验,有更深刻的对不同刺激的正确反应,重新接纳和整合外界刺激,从而达到心理治疗的目的,其表达过程本身就是治疗的过程。表达性艺术治疗以支持性的环境、媒介等协助个体纾解压抑或隐藏的情绪,对过去持有的经验进行重整和再诉说,注重个体主观感受和表达,通过艺术手段和各种媒介,帮助个体觉察自我,认识自我,接纳自我,最终发展自我。表达性艺术治疗的特性与效果能使个体降低警惕性,在放松的状态下实现由内而外的自我成长,近年来已被广泛应用于心理健康教育的实践当中。

在学校心理健康教育中,无论是个案辅导还是团体辅导,学生经常出现"不知道说什么""没有什么想说的""没有想法",而使咨询无法进行、达不到预期效果的情况发生。其中很重要的原因是中职生语言能力较弱,无法用恰当的语言或方法去表达自己的情绪和感受,以至于产生强烈的被忽视感。将表达性艺术治疗应用于心理健康教育工作,打破了交流只能依靠语言的常规,给中职生提供了非言语表达、沟通和交流的机会,不仅降低了学生的防御和焦虑,还给学生提供了更多的表达途径,学生可以借由绘画、图卡、音乐等展现自己在成长过程中遇到的内在冲突,以隐喻和投射的方式表达"那个没有被看见的自己"。以艺术形式为媒介,通过唤起个体内在的情绪体验和感受,释放内心积压的情绪情感,赋予"内在我"能量,创造与内在自己的对话空间。在这个创造性的过程中,个体可以更好地觉察自己、了解自己,正视自己内心的真实感受和需求,促进自我的成长和发展。

四、表达性艺术治疗在中职生心理健康教育中的应用

（一）绘画治疗，打开心扉

1. 以画为媒，绘出精彩

绘画艺术治疗是表达性艺术治疗的一种，以绘画活动为媒介，通过绘画时意象的表达达到心理治疗的效果。表达性艺术治疗中绘画类的技术比较多样，比较典型的有绘画（Drawing/painting）、拼贴画（Collage）、曼陀罗（Mandalas）、壁画（Murals）。绘画治疗在实际应用中较易操作，不受地点和工具局限，在学校日常教育教学活动中开展时深受老师和学生的喜爱。活动过程中，绘画者按照心理活动带领者的指导语和要求进行绘画或相关创作，绘画者通过绘画艺术创作，自我觉察内心压抑的情感和内心冲突，并得以合理释放，从而缓解焦虑，减轻压力。

在中职心理健康教育工作实践中，表达性绘画技术运用广泛。在破冰阶段可以使用绘画作品（如水果自画像等）进行分组、自我介绍，降低成员紧张感和警惕性；在小组活动阶段，绘画接龙、集体作画、默声作画等形式能迅速拉近小组成员间的心理距离，增加团队凝聚力；在主题活动阶段，通过主题画、拼贴画、曼陀罗绘画等艺术创作，很好地调动成员的注意力和兴趣；在活动收尾阶段，通过分享绘画带给小组成员的能量，让绘画能量在小组内得以升华。

2. 以卡为媒，解锁内心

在学校心理健康教育工作中，面向中职生经常使用的卡牌有两种：OH卡和心灵图卡。OH卡也称为"可随身携带的沙盘"，基础卡内含图卡和字卡各一，各为88张，可以创造7744种不同的可能性，参与者通过自由联想和情感投射，自主诠释每张卡牌和组合。在日常使用过程中发现中职生偏好于inuk圆形OH卡卡牌，卡牌中黑色小人会有更好的代入感和体验感。心灵图卡内含110张不同内容的图卡，以各种动物造型为主要内容，配合文字进行象征性释义，通过引发观察者的联系和想象，带出内在状态和觉察。

在中职心理健康教育工作实践中，不论使用哪种卡牌，都可以让学生选择自己喜欢或比较有感觉的一张或多张卡牌，通过形容卡牌引导其说出感受，也可以配合故事创作法、联想法、绘画法一起使用。利用卡牌进行艺术

治疗，帮助中职生觉察自己、表达自己，释放内在情绪感受，获得力量，增强自信。

（二）音乐治疗，灵动内心

表达性音乐治疗以心理治疗的理论和方法为基础，同时运用音乐特有的生理、心理效应，使个体在音乐治疗师的共同参与下，通过音乐对人引发的生理、心理、情绪、认知和行为体验，来达到保持、恢复、改善和促进人们身心健康的目的。音乐的速度、节奏、调式、旋律、音高、音量和音色等各种要素会同时影响我们的情绪。在音乐疗愈过程中，通过音乐治疗师的引导，最终达到放松减压和调节情绪的目的。

在中职心理健康教育工作的实践中，聆听、参与、创造音乐，都可以成为表达性音乐治疗的一种形式。在绘画活动开始前可配合解压、冥想等活动指导语，帮助学生在身体与心理之间建立链接，从而更好地进行绘画体验。也可进行简单自由的音乐创作，选择自己喜欢的打击乐器，按照自己舒服的方式即兴演奏。自由灵活的演奏，调动学生的热情，激发内心的活力，融入团体，提升人际交往能力，树立自信。

（三）舞动治疗，身随心动

舞动治疗是舞蹈艺术尤其是现代舞与心理学相遇的产物，充满创造性、即兴性、体验性、趣味性。舞动治疗过程中没有规定的动作要求，是一种完全即兴的体验，尊重团体和个体的不同节奏。

在中职心理健康教育工作的实践中，可以采用模仿、镜像、传动等简单的动作练习，比如活动前热身，运用切斯技法或结构化的简单舞动，完成一些较容易的舞蹈动作，活跃现场气氛，进行破冰；也可以鼓励学生通过舞动熟悉自己的身体，觉察自我并尝试控制身体，再运用身体做出象征性符号，用肢体语言来表达情绪，如邀请组内成员使用不同的身体部位打招呼；也可让学生跟随音乐自由舞动，释放情绪。

五、表达性艺术治疗在心育应用中的建议

（一）重视增强教师专业性，搭建良好的信任关系

将表达性艺术治疗用于学校心理健康教育工作的过程中，不管是团

体还是个体,搭建良好的信任关系是基础。在个体辅导中,教师要真诚以待,尊重个体,不评价不评论,营造温暖、善意、被重视的氛围;在团体辅导中,教师需要制定课堂公约,明确规则,秉持真诚、尊重原则进行各项活动。在活动过程中,必要时教师可以分享自己的作品、感受和积极联想。

使用表达性艺术会较快打开学生沟通渠道,进入较深治疗议题,教师需要有充足准备来及时应对学生突如其来的沉重情绪或进展,大量正规而充分的专业训练显得尤为重要。

(二)关注媒介、方法的适切性

表达性艺术治疗有多种技术、多种媒介,每一种媒介和方法带给学生的感受都是不一样的。活动主体不同、主题不同,运用的媒介、方法都要经过精心甄选,关注适切性。教师应该掌握多样的活动方法,适时创新,关注丰富的、多元的表达性艺术活动,找到适合的方法、媒介来满足不同学生的需要,帮助他们在非语言层面进行沟通。

(三)重过程而非结果,重积极意象而非评价解析

表达性艺术治疗注重的是学生的创作过程,而非结果。教师需要关注学生的创作过程,以及他们在创作中所表达的情感和想法。

不论使用哪一种表达性艺术治疗方法,最终目的都是挖掘个体内在潜能,激发个体内驱力,科学实现艺术治疗和心理健康教育的渗透融合。不同的家庭、不同的经历,造就了每一个独一无二的个体,在活动中教师应带着尊重与欣赏的态度陪伴学生创作,及时、有效地关注学生的积极意象,帮助学生发现自己拥有的优势和长处。

六、结　论

表达性艺术治疗在中职生心理健康教育中具有重要的应用价值。通过绘画、音乐、舞动等艺术形式,可以帮助学生更好地理解和处理自己的情绪,提升情感管理能力,促进身心健康发展。在实施过程中,教师也需要重视增强专业性,与学生搭建良好的信任关系,关注媒介、方法的适切性,引导学生自我表达,注重过程而非结果,重积极意象而非评价解析,充分发挥表达性艺术治疗在中职生心理健康教育中的作用。

参考文献

[1] 吕欣姗.艺术治疗应用于中小学心理健康教育的研究及启示[J].中国德育,2021,300(12):13—18.

[2] 徐青林,顾丽,李柯."一次单元模式"新生适应舞动治疗团体辅导方案设计[J].北京教育(德育),2021,943(10):82—86.

[3] 章学云.表达性艺术治疗研究综述[J].上海教育科研,2018,369(2):78—81.

[4] 张勇.音乐治疗概念的中西方界定[J].音乐传播,2018,39(4):78—81.

[5] 严文华.表达性艺术治疗的多样性、体验性和创造性[J].大众心理学,2022(9).

[6] 吴盛楠,阿拉坦巴根.表达性艺术治疗在高中生心理辅导中的应用[J].校园心理,2020(247).

从板球精神谈中职校板球教学中的德育渗透和实践路径

体育组　仰燕燕

[摘　要]德育教育对于中职校学生的重要性是不可或缺的,加强德育教育刻不容缓。板球运动注重板球精神,讲究礼仪、尊重传统,被视为"绅士的游戏",这与中职学校德育教育的内容——以诚信、敬业为重的职业道德教育的根本目的相吻合。本研究旨在对中职校板球教学中德育教育的重要性、板球运动中德育教育价值的体现、板球教学中德育渗透的路径进行分析研究,通过对上海市部分中职院校板球教学中德育渗透的情况进行调查,研究板球教学中德育渗透的路径。期望通过本研究能够确定板球教学中德育的积极作用,使板球在上海市更多学校能够广泛地开展,让更多学生获益。

[关键词]板球精神　板球教学　德育渗透

一、前　　言

(一) 选题依据

板球运动集智力、健身、休闲娱乐、人际交往、健康心理等功能,符合中职校学生身心发展的需要。该项目自2005年被引入上海,在上海市部分高校、中职、中小学陆续开展。板球自身具有深厚的文化内涵,它倡导团队精神、培养人的意志品质,对青少年学生养成良好的意志品质有积极的作用,符合学生身心发展的需要,适合在中职校开展。

德育教育是中职校教育的重点和主要阵地,学校教育的根本目的在于"立德树人",要求学生德、智、体、美、劳五育并举、全面发展。德育与体育作为五育之二,两者相互联系、相互影响,互为目的与手段,在体育教学中渗透德育教育是一个很好的途径。因此,在中职校体育教学中渗透德育教育,促进学生的素质教育是可行的。板球运动中的公平公正、诚信、尊重教育正是德育教育的深刻体现,它能更好地引导和培养中职校学生良好的素质涵养。

在国家越来越重视中高职教育之时,中高职学校是向社会提供技能型人才的重要机构,学校应充分认识到素质教育对中职学生的重要性,加强投入和管理,培养学生成为有道德、有高尚素质的人。

(二)文献综述

1. 板球精神的解析

板球运动的精神是公平公正、诚信和尊重。在比赛中必须尊重板球运动、尊重裁判、尊重队长、尊重队友和对手、诚信比赛,这是板球运动精神中的重要组成部分。

2. 关于板球项目的研究

表 1 板球相关研究文献统计表

时间	2012	2013	2014	2015	2016	2018	2019	2020	2021
数量(篇)	4	2	3	4	5	4	3	4	6

通过计算机检索系统查阅中国知网等数据库,以板球、板球技术等为关键词进行搜索,如表1所示,收集到与板球相关的文献资料共计35篇,专家、学者们对板球的研究主要集中在:(1)板球技术的研究12篇;(2)板球教学和训练的研究6篇;(3)板球运动现状与发展13篇;(4)板球运动员的心理研究4篇。现就有关研究作如下整理。

(1)板球技术的研究

侯鹏、于少勇、李玉林在《仁川亚运会优秀女子板球运动队技术应用对比分析》中指出:与世界强队相比,我国女子板球队的主力队员在技术运用、组织运用和战术运用等方面还有待提高;面对对手压迫性实力时,进攻效率较差,并没有充分发挥应有的优势。

刘静民、邓京捷、陈严在《中国女子板球投手投球技术的运动学比较》中指出:不同类型投手之间技术特征差异明显,快投手比旋转投手的落地到球出手时间短,好投手比差投手落地位置和空中姿态稳定性更好;部分投手存在球出手时膝关节弯曲、手臂弯曲等技术缺陷。

(2)板球教学和训练的研究

林辉杰在《板球教学中存在的问题与对策研究》中指出:教师缺乏专项素养、学生缺乏板球文化的认识、板球教材和器材的不足、传统教学模式效果欠佳是目前板球教学中存在的问题;要提高教师素养,加强校园板球文化宣传,增加板球教材器材的经费投入。

(3) 板球运动现状与发展的研究

张忠、王媛、冯坚在《中国国家女子板球队溯源与发展的效策研究》中指出：目前制约中国国家女子板球队发展的因素有政府支持力度不够、专业体制不够完善、板球基础设施匮乏、训练时间无保障；提出了相应的对策，引入"市场运作"的管理理念、提高板球运动产业化程度和组织机构投资主体的社会化比例、推动板球运动的普及、探索并构建科学和系统的板球技战术和心理训练的理论实践体系。

王国华在《上海高校板球运动发展的因素分析及对策研究》中分析得出，影响板球运动发展的因素有重视程度不够、群众基础和宣传方式弱、器材和补充渠道狭窄、师资力量和数量的匮乏、教师的待遇和积极性、学校的体育经费受限等，并提出了相应的对策：国家加大推广力度、提高相关领导的重视程度、多渠道加大宣传力度、扩大板球的群众基础、保障器材的补充、加大体育经费投入、增强师资的数量、提高师资的力量等。

在文献资料查阅过程中发现现有的研究主要集中于板球技术、板球教学和训练、板球运动现状与发展、板球运动员的心理研究等方面。纵向来看，对板球精神在教学中对学生的德育教育渗透方面的研究和论述较欠缺，可以更深入地对目前上海市部分中职校开展板球项目的学校，在德育教育渗透方面进行研究和分析。

二、研究对象和方法

1. 研究对象

中职校板球教学中的德育渗透

2. 调查对象

上海市部分中职校选修板球的在校学生

3. 研究方法

(1) 文献资料法

通过中国知网数据库等平台，查阅大量相关资料文献，其中用"板球"为关键词搜索共查阅到27篇文献资料，用"德育"为关键词查阅到907篇，体育教学中的德育教育有71篇；同时翻阅《学校体育学》《体育教育学》《体育心理学》《体育与健康》等专著，为本课题研究提供理论依据。

(2) 访谈法

根据研究的目的和研究内容，访问从事板球教学的专家、教练、运动员等,收集和掌握本课题的研究依据。

(3) 问卷调查法

根据课题的研究需求,对190名学生及14名中职校体育教师,设计相关问卷,经过效度检验后进行问卷调查,并回收和统计,为课题的研究提供有力的数据支持。

① 问卷的效度检验

为了保证本研究的效度,问卷设计完成后,请从事板球相关工作的4位专家,就问卷的结构的合理性和内容的有效性进行效度检验,检验情况如表2、表3,从问卷效度检验结果看,证明本研究使用的调查问卷有效性较高。

表2 专家基本情况统计(n=4人)

职称	教授	副教授	讲师	合计
人数	1	2	1	4

表3 问卷效度评价结果统计(n=5人)

	很高	较高	一般	较低	很低
人数	0	3	1	0	0
百分比(%)	0	80	20	0	0

② 问卷的信度检验

为保证问卷调查所得到的材料的真实性,对同一调查对象的部分对象(n=4人,n=16人)采用"再测法"进行信度检验,主要通过测量该组调查对象前后两次答题的一致性,计算两次测量的信度系数均大于0.8(见表4),从而证明调查结果的可信性。

表4 问卷信度检验结果统计(n=4人,n=16人)

	再测人数	时间间隔(天)	信度系数
教师	4	15	0.85
学生	16	15	0.82

③ 问卷的发放与回收

本问卷的调查时间为2022年5月,如表5所示,调查期间共发放学生问卷200份,回收190份,问卷回收率95%;有效问卷190份,有效回收率100%。教师问卷共发放14份,回收14份,问卷回收率100%;有效问卷14份,有效回收率100%。

表5 问卷调查情况表(n=14人,n=190人)

学 校	学 生				教 师			
	发放（份）	回收（份）	有效（份）	有效率（％）	发放（份）	回收（份）	有效（份）	有效率（％）
上海市交通学校	13	13	13	100	1	1	1	100
上海市商贸旅游学校	27	24	24	100	2	2	2	100
上海市医药学校	13	13	13	100	1	1	1	100
上海市行政管理学校	20	19	19	100	1	1	1	100
上海市信息技术学校	24	24	24	100	1	1	1	100
上海市奉贤中等专业学校	28	25	25	100	2	2	2	100
上海市现代流通学校	23	23	23	100	1	1	1	100
江南造船集团职业技术学校	24	24	24	100	2	2	2	100
上海健康医学院附属卫生学校	15	15	15	100	2	2	1	100
上海市二轻校	13	10	10	100	1	1	1	100
总计	200	190	190	100	14	14	14	100

（4）数理统计法

通过问卷星软件,对各项指标进行相应分析,最终得出所需要的各类数据。

三、研究结果和分析

（一）板球教学中德育教育的重要性

中央领导明确提出要着力提升职业教育质量,必须全面推进素质教育,围绕立德树人,突出诚信、敬业来开展职业教育。板球精神的尊重、诚信、公正公平、礼仪是开展学生德育教育的有效途径。

板球精神是板球运动的灵魂,在比赛和训练中无处不渗透着板球精神,也将直接影响中职学生的全面发展,其在教学中的德育作用不容小觑。它能引导学生讲诚信、敬业、注重人与人之间的交往礼仪和职业岗位的礼仪等,培养学生良好的个人素质,同时也能增强学生立足岗位的意识和集体荣誉感、规范职业岗位纪律及培养良好健康的心理。

　　对于技能而言,品德对即将踏入社会的中职学生,是重中之重。图1、2

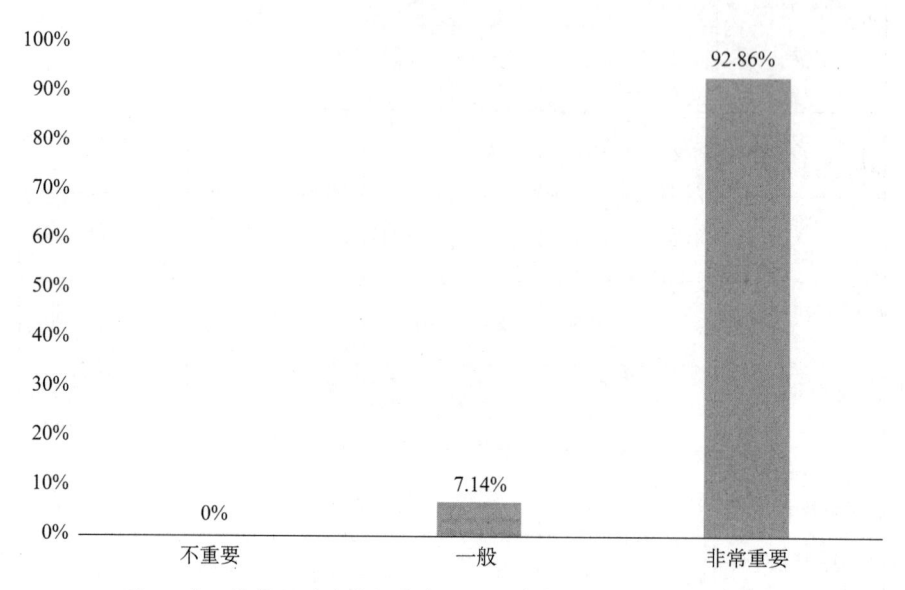

图1　中职校教师对德育教育在板球教学中的重要性统计(n=14)

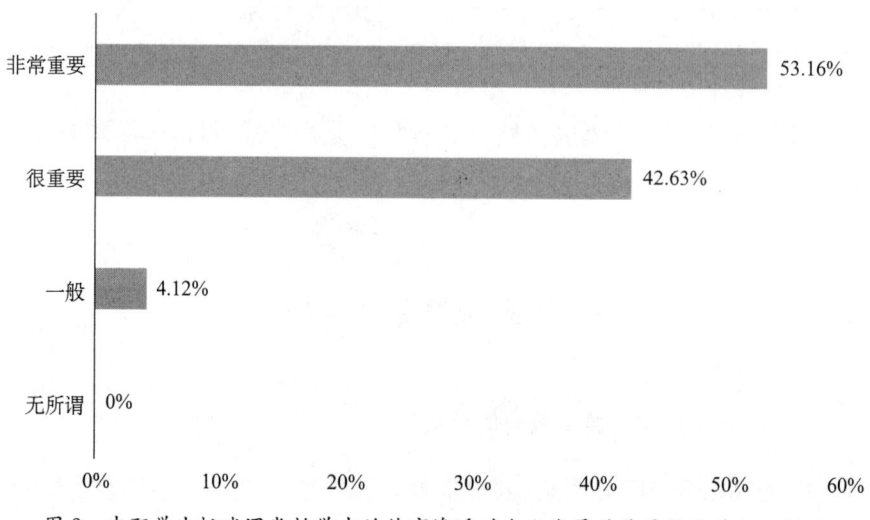

图2　中职学生板球课堂教学中的德育渗透对个人发展的重要性统计(n=190)

结果显示,92.86%的中职板球教师认为在板球课堂教学中进行德育教育是非常重要的。正如著名教育家斯霞老师曾经说过:"智育不好,是次品;体育不好,是废品;德育不好,是危险品。"有53.16%和42.63%的学生分别认为板球教学中德育渗透对其个人的发展非常重要和很重要。

(二) 板球运动教学中德育教育渗透的必要性和可行性

板球运动是一项"绅士运动",注重和崇尚绅士礼仪,同时,又是一个靠团队合作斗智斗勇的集体项目。中职校学生大多是独生子女,他们的个性都比较凸显,往往缺少较强的组织纪律、文明礼仪、集体意识、吃苦耐劳的品质。现在社会各方面不健康的信息量大,中职学生明辨是非善恶的能力薄弱,往往会迷失自我,这就充分显示了板球教学渗透德育教育的必要性和可行性。中职校学校的学生在第三年会踏入顶岗实习,踏上社会,他们要适应社会的能力亟待加强。因此,教学中教师可以利用板球所具备的独特优势,引导和教育学生充分认识自身不足和弱点,在学练中培养良好的道德品质,增强果断勇敢、敢于拼搏、团结协作的精神。

图3、4数据显示,有78.57%的教师认为在板球教学中渗透德育教育是非常必要且可行的,21.43%、99.47%的教师和学生分别认为板球教学中渗透德育教育很有必要和可行。体育教师可以在课堂教学中引导学生学会尊重、诚信、公正公平、团结互助的良好作风,这将有助于中职校学生今后的

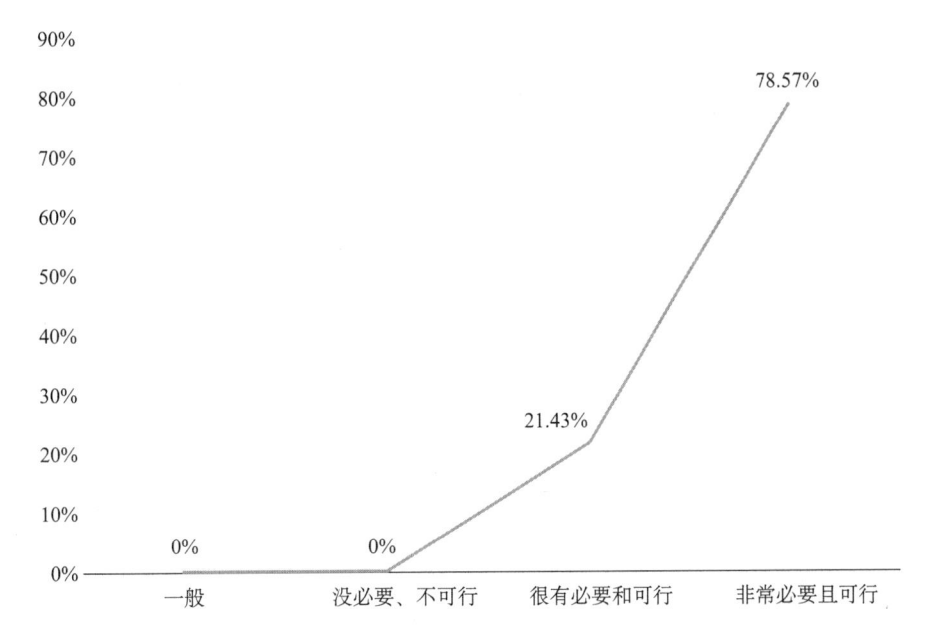

图3 教师对板球教学中渗透德育教育的必要性和可行性统计(n=14)

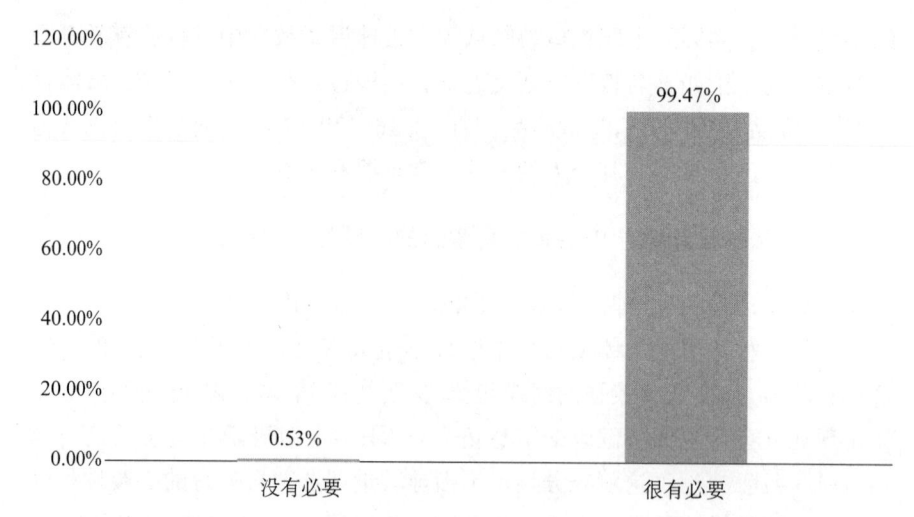

图 4　中职学生对板球课堂中渗透板球精神的必要性统计(n=190)

个人发展。

(三) 板球运动中德育教育的价值

板球运动在全面提高身体素质的同时,也能培养学生勇敢顽强、机智果断、拼搏向上的意志品质。即使在训练和比赛中失败了,学生也能很快走出来,培养了良好的心理调节作用,对他们的性格教育、人格培养有着积极的作用。

1. 板球教学中德育教育的作用

图 5、6 数据显示,教师和学生对板球精神的德育影响是肯定的,90％以上的中职校教师和学生都认为板球的德育教育对学生产生积极影响,其中,42.86％的教师认为德育教育在板球教学中起着积极作用,83.16％的学生觉得板球精神和礼仪教育对他们自身的影响非常大。

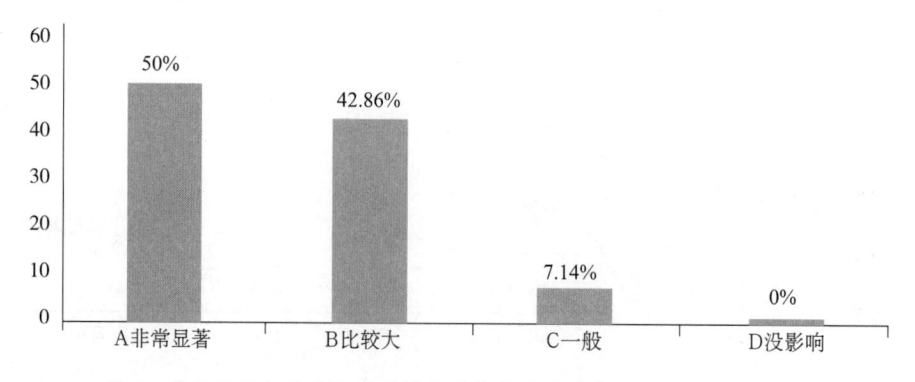

图 5　中职校教师认为板球教学中德育渗透对学生的影响统计(n=14)

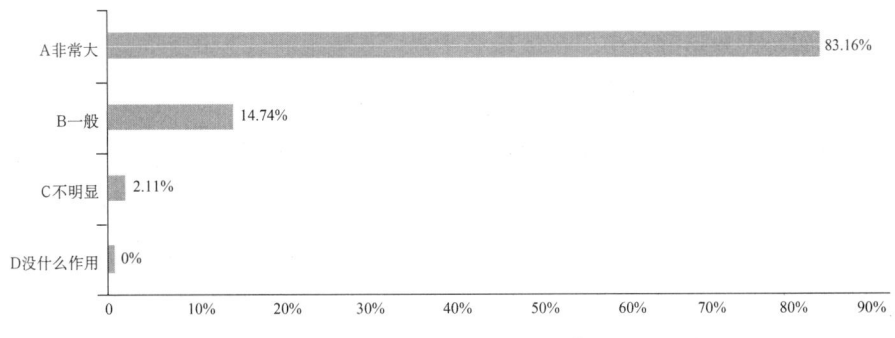

A 非常大	83.16%
B 一般	14.74%
C 不明显	2.11%
D 没什么作用	0%

图6 中职学生认为板球精神和板球礼仪对自身的影响统计(n=190)

2. 板球教学中德育渗透的优势

板球的精神之旅实属感情的桥梁、快乐的沟通。可以说板球比赛更注重的是礼仪礼节，反而对比赛结果看得比较淡，享受的是比赛的过程，学生在与队友、对手的攻防与交流间变得更自信、沉着，更勤奋刻苦、坚持不懈。

如图7显示，85%以上的从事板球教学的教师认为板球更注重板球精神的公平公正，更注重礼仪礼节和比赛中对对手、队友、裁判及板球项目规则的尊重。板球精神的公平公正体现在每一场比赛中，赛前裁判会让双方队长通过掷币决定攻防顺序，队长挑选各自比赛用球；比赛中裁判公正公平执裁，若比赛中碰到有争议的球，主副裁会慎重商议后判定结果，攻防队员也会如实告知裁判员具体实情，体现了板球精神的诚信。板球比赛双方在场上既是竞争对手又是朋友，学生可以相互学习、相互关爱、共同鼓励、一起进步。板球独特的优势，能潜移默化地感染学生，对培养学生的道德品质、为人处世、人际交往起着重要的作用。

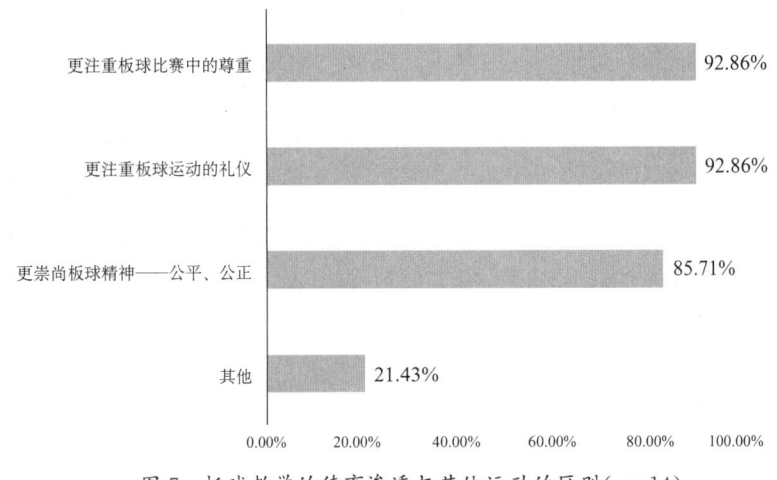

更注重板球比赛中的尊重	92.86%
更注重板球运动的礼仪	92.86%
更崇尚板球精神——公平、公正	85.71%
其他	21.43%

图7 板球教学的德育渗透与其他运动的区别(n=14)

(四) 上海市部分中职校板球教学中德育渗透的情况调查

1. 上海市部分中职校板球课堂渗透德育教育的调查

目前上海市有近10所中职校开展板球运动,学生参与的人数也在逐年上升。对开展板球运动的中职校教师作调查,图8显示,上海市部分中职校体育教师在开展板球项目的课堂教学中都有渗透德育教育,都意识到板球的德育价值。

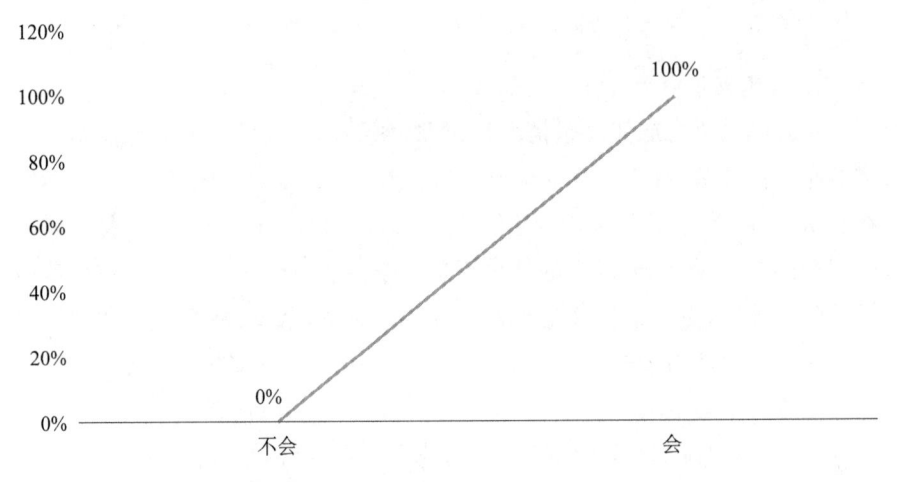

图8 中职校板球课堂中渗透德育教育的统计(n=14)

2. 上海市部分中职校板球课堂渗透德育教育的内容调查

中职校目前板球项目正处于发展阶段,近几年来已有十多所中职校开展板球项目,参与的学生人数也逐年上涨。学生在掌握技术动作的基础之上,渗透德育教育更能直接影响学生的品德修养。如何更好地开展和实施思想道德教育,培养学生良好的社会责任感和道德素养,是目前板球教学中德育教育的重中之重。

图9数据显示,100%的教师都会从学生的道德品质、文明行为教育开展德育教育,引导学生做一个知礼、明礼、行礼之人;85.71%的教师从理想和信念教育、遵纪守法教育、心理健康教育开展德育教育,培养学生良好的行为规范和坚定的信念;57.14%的教师会从民族精神教育激励学生要有强烈的爱国主义精神。

3. 板球教学中板球精神对中职生德育教育的成效调查

(1) 学生个人素养的提高

板球运动易上手,学生比较容易接受简单易学的新鲜事物。它不但育体,更是一项育人的运动项目,板球精神对学生的德育渗透可以贯穿于教学

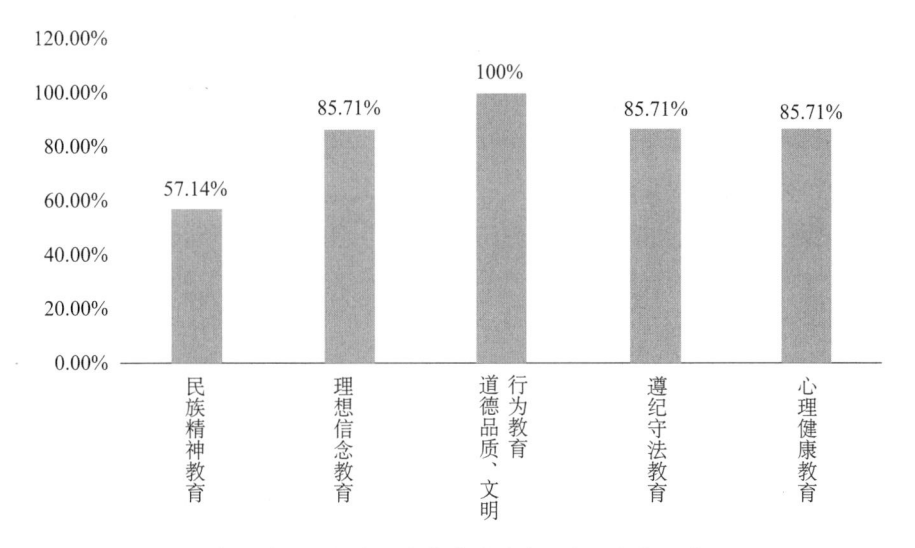

图9 部分中职校板球课堂中渗透德育教育的内容统计(n=14)

的始终。

中职学生普遍缺乏勤奋刻苦的进取精神、高度负责的律己精神、坚持不懈的拼搏精神、不怕挫折的抗挫精神,这些品质的不足将会使学生在日后的工作岗位上落后于他人。图10数据显示,57.14%的教师认为板球教学中德育教育能提高学生的综合素质,35.71%的教师认为能对学生为人处世的态度产生积极影响,7.14%的教师认为能对学生的学习专注度和持久力产生积极影响。在板球教学中渗透德育教育,将为学生今后踏入工作岗位培养良好的道德、品行和人格素养。

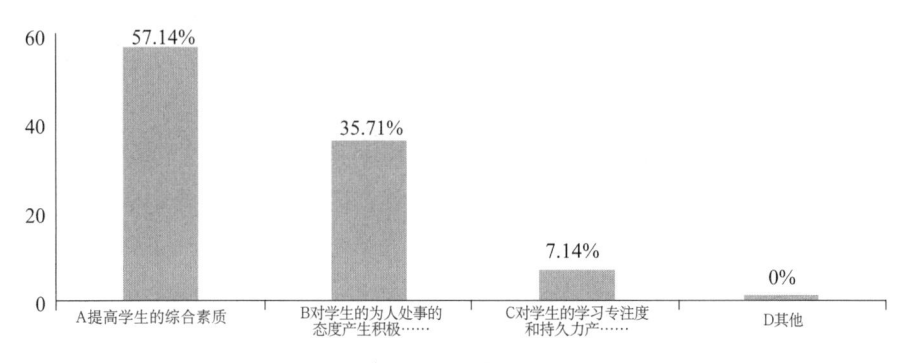

图10 板球教学中德育教育的作用统计(n=14)

图11显示,大部分的学生认为板球精神对自身的影响是积极的、正面的,改善了自身的综合素质。100%的学生集体意识和综合素质得到提高;85.71%的学生自信心、合作和竞争意识得到增强,道德行为更加规范;

78.57%的学生更加诚实守信;50%以上的学生职业道德意识、职业观、择业观、创业观更加明确。通过板球教学的德育渗透,他们更加自信、乐观了。

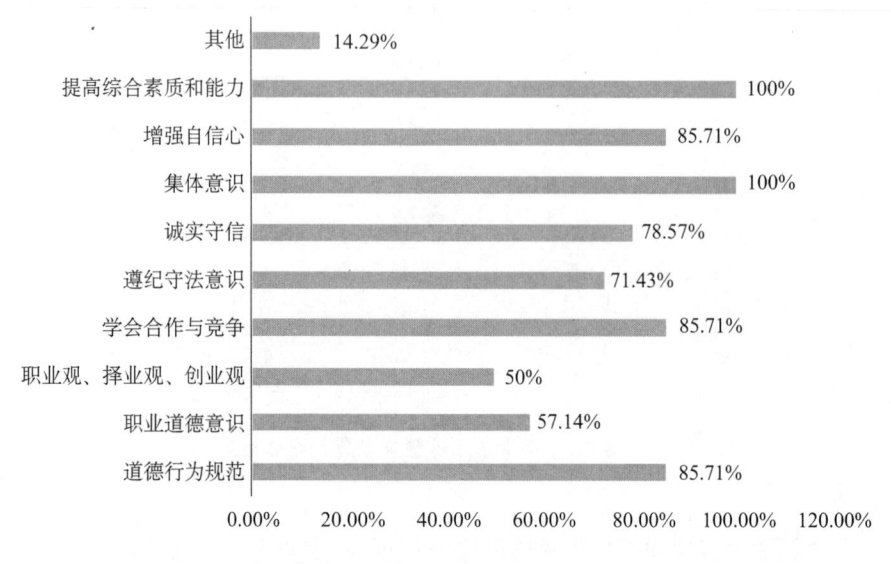

项目	百分比
其他	14.29%
提高综合素质和能力	100%
增强自信心	85.71%
集体意识	100%
诚实守信	78.57%
遵纪守法意识	71.43%
学会合作与竞争	85.71%
职业观、择业观、创业观	50%
职业道德意识	57.14%
道德行为规范	85.71%

图11 学生参加板球学习之后的改善方面统计(n=190)

(2) 学生个人发展的积极影响

在上海市部分开展板球项目的中职校中,涌现出许多优秀的学生,如上海市交通学校的鲁仓仓,他从初中起就开始接触板球,后加入校板球队,获得过全国青少年板球锦标赛冠军,之后被选入国家队,代表中国参加国际比赛。就像鲁仓仓说的那样:"是板球让原本内向自卑的我学会坚强、自信和勤奋。打板球让我的心变得更纯净,知道自己想要什么、该怎么努力。正是板球让我在快乐的同时,能更坚定地朝着我人生的目标努力。"初中毕业他被上海交通职业技术学院录取,学业上能继续深造。板球让他成长得更加优秀。毕业后他被母校聘用,现在浙江省温岭市职业中等专业学校担任体育教师,训练板球运动队。

(五) 板球教学中德育渗透的路径

1. 深厚的板球文化的德育渗透

板球运动的特点决定了板球文化在校园文化和德育教育中的重要作用。教师在板球课堂教学中,逐步让学生了解板球运动、板球文化,接触并融入板球文化,感受板球运动。帮助学生树立正确、平等的人生观,通过不断的实践活动,使学生形成和发展良好的道德素养。教师可以通过板球教学,让孩子领略板球运动中的儒雅和尊重,让学生在锲而不舍的坚持中学会不放弃,输赢并不是最重要的,微笑着享受运动的快乐。正如国家女子板球队教练葛涛说:"传统的板球比赛是拖沓冗长的,板球人会在喝咖啡、吃点心的同时,进行着'比赛';会把掌声赋予那个看起来并不是很出色但却最努力的那个人;会看淡胜负,看重过程。这些与我们通常概念里的竞技体育并不相符,但现在看来却也正是我们运动训练与学校教育中严重缺乏的。"

2. 儒雅的板球礼仪的德育渗透

板球是一项讲究绅士风度的运动。板球礼仪包括:服装礼仪、比赛礼仪、观赛礼仪、上诉礼仪。中职教师可以从以上几个方面让学生了解温文儒雅的礼仪礼节,培养他们学做有道德、有素质、有涵养的优秀中职学生。例如,现在中职校学生有口出脏话、仪容仪表不符合要求、课堂上不专心听讲,更有甚者会因为言语不和而激化矛盾的现象,教师就可以通过板球课堂教学渗透板球的服装礼仪,在学校需要统一的校服着装;渗透板球的比赛礼仪,要求学生在和同学相处时要礼貌谦逊,以理服人,潜移默化地感染学生;渗透板球的观赛礼仪,让学生上课时,必须尊重老师、同学,专心致志地听课,如遇问题可举手提问或课后请教;渗透板球的上诉礼仪,引导学生充分认识到公然顶撞师长是不理智且错误的,切不可因不服教师管教而公然与教师发生矛盾,有意识地培养学生理智、文明的行为品格,做一名合格且优秀的中职生。

3. 全面的队长素质感染作用

在板球比赛中,队长的作用有时甚至比教练更重要。比赛是需要全队队员之间配合、智慧拼搏的,每一刻都会发生奇迹。队伍的团队凝聚力很重要,直接影响队员间的配合,甚至比赛结果。队长作为灵魂人物,要有足够的自信,且能将这份自信瞬间传递给所有队员;需要有良好的沟通能力,及时告知队员们做什么或怎么做;需要拥有能够合理安排战略战术和使球队发挥出更高水平的能力;需要有强大的心理素质,善于控制情绪,要用积极的心态去面对下一个球。因此,队长的责任和能力相当重要。

在课堂学习中,教师可以渗透学生作为队长的职责,培养他们的自信、良好的沟通交际能力、过硬的心理素质、运筹帷幄的优良品质。教师可以采用轮流制的形式,让学生体验队长的职责,培养他们果断的判断能力和良好的管理能力,为中职学生在第三年跨入实习做好心理和能力上的铺垫。

4. 优秀运动员榜样力量作用于课堂德育教育

在物质条件日益提高,学生大都对手机成瘾,他们普遍缺乏吃苦耐劳、刻苦勤奋的精神,教师可以利用优秀运动员的案例和先进的典型事例来教育和引导学生。在板球教学中,教师利用视频或讲解优秀的板球运动员和教练的案例,和学生分享优秀球员和教练员的成长之路,让他们在自己身上找到闪光点,以此为自己努力和奋斗的方向和目标。以榜样为"镜",找准自身缺点与不足,这是很好的一种自我完善和提高的途径。

四、结论与建议

（一）结论

1. 在中职校,板球教学中渗透德育教育是可行且必要的,且在中职校的德育教育中起着重要作用,它能在学练中培养学生良好的道德品质,增强果断勇敢、敢于拼搏、团结协作的精神。

2. 板球精神的德育影响是积极肯定的,不仅对学生个人道德素养有良好的作用,对学生的个人发展也起着重要的作用。它独特的优势能潜移默化地感染学生、积极地影响学生。

3. 板球精神对中职生德育教育的成效是显著的,它能提高学生的综合素质;为人处世、学习专注度和持久力得到提高,自信心增强了,团队合作和诚实守信意识更强,职业道德意识、职业观、择业观、创业观更加明确。

（二）建议

1. 学生良好的品德素养的形成是一个循序渐进、长期教育的过程,教师应该在严格要求的同时循循善诱,在不断教授技能的同时感化思想。

2. "德高为师、身正为范",教师在教育学生时,首先必须严于律己,做出表率,以良好的师德、师风来感染、教育学生。

3. 每个学生都是独立的个体,学生的性格和学习能力各有差异,教师需要具有敏锐的观察能力,在全面教学的基础上,善于观察学生的思想变化,主动且及时地关心他们的生活、学习、思想等,给予他们直接的、有效的帮助。

参考文献

[1] 朱春平,刘静民.板球教学与训练[M].北京:中国商务出版社,2009.
[2] 游松辉,冯坚.板球运动[M].北京:北京体育大学出版社,2013.
[3] 蒋玲,孟子淇,徐悦.绅士的运动——板球[J].体育教学,2012(3).
[4] 李菲.学校德育的意义关怀研究[M].北京:教育科学出版社,2009.
[5] 沈燕飞.浅谈小学体育教学中德育的作用和意义[J].学周刊,2013(01).

OH卡在中职生自我认识中的实践研究

政史组 罗 忆

[摘 要]中职生处于人生发展的特殊阶段,易对自我形成消极评价,不能正确认识自己。OH卡应用于中职生自我认识的团体辅导中,能激发学生的内驱力,基于乔哈里窗模型,帮助中职生多渠道、多角度、全面地认识自我。

[关键词]OH卡 乔哈里窗模型 中职生 自我认识

一、前　言

青少年阶段是人生的"拔节孕穗"期,也是身心发展的转折期,在这个时期,他们需要寻求自我意识和个人身份认同,发展自我同一性。[10]中职学生又是一个特殊的群体,在这个阶段,他们的发展方向从升学为主向就业为主转变,即将要面对社会,其生涯发展面临着重大变化和巨大挑战。[1]面临职业竞争日趋激烈和就业压力日益加大的环境变化,他们在自我意识、人际交往、求职择业以及成长、学习和生活等方面难免产生各种各样的心理困惑或问题。[9]

自我认识是人生中的重要课题,在《中等职业学校学生心理健康教育指导纲要》中,帮助学生正确认识自我是心理健康教育的目标之一。[2]OH卡是一种极具趣味性的卡牌,能在无意识中投射内心想法,因此将OH卡与中职生心理健康课相结合,基于乔哈里窗模型,可以激发学生的内驱力,让学生更好地认识自我。

二、潜意识投射卡OH卡

OH卡也叫潜意识投射卡或者自由联想卡,起源于20世纪70年代的德国,是一种简单而实用的直觉联想工具,由德国人本心理学硕士 Moritz Egetmeyer 和墨西哥裔艺术家 Ely Raman 共同研发制作。人们在使用卡牌的过程中往往会有很神奇很惊人的感觉,所以称之为 OH(英语惊呼声)卡,OH 也有"Open your heart"(敞开心扉)的意思。

(一)OH 卡心理学原理

OH 卡主要运用了冰山理论、投射移情及情绪 ABC 理论。[3]冰山理论由弗洛伊德提出,认为人的心理活动及构造由潜意识、前意识和意识三个部分组成,而 OH 卡就是帮助人们看见自我潜意识的最佳工具。在这个过程中融合了经典精神分析的自由联想和荣格的意象原型及集体潜意识,让使用者可以通过图卡,启动我们的右脑相关功能,协助我们看见那些情感、知觉、灵感、直觉和顿悟。[4]

(二)OH 卡使用注意事项

1. 尊重对方,没有对错

互相尊重对方,对于看到的卡牌没有所谓"正确的"解释;尊重对方的个体性、独特性,我看到的是我自己眼中的,不预判对方所看到的。

2. 尊重对方的隐私和时间

在 OH 卡使用的过程中,需要无条件地接纳和尊重对方,对方有权力选择说与不说,同时要尊重对方的时间,不能打断对方。

3. 尊重自己的感受

感受没有对错,不对其进行评判。

三、乔哈里窗模型

乔哈里窗模型(Johari Window)是由美国心理学家约瑟夫·勒夫和哈里·英格拉姆从自我概念角度出发在 20 世纪 50 年代提出。[13]乔哈里窗是一种关于沟通的技巧和理论,主要用于分析人际关系和传播,[14]也被称作"自我意识的发现—反馈模型"及信息交流过程管理工具。

乔哈里窗模型中将人际沟通信息划分为四个区域:开放区、盲目区、隐藏区、未知区。开放区指自己和他人都了解的信息,比如姓名、样貌等;盲目区指自己不知道但他人知道的信息,比如自己从未发现过的特点、他人对你的感受和态度等;隐藏区指自己知道、他人不知道的信息,比如隐私、成长、情感经历,甚至一些创伤、挫折等;未知区指自己和他人都不知道的信息,是待开发和不断探索的区域。

由此,作为"自我意识的发现—反馈模型",乔哈里窗将自我分为开放我、盲目我、隐藏我、未知我,能为中职生多角度地认识自我及自我意识的觉察和整合提供有力的支撑。

四、中职生在自我认识中存在的问题

认识自我是指个人对自己的外貌、性格、能力、兴趣爱好、人际关系等自我形象的认知。[5]全面准确地认识自我也是个体心理健康能力的基本标准之一。[9]在中职时期,学生的自我认知能力和水平较初中生有了进一步的提高,内容也更为丰富和深刻,他们关注自我,渴望了解自己。但一方面,中职生的自我认知水平还不够全面,常常局限于自己的某一个方面;另一方面,心智上的不成熟也会令他们在很多事情上感到迷惑和矛盾,特别是对自我的认识。

(一)易对自我形成消极评价,不能对自己正确定位

一项对四川中职校的研究表明,中职学生群体尤其是一年级的新生群体,在内心不自信、习惯差、不愿读书等几个维度上得分低。[5]另一项对中职学校 1407 名学生污名感知、自我污名的研究表明,中职生自我污名水平处于中下等水平。[11]这表明,对于处在自我建构中的中职生来说,由于中考失意、外部的不认可,中职学生群体容易对自我形成消极评价,不能对自己正确定位。[6]

(二)易产生自我同一性危机

中职生正处于青春期,依据埃里克森阶段理论,在这一时期,他们面临着同一性危机,不断地在探索"我是谁"。由于"升学失败"下的工具性污名和"文化偏离"下的符号性污名,中职生不断觉知着外界对他们的评价,[12]同时中职生即将面临职业选择,需要面对就业压力日益加大的变化。在这样的压力下,他们因急切地想要了解自己在他人心中的形象、自己在社会中占有什么地位而苦恼,从而容易产生自我同一性危机。[7]

五、基于 OH 卡的自我认识团体辅导设计及实施流程

（一）成立团体辅导小组

团体心理辅导小组主要由 2 名成员组成，一名为接受过 OH 卡咨询师培训且带领过多次 OH 卡团体的带领者；一名为助教，负责辅导完成团体辅导工作。

（二）参与者

参与者为招募到的不同班级的学生，人数 30 左右。

（三）活动准备

OH 卡人物卡（孩童卡）、冥想音乐、PPt

（四）团体目标

1. 学习探索内心，认识自我的方法。
2. 借助 OH 卡觉察自己的内心，能学会运用冥想等进行放松。
3. 接纳现有的状态，并积极主动地不断认识、完善自我。

（五）实施过程

1. 团体准备阶段
（1）抽签分组，根据实际人数分组，一般为 6—8 人一组。
（2）在活动前，介绍 OH 卡，强调 OH 卡的使用原则，引导参与者尊重倾听，保守秘密，一起共同创造温暖的团体氛围。
（3）通过"我是谁"的问题激发参与者认识自我的兴趣。

2. 团体活动阶段
（1）挑选人物卡
参与者明选一张能代表自己的人物卡。此环节让参与者开始有意识地初步探索自我，思考自己的特点。
（2）冥想
朗读指导语，带领参与者做冥想体验。此环节让参与者聚焦内心，不被外部事物所打扰，也让参与者为接下来的探索活动建立仪式感。

（3）OH 卡自我探索

参与者在纸上写下以下问题的答案,安静地完成自己的探索。此环节让参与者进行更深入的自我觉察和探索,这样的过程是与自我的对话,能更清晰地看到真实的自己。

① Ta 带给你什么样的感觉?

② Ta 有哪些特点?

③ Ta 几岁了,Ta 可能在做什么?

④ Ta 的心情如何?

⑤ 如果 Ta 有一个愿望会是什么?

⑥ Ta 和你有什么联系吗?

3. 团体转换阶段

（1）分享接龙

在组内接龙进行分享,此环节促进参与者对他人及对自我的了解,在安全的氛围下适度地打开自己的隐藏区,比如某些特殊经历、希望、心愿等,让参与者能抱着开放的态度去接纳和探索自我,从而增加了"自我发现"的可能性。在共同创建的团体氛围中感受到被接纳、被看到、被抱持。

（2）他人眼中的我

每个小组的成员为右手边的成员挑选一张人物卡,并分享心目中的他（她）有什么特点。此环节主要基于乔哈里窗理论中提出的盲目区,即有些特点是自己不知道但别人知道的,让参与者可以从他人的反馈中更全面、多角度、多渠道地认识自我。[8]

4. 团体结束阶段

（1）回顾总结

对所有卡片进行梳理,强化活动为参与者带来的积极感受,参与成员用一句话总结团体活动体验。

（2）带领者寄语

六、基于 OH 卡的自我认识团体辅导对中职生的实施效果

（一）激发参与者的兴趣

多数参与者表示 OH 卡牌是第一次使用,很新奇、有趣,经过团体辅导

课可以更多地了解自己,同时也看到了他人眼中不一样的自己,也觉察到认识自我是一项重要的课题。其次,大多数参与者则表示是第一次进行冥想体验,刚开始有些不适应,随着冥想的深入和推进,自己的内心慢慢沉静下来,是一种很奇妙的体验。

(二)在团体中感受到疗愈

多数参与者表示此次团体氛围非常安全,能让自己敞开心扉,进行更多的表达,同时在这个团体中感受到了成员的陪伴、抱持和温暖。

(三)增进对自我深层次的认识

参与者表示在第一个自我探索环节,看到选择的人物卡牌的特点、感受及愿望等,回过头来发现其实跟内在的自己有很深的联结,这也在无形中增进了对自我的发现和认识。在第二个环节中,从他人的眼中看到了不同维度的自己,拓展了对自我认识的宽度和广度,启发了对自我更多的思考。

七、总结与展望

此次将OH卡应用在中职生自我认识的团体辅导课中,通过活动、体验、分享等形式,鼓励学生进行自我探索。这种具有趣味性的心理健康教育方式以学生为主体,充分尊重接纳学生,鼓励学生通过自我寻找解决自身困扰的资源和潜能,践行新成长教育理念,从而激发学生的内驱力,受到学生的欢迎和喜爱。

当然,在此次团体辅导中,也存在一些不足,比如,对于不同群体团体氛围的建立,团体分组、团体动力不足等,这是后期需要不断成长和思考的问题。未来,也将不断探索和实践,借助OH在不同群体及不同场景中的应用,更有针对性地运用在个人咨询、团体成长小组中,促进学生全面发展,优化心理品质,增强心理调适能力和社会生活的适应能力,预防和缓解心理问题。

参考文献

[1] 赵晓玉,陈建文.家庭教养方式对中职学生生涯发展的影响:有调节的中介作用[J].心理研究,2022,15(06):567—576.

[2] 教育部印发中职学生心理健康教育指导纲要[J].职业教育研究,2004(09):28.

[3] 张丽娟.OH卡技术在大学生心理健康教育中的应用研究[J].湖北开放职业学院学报,2022,35(18):131—133.

[4] 吴燕雅.OH卡应用于初中生人际交往辅导的实践研究[J].华夏教师,2023(17):30—32.

[5] 冉望.中职德育"三个自我"教育的探索与实践[J].当代职业教育,2016(09):83—88.

[6] 王英.中职学生自我认识偏差成因分析与对策[J].福建质量管理,2016(02):265.

[7] 翟景朋.通过生涯规划促进中职生自我同一性达成[J].科教文汇(中旬刊),2017(08):110—111.

[8] Lowes R. Knowing You: Personal Tutoring, Learning Analytics and the Johari Window[J]. *Frontiers in Education*, 2020(5).

[9] 邹泓,侯志瑾.心理健康与职业生涯规划[M].北京:高等教育出版社,2023:22—27.

[10] 林崇德.发展心理学(第三版)[M].北京:人民教育出版社,2018.

[11] 冷佳奇.中职生污名感知、自我污名与专业认同的关系及教育对策[D].吉林外国语大学,2024.

[12] 徐兴玲.中职生学校归属感对自我刻板化的影响:群体认同的调节作用[D].扬州大学,2018.

[13] 高洁.思想政治理论课对话式教学的"乔哈里窗"机制探索[J].思想教育研究,2019(08):112—116.

[14] 王旎.试论约哈瑞窗口的移动[J].国际新闻界,2008(10):41—45+75.

基础文化篇

高校文物志

求同存异，在比较阅读中完善实用性文本的阅读方法

——以中高职语文教材必修下册第三单元教学设计为例

语文组　顾莉亚

[摘　要]"实用性文本"占据了统编高中语文教材（中高职用书）的半壁江山，切实可行且有效的阅读方法对于课堂教学以及学生的阅读理解具有重要的推动作用。在必修下册第三单元的教学设计中，试图通过读法指导，对实用性文本的基本阅读方法进行运用及进一步完善，从而帮助学生能够更好地进行实用性文本中交叉文体的阅读。

[关键词]实用性阅读　阅读方法　教学设计　求同存异　比较

一、前　言

统编高中语文教材必修下册第三单元所对应的学习任务群为"实用性阅读与交流"。那么，何为"实用性文本"？我们可以根据褚树荣老师在统编教材国家级培训中所给出的阐释，明确认识到实用文类作为一个复合概念，应该包括应用文体和论述文体，还涉及交叉文体。应用文体如新闻报道、调查报告、实习报告、工作总结、求职演讲、合同样本、申请书、序言、说明文等；论述文体所涉更广，如哲学、经济学、社会学、法学、历史学、伦理学、文艺学、语言学、教育学等；交叉文体是指兼有应用类和文学类特质的文章，如报告文学、传记文学、杂文、形象的科普文等。

为了让阅读方法的指导更具有针对性，我在第三单元读法指导的教学设计中，选取了该单元的两篇文章作为教学内容，分别是《中国建筑的特征》以及《说"木叶"》。为何进行这样的选文整合，原因有二：其一，从文类的分野中，这两篇文章都属于交叉文体，拥有着实用性文本的共性特征，同时也具有一定的差异性；其二，本单元的另两篇文章分别为《青蒿素：人类征服疾

病的一小步》及《一名物理学家的教育历程》，前者由屠呦呦的获奖演说和论文节选编辑而成，后者为外国译文，选文缺乏典型性。而我所选的两篇文章皆出自本国文人之笔，作者的年代背景也更为相似。

为免发生歧义，另有一点需要进行说明："比较阅读"在这里只是作为这一教学设计中的重要环节出现，而非实用性文本的具体阅读方法。

针对第三单元的实用性阅读指导，我进行了两个课时的教学设计。在第一课时的设计中，以《中国建筑的特征》为主要阅读文本，要求学生根据教师所给出的"实用性阅读的基本方法"进行阅读与交流。所谓"实用性阅读的基本方法"，实则就是指导学生如何去阅读实用性文本的几个重要步骤，即：(1)找出概念；(2)揭示概念之间的关系；(3)分析如何围绕概念进行阐说；(4)理清文章思路；(5)形成阅读评价。这一基本方法当然也适用于《说"木叶"》一文，在第二课时的教学设计中也将继续沿用。既然如此，为何不将两篇文章放在同一课时中进行比较阅读呢？一方面是考虑到课堂容量及有效性的问题，两篇长文的阅读量太大，作为中高职一年级的学生很难在40分钟的课堂上有效地把握本文。与其两篇文章都只是浅尝辄止，不如先通过对其中一篇进行深入探究，进而熟悉阅读方法。另一方面则是从教学设计的整体性上去考量。两篇文章作为实用性文本拥有着共性特征，但又各自具有个性因素，《说"木叶"》一文所呈现出的个性因素更为显著，更适合放在第二课时中进行阅读。至于为何是由教师直接给出阅读方法，而不是让学生在阅读学习后进行归纳得出，我也有着自己的考虑。与其让学生在教师的牵引下似模似样地得出一个教师预设的阅读方法，倒不如引导他们用既有的方法进行有效的阅读。毕竟对于大部分的学生，学会如何去读，才是于他们而言更为切实的课堂收获。

二、依法而读，细化补充

在第一课时中，我只设计了三个大环节：(1)为依据所给出的基本方法进行自主阅读并记录下阅读收获；(2)交流反馈；(3)补充完善基本方法。看似大开的环节设置是为了之后的大合，基本方法只是一个起点，是一条阅读的路径，环节一的背后实则暗藏了许多需要解决的具体问题。

根据基本方法：(1)找出概念；(2)揭示概念之间的关系；(3)分析如何围绕概念进行阐说；(4)理清文章思路；(5)形成阅读评价。在阅读《中国建筑的特征》时，我们首先会在文章中找到许多概念，诸如"中国建筑""特征""斗拱""举折""举梁""词汇""文法"……随着对于概念的明确以及概念之间关系的梳理,便能够逐步理清文章思路。这一过程中,实则在培养学生发现问题并解决问题的能力,比如针对"特征"这一个概念,要对其有一个明确的认识,就必然会提出疑问:究竟中国建筑的特征是什么?又如"词汇""文法"等概念,要明白这些文学术语同中国建筑之间的关联,就必然会思考:作者为何要引入"文法"和"词汇"的概念?这也就印证了上文中所说的,基本方法只是一个起点,一条路径,要到达终点或许要摸索尽路边的每一颗石子。

在分析概念之间的关系以及如何围绕概念进行阐说的过程中,我们还会关注到文章在说理过程中的条理层次。如文章在介绍中国建筑的九大特征时,采用了由整体到局部、由主(结构)到次(装饰)的空间顺序展开。再如写到"特征"与"文法"的关系时,采用了由表及里的逻辑顺序……由此,可以引导学生在基本方法阅读的基础上思考:除了基本方法中提到的几个方面,我们在阅读实用性文本的时候,还要有哪些更为具体的关注点?

通过对文本的梳理,可以将关注点落在文章的说明顺序上,即:时间顺序、空间顺序、逻辑顺序。尤其关注逻辑顺序,要理解文章说理过程中的关键要素,找出此篇文章在说明事理时所采用的一般规律,如由具体的现象出发,归纳并说明其中的道理;或由浅入深,逐步揭示事理的不同层面;又或是在比较中凸显事理的特征等。

在这堂课上,还要求学生在完成文本的阅读后形成自己的阅读评价,并于课后记录到学习任务单中。这个评价自然是开放性的,也更具主观性,其作用是为第二课时中继续完善阅读方法埋下伏笔。

三、比较思考,完善方法

有了第一课时的小试牛刀,第二课时的教学设计则是在之前的基础上进行了要求和难度的提升。同样设计了三个环节:(1)依据补充后的基本方法,自主阅读《说"木叶"》并完成任务单中的(一);(2)形成阅读评价并完成任务单中的(二);(3)进一步完善基本阅读方法。

这一课时加入了课堂学习任务单的使用,一方面是让学生的阅读反馈能够从口头交流转变为文字呈现,另一方面则希望借此让学生直观地看到阅读方法完善的具体内容。

学习任务单

（一）文章思路		
（二）阅读评价	《中国建筑的特征》	《说"木叶"》
实用性文本的阅读方法	基本方法： （1）找出概念 （2）揭示概念之间的关系 （3）分析如何围绕概念进行阐说 （4）理清文章思路 （5）形成阅读评价	方法完善：

备注：在完成（一）文章思路时，请注意以下两点。

1. 在表述文章的说明顺序时可参考以下三种常见顺序。

（1）时间顺序：按照事物或事理发展过程的先后来加以介绍；

（2）空间顺序：按照事物空间存在的方式，或从外到内，或从上到下，或从整体到局部来介绍；

（3）逻辑顺序：按照事物或事理的内部联系及人们认识事物的过程来介绍，事物的内部联系包括因果关系、层递关系、主次关系、总分关系、并列关系等，认识事物或事理的过程则指由浅入深、由具体到抽象，等等。

2. 在填写此栏时，要理解文章说理过程中的关键要素，如重要概念、因果关系、文章各部分之间的联系，找出此篇文章在说明事理时所采用的一般规律，如由具体的现象出发，归纳并说明其中的道理；或由浅入深，逐步揭示事理的不同层面；又或是在比较中凸显事理的特征，将这些过程分析融入对文本结构脉络的表述中。

在第一部分文章思路的梳理中，依旧沿用了第一课时的设计，只是基本方法已有所补充，所以在任务单的设计中也进行了相关备注。这一环节其实是对第一课时内容的提升和再巩固，还是在依法而读，但对学生的阅读要求显然有所提高。首先是要自行梳理文章思路并指出其内在逻辑关系，其次是要将梳理过程以文字的形式加以呈现，再者是《说"木叶"》一文本身的阅读难度要比《中国建筑的特征》更大。相信这对于学生而言也是具有挑战性的一项任务。

第二项学习任务是形成阅读评价，这或许对于很多同学来说并没有困难，大可以将自己阅读后最直观的感受填入表格中，但这一项任务对于下一步方法的完善十分重要。我们可以预设学生对《中国建筑的特征》的阅读评价为层次清晰、有条理、有说服力等，对《说"木叶"》的阅读评价为富有文采、有文化气息等。当然不同的学生会给出不同的评价，但从文本出发，去回溯所给出评价的依据，总绕不开文章的条理层次、语言表达这些方面。于是可以引导学生从两篇文章的阅读评价中去进行比较，大家给出的评价会有相同的方面，也会有不同之处。不妨去探究一番是什么造成了这样的现象。试图通过比较与探究，明确两篇文章存在逻辑层面上的共性，这是由文体特征、说理规律等造成的；而两者在表达层面上的个性，则是由文章主题、素材选用、写作背景、遣词造句等原因造成的。

由此，我们可以进一步完善原有的阅读方法，除了原有的五个方面及补充备注外，还应当关注文章主题、结合写作背景、分析素材选用、品味遣词造句。当然，这四个方面只是教学设计中的预设，在课堂的具体反馈中，学生或许会给出更为精彩的答案。

最后，我还想回到文章的标题，阐释其中的两个关键词。关于"求同存异"，在这一教学设计中，所寻求的"同"，其实就是实用性文本所共同具有的特性，这些特性多来自逻辑层面，如条理清晰、层次分明、有说服力等；所留存的"异"，则是不同文本本身所具有的个性，这些个性多来自表达层面，如语言风格、内容组织等。而最后针对实用性文本所给出的阅读方法，也正是兼顾了"同"和"异"，力求对文本进行更为全面的解读。关于"比较阅读"，这两个课时的设计中，究竟在阅读中比较了些什么内容？首先是在阅读《中国建筑的特征》的过程中，用具体的文本内容与框架式的基本阅读方法进行比较，发现基本方法的缺漏处；其次是两篇文章阅读评价的比较，从而去思考形成差异的原因，进一步完善阅读方法；最后是两次课堂阅读经历的比较，这或许是无形的、不可量化的，但这对于学生而言，又或许是比阅读方法更为重要的收获。

浅谈通过语文课前演讲培养中职生自我效能感的途径

语文组　何其乐

[摘　要]学习自我效能感是指学生对其有能力完成学习行为的自信程度。学习自我效能感对学生语文成绩和学习自主性有着重要影响，也是语文教育实现"人的发展"的重要基础。中职学生普遍面临低自我效能感的困境。本文认为语文课前演讲可以作为培养中职学生自我效能感的途径。本文将结合自身教学实际和经验，浅谈通过语文课前演讲培养中职生自我效能感的途径和实施效果。

[关键词]中职生　语文学习　课前演讲　自我效能感

一、前　言

20世纪美国心理学家班杜拉提出了自我效能感这一概念。自我效能感是指人们对自身能否利用所拥有的能力去完成某项行为的推测和判断，是人类行为的重要信念和动力。而学习自我效能感是指学生对自己是否有能力完成学习的自信程度和结果期望。

国内对于对学生的学习自我效能感有过相关研究。研究指出学习自我效能感一方面直接影响学业成绩，另一方面影响学习兴趣、目标设置等因素从而对学业成就产生影响。如周勇、董奇（1994）发现自我效能感会影响学生对学习行为的自我监控能力。王凯荣、辛涛、李琼（1999）发现不同学习水平学生的自我效能感有显著差异，对于学习成败的归因间接影响学习成绩。

中职学生普遍面临着学习自我效能感低的困境。一项针对浙江省湖州市中职生和普高生学习自我效能感的量化研究表明（施跃健，2007），中职生的学习自我效能感低于普通高中学生，对于学习的信念感、目标选择方面更缺乏自信。

教育的目的之一是让学生有获得感和成就感,让学生相信自己是有能力的。良好的自我效能感是学生学习的重要动力,也是学生健康、自信、快乐成长的重要支撑,也是其未来敢于探索、有信心把握机会的重要条件。素质教育和终身教育离不开对于自我效能的培养。

过去我国教育不重视对于中职学生的自我效能感培养,但新课标改革为培养学生的自我效能感提供了良好的契机。比起学业成绩,新课标更重视学生的全面发展,让课堂变得更温暖。语文学科作为一门强人文性的学科,有着支持学生生命成长的天然使命。笔者以语文课前三分钟演讲为切入点,结合自身教学经验,来浅谈通过语文课前演讲培养中职学生自我效能感的途径和效果。

二、中职学生语文学习自我效能感困境

(一)面对丰富的语文学习活动时缺乏选择的自主性

语文学科的综合性和灵活性给语文学习活动增添了一定难度,学生往往需要运用多种能力。自我效能感高的学生对自己的学习能力有正确的预期,并且有很强的自我监督能力和自我调节能力,会选择适合自己水平的学习任务,并且乐于选择具有挑战性的学习活动,主动习得新的能力。并且他们会主动设置学习目标和计划,自觉挖掘自己的潜能,去拓宽语文学习的外延,例如更乐意阅读课外书籍、与教师交流、练习书法等等。

反之,自我效能感低的学生缺乏学习动机,对语文学习兴趣不大,不会主动选择学习活动,只会依赖于教师布置,在中职学校的教学实践中,甚至经常出现教师催促才提交作业的情况。并且在选择学习任务时,他们往往会选择没有难度的学习任务。例如,比起背诵他们更倾向于抄写,比起拓展性的学习课题更倾向于做固定的练习册习题。此外自我效能感低的学生往往把学习行为当作学校和老师的任务,不会主动利用课外时间去自主学习、反思并提升自己的语文学习能力。

(二)面对语文学习困难时缺乏积极的态度,容易放弃,怯于表达

中职学生在九年义务教育阶段往往是班内的"学困生"。唯分数论的教育模式,也会把学生的思维用分数来简单粗暴地划归为正确答案和错误答

案。在过去"失败"的学习经验中,中职学生长期被困于低分和批评之间,损害了他们自我效能感的发展。这类学生往往对语文学习有畏难情绪,对自己的学习和表达能力信心不足。在语文学习方面,主要表现为回答主观题时不愿意自己思考,往往依赖于现成的答案;哪怕有所思考,也经常自我怀疑,认为自己的想法是错误的,所以只敢隐藏在人群中回答,不愿举手发言。在课堂讨论时也不愿意分享自己的意见,生生交流、师生交流难以展开,导致课堂讨论环节形同虚设。在需要口语表达的公众场合容易怯场,畏首畏尾,说不出话。

  自我效能感低的学生缺少正确归因意识,没有将努力和成功建立联系,往往将失败归因为自己或教师的能力不行、试题不合适等等,不愿付出精力去应对学习的困难,一旦认为自己没有能力做到某件事情,就会选择放弃。

  语文学习注重积累,词汇与语文知识、语感的培养和思维能力、审美能力的提高往往需要时间,所以语文学习的成效显现也是缓慢的。但是对于自我效能感低的学生来说,他们缺乏持之以恒的精神,当他们无法在短时间内获得预期结果,就会放弃尝试,放弃后导致的失败和无进步又进一步挫伤了学生的自我效能感,让其进入一个低自我效能的恶性循环。

  (三)缺乏从生活中学习的意识和能力,关闭了对多彩生活的感知

  中职学生普遍在学习和行为习惯上存在一些问题,部分中职学生的原生家庭缺乏正确的教育观,对孩子的能力期望过高或者过低,过分严格或者过分溺爱都会抑制学生的自我效能感发展。部分家长缺乏鼓励,而是以体罚和责骂为主,导致学生的低自我效能感从学习衍伸到生活的各个方面。低自我效能感会让学生难以主动习得新技能,缺乏对自身兴趣的挖掘,对生活的自信和自尊感都处于较低的水平。中职学生缺乏对生活的感悟和积累,往往只拘泥于一方电子屏幕,对多彩的生活"看不见""听不见""感受不到",因此他们缺乏从生活中学习语文的意识,面对现实中丰富多彩的生活素材无动于衷。

  语文是一门生活化的课程。美国教育家华特认为"语文的外延与生活的外延相等"。比起课堂教学,语文素养的提升更多的是从生活的积累中来。语文是母语课程,学习资源和实践机会无处不在,无时不有。对生活的感知能力更是语文学习很重要的一环。许多教学研究和长期的教学实践表明,作文、口语交际都与现实生活紧密相连。所以在教学生学习之前,更重要的是教学生学会生活、懂得生活,做生活的主人。

三、培养中职学生自我效能感的意义

（一）提升语文学习的主动性，提高学习成绩

许多国内外的研究表明，学生的自我效能感与学生的学习成绩呈正相关。高自我效能感的学生在任务选择、期望与抱负、学习动机、学习兴趣、努力水平以及对自我行为的控制力方面都高于低自我效能感的学生，以上几个方面也是影响学生学习成绩的重要因素。而学习成绩又会反过来影响学生的自我效能感。所以让中职学生摆脱低自我效能感的恶性循环是必要的。

此外，新课标强调了学生的主体地位，教师不仅要教会学生知识，更要教会学生学习。学生主体地位的体现不仅仅是课堂上增加师生互动的比例就能达成的。学会学习，需要学生自己确定学习目标、选择学习任务并有一定的自我监控能力。自我效能感在这三个方面也起着重要作用。以往的语文教学往往忽略了对自我效能感的培养，只是注意到了中职学生语文基础差、学习兴趣不高、学习习惯不好等几个方面。但后者往往治标不治本。所以培养中职学生的自我效能感是提高其语文学习的主动性，进而提高其学习成绩的基础。

（二）满足学生未来职业发展的需要

《中等职业学校语文课程标准》中指出，为提高中职学生就业创业能力和终身发展能力，成为全面发展的高素质劳动者和技术技能人才奠定基础，是中职语文课程的任务之一。语文教学不仅要拓展学生的文化视野，也要培养学生适应未来职业岗位的语言能力。在当下竞争激烈的就业市场中，除了专业能力之外，思维思辨能力、语言表达能力都是就业者的核心竞争力。低自我效能感的中职学生胆小畏缩，缺乏主动，这会妨碍未来职业的发展。此外，个体一般自我效能感的水平可能在一定程度上影响职业决策自我效能感的水平。中职二年级学生在学习职场应用文写作专题时，就曾出现过面对自荐信写作无从下手，觉得自己没什么好写，更不知道自己能做什么的情况。

语文作为一门基础学科，即使在职业教育中也不应该被边缘化。语文教育需要承担起对学生综合能力锻炼的责任。中职语文教师要牵着

中职学生之手,带领他们从"不敢想、不敢说、不敢做",慢慢向"敢想、敢说、敢做"前进,最终达到"会想、会说、会做"。正如班杜拉所说,在学校培养起强烈自我效能感的学生,当他们走出校园后,就能以他们自己的创造性为基础,进行卓越的自我学习。"这对学生未来职业发展有重要的意义。

四、通过课前演讲培养自我效能感的基本途径

课前演讲是指利用课前三分钟时间,让学生进行口语说话训练。众多国内的研究表明,三分钟课前演讲能够有效地树立学生的自信心,克服胆怯的心理,激发学生语文学习的兴趣。所以笔者结合一年来语文课课前演讲的教学实践,来浅探通过课前演讲培养中职学生自我效能感的途径。

（一）学会从生活中观察、提炼与思考

刚接触课前演讲的中职学生往往会遇到无话可说的困难,所以需要教师提供主题,并进行一些选材的指导。笔者提供了普通话水平测试命题说话的30个话题作为题目,供学生进行选择。因为普通话测试的命题说话题目实用性强,话题往往来自生活。

表1 普通话命题说话话题归类

表达方式	内　容	题　目
记　叙	说　人	我尊敬的人
		我的朋友
		我喜欢的明星(或其他知名人士)
		我所在的集体(学校、机关、公司等)
	说　物	我喜欢的动物(或植物)
		我喜欢的文学(或其他)艺术形式
		我喜欢的季节(或天气)
		我知道的风俗
		我喜欢的书刊
		我向往的地方
		我的家乡(或熟悉的地方)

(续表)

表达方式	内　容	题　目
记　叙	说　事	我的愿望
		我的学习生活
		童年的记忆
		我喜欢的职业
		难忘的旅行
		我的业余生活
		我的假日生活
		我的成长之路
		我和体育
议　论	说　理	谈谈卫生与健康
		学习普通话的体会
		谈谈服饰
		谈谈科技发展与社会生活
		谈谈美食
		谈谈社会公德(或职业道德)
		谈谈个人修养
		谈谈对环境保护的认识
		购物(消费)的感受

笔者对普通话命题说话30个话题进行归类，从表1可以看出记叙类话题占比66%，且都是从自身视角出发，以"我"为主语，所以要求说话人联系生活实际，从生活中提炼语料。但是自我效能感低的中职学生，他们往往认为自己的生活非常无趣，或认为自己的表达能力欠佳，所以在选择语料时往往舍近求远，过分依赖网络上现成的稿件，或是套用网络或者书本上的美文美句，净是空话大话，而缺乏"干货"，最终让三分钟的说话显得空洞，也不能达到命题说话锻炼的目的。

针对这种情况，在对学生说话内容的指导中，教师需要引导学生张开生活的慧眼，打开记忆的宝库。让学生从熟悉的领域入手，回顾自己在生活中做过什么、做成过什么，在对这些小事的回顾与述说中，让学生拥有对生活的掌控感和信念感，培养起学生生活的自尊感，从而改善学生的自我效能感。

此外，带领学生挖掘生活中的语料，能够进一步培养学生从生活中学语文的意识。在每节课的三分钟说话环节，强化"生活处处是语文"以及"过好生活才能学好语文"的理念，让学生有意识地积累生活素材，从生活小事中提炼可以运用于语文说话的语料，打开对生活的感知，学会表达自己对事物的感受和看法，一步步将语文学习自主衍伸到课外和社会生活中。

（二）培养正确归因意识

课前演讲的教学活动并不仅仅是课前的三分钟，而是包含了三个环节——准备环节、演讲环节、点评环节。

中职学生对于即兴演讲尚存困难，所以教师通常要求学生做好演讲的准备。教师会在学期初布置演讲内容和演讲顺序，学生需要自己查阅资料、撰写演讲稿，并熟悉演讲内容，把握好演讲时间。如果遇到选材或写作困难，教师会给予相应的指导。演讲环节，教师会鼓励学生脱稿，对脱稿学生进行表扬或加分。演讲时学生的语态和体态也是关注的重点。在演讲结束后，会进行点评。点评主要分为三个维度：普通话水平、内容和结构、语态和体态。通常分为两种形式，先是生生互评，让演讲者和聆听者进行交流，再进行教师点评，找出亮点，点拨问题，并进行打分。教师会引导学生对这三个环节进行复盘。在复盘过程中，能培养起他们正确的归因意识。

自我效能感低的学生往往会进行消极归因，把演讲效果欠佳的原因归于自己能力不行这种内在不可控因素或者话题太难这种外在因素。这时候教师就需要引导他们对这三个环节进行复盘，引导学生正确认识问题所在，并归因于内部可控因素。例如，是否提前准备好足字的演讲稿、是否提前练习熟悉演讲内容等等。引导学生将失败归因于努力不足这种内在可控因素，鼓励学生在遇到困难时寻求帮助和指导以及付出相应的行动去取得更好的演讲效果。

在演讲结束后积极的归因能够培养起良好的自我效能感，能让学生在成功时增强对自我的信心，也能让学生在失败时客观地看待自己，分析可以改善的方法，并且为之付出进一步努力。

（三）正向鼓励，培养信心

正向的言语支持是提升自我效能感的手段之一。所以教师的鼓励是让学生迈开步子的重要动力，正向的评价和建议也能让学生有信心获取下一次的成功。

对于三分钟说话的评价，笔者分为三级。一是针对低起点的学生，只要他们愿意开口说话，教师就可进行鼓励和表扬。中职生处于青春期，这个时期的青少年都会有一定的表演欲。但碍于低自我效能的限制，他们对自己的表达能力缺乏自信。这时教师需要引导其他学生对演讲者鼓掌和激励，并且让聆听者们的注意力集中到演讲者身上，满足他们的表演欲，激发他们的表达欲。然后对其进行方法的指导,提出具体可落实的建议,让其了解日后的演讲应该从何入手准备。二是针对有一定基础的学生,他们往往有所准备,有话可说,但也会有些紧张,出现忘词和说不满时间的情况。当出现准备的稿子不足时的情况,他们对自己的即兴说话的能力会有所怀疑,往往会提出放弃。这时可采取对话式引导的模式,将演讲转化为访谈,用对话来缓解他们的紧张,用提问来打开他们的思路。三是针对基础较好的学生,可以在其演讲结束后,以其作为该话题的范文和模版,供其他同学进行学习,这样能提升演讲学生的成就感和获得感。

语文和其他学科不同之处在于,语文往往没有所谓的标准答案。所以教师应该鼓励学生探索生活探索语文探索自己,引导但不限制他们思考和表达,通过正向的言语支持来给予他们将自己的见解表达出来的自信。

五、语文课前演讲对提升中职学生自我效能感的效果

(一)走近生活语文,让学生有话可说

语文教学与生命成长是高度融合的。只有关注生活才能拓展生命视野。也只有学会生活,才能更好地学习和成长。经过教师的指导和训练,学生们从最开始的无话可说,渐渐学会从生活中寻找可以讲述的话题,去分享自己最真实的生活感受。

2022年上海地区中小学因为疫情防控而采取线上网课的授课形式,让学生的身心都面临了不小的挑战。许多学生反映觉得生活"没意思""太无聊"。笔者引导他们去观察身边的人和事,尝试去做一些力所能及的事情,并将其转换为演讲的语料。例如,针对《我尊敬的人》,我引导学生讲述社区志愿者、核酸检测人员和医护工作者的故事。针对《我所在的集体》,鼓励学生和邻里、楼道进行交流,讲述自己社区和街道的故事。

通过课前演讲,教会学生挖掘自有生活,唤醒其对生活的实感,防止其坠入虚无,这对于青少年心理问题多发的情况也有重要的意义。在倾听学生生活的过程中,教师也能关注到学生的生活状态,相机而教。在自己的生活经历得到聆听和肯定时,学生表达的自信、生活的自信也进一步提高了。

(二)积累成功经验,让学生有话敢说

成功经验分为两种,一种是自己过去的成功经验,一种是别人成功的替

代经验。积累成功经验,对自我效能感的改善是显著的。

通过课前演讲,能够给学生创设表现自我的平台,让学生拥有成功体验。中职二年级学生在经历了一到两轮上台演讲之后,可以看出明显的进步。整体的语态体态更加放松自信,部分同学能够脱稿甚至即兴演讲。在语文课堂上举手回答的积极性和答题的质量也有所提升。对于初次接触课前演讲的一年级学生,可以看出演讲顺序靠后的学生表现会比演讲顺序靠前的学生表现更好。因为他们能参照其他人的表现来作为自我效能的判断依据,并且能够吸收老师对之前学生的指导和建议。所以他们在有了他人的替代经验后,觉得课前演讲并不是难事,对自己更有信心,往往准备也更加充分。

(三)营造交流场域,让学生无话不说

表达欲和分享欲是人与生俱来的欲望,如果在课间走进教室,会发现课堂上的"小哑巴们"也会和同学滔滔不绝地对话。这就表明他们不是不会说,而是在面对教师和身处课堂时不愿说。话语即权力。通过课前演讲,教师从灌输者变成倾听者,话语权落在学生手中,从而营造师生平等交流的场域。

此外,随着学生能力的提升,课前演讲的主题也会循序渐进。从规定的普通话命题说话,转换到学生的自主选题。教师鼓励学生分享自己的爱好和在感兴趣的领域的一些研究,如动漫的观后感、游戏的心得等等。当教师表现出对自己爱好的兴趣时,学生的表达欲会被大大激发。

马斯洛需求理论提出,人类最高级的需求就是尊重和自我实现。通过课前演讲,打造教师和学生平等对话交流的场域,给予学生尊重、理解和鼓励,让他们能够表现自己、战胜自己、实现自己。

参考文献

[1] 施跃健.中职生学习自我效能感及其与学习适应性的关系[J].中国学校卫生,2007(06):515—516.

[2] 边玉芳.学习自我效能感量表的编制与应用[D].华东师范大学,2003.

[3] 王凯荣,辛涛,李琼.中学生自我效能感、归因与学习成绩关系的研究[J].心理发展与教育,1999(04):22—25.

[4] 周勇,董奇.学习动机、归因、自我效能感与学生自我监控学习行为的关系研究[J].心理发展与教育,1994(03):30—33+15.

[5] 刘丹,张艳萍,薛淑芬.中职学生自我效能感的调查分析[J].河南科技学院学报:社会科学版,2012(10):94—98.

核心素养下中职语文古诗词教学实践研究
——以《念奴娇·赤壁怀古》为例

语文组　杨艺欣

[摘　要]在核心素养背景下,为适应社会发展与对人才技能要求的提高,语文教学中培养学生的核心素养与古诗词教学密切相关。本文结合《念奴娇·赤壁怀古》教学实际,从古诗词的问题设置、引导学生反复诵读以及创设教学情境三个方面,探讨核心素养背景下中职语文的古诗词教学策略。

[关键词]核心素养　中职语文　古诗词

一、中职语文教学应注重对学生核心素养的培养

随着社会的发展,市场对于人才的要求愈发提高,中职学生核心素养的培养在语文教学中得到重视,提高中职学生的核心素养,可以有效帮助提高学生的职业素养,让学生更好地适应社会的发展。古诗词是中国文化史上的瑰宝,学习古诗词有利于培养学生的语言文字应用能力和审美能力,也有利于增强学生的文化内涵,提升学生的核心素养。本文立足于新时代对核心素养培育的大背景,以《念奴娇·赤壁怀古》为例,探讨如何通过提高中职学生古诗词鉴赏的能力,培养核心素养较高的技能型人才。

二、学生水平与现状

我任教班级的学生相较于普通高中生而言,学习基础较为薄弱、学习动力不足、学习自控力差,个人素养有待提高。中职生由于初中学习基础较差,很多人丧失了对学习的自信心;古诗词又属于语文学习中较为困难的部分,学生的知识储备量少,因而他们大都产生了对古诗词的抗拒、逃避心理。

另外中职生的年纪正处于十六七岁,他们的人生观与价值观都需要教师正确的引导,而古诗词中所蕴含的丰富意境、人生哲理、高尚情操都有利于培养学生的核心素养,新课标要求古诗词教学可以培养学生的鉴赏能力、丰富学生的情感世界、提高学生的审美情趣、提高学生的文学素养等。而对我们的学生而言,他们对古诗词的理解鉴赏能力薄弱,对古诗词的历史背景了解甚少,对背诵记忆多加抗拒,无法体会到古诗词的魅力,更无法领悟其中蕴含的深刻道理,学生的文化素养和价值观的提高受到限制。

因此,通过中职语文古诗词教学,培养学生的核心素养,是语文教学中非常重要的内容。针对这一现象,为培养学生正确的价值观,形成良好的核心素养,我选取了《念奴娇·赤壁怀古》这篇文章进行课堂教学设计。

三、核心素养教育与语文教学相结合的具体实施

《念奴娇·赤壁怀古》是咏史怀古的名作,词人借风流人物抒发情感,整首词将写景抒情融为一体,表现了苏轼渴望建功立业的壮志豪情与豪放旷达的人生态度,对学生价值观的建立和核心素养的整体提高具有深远影响。

(一)创设情境,激发学生想象能力

传统的教学方式多以教师的讲授为主,学生处于被动的学习状态,未能对古诗词进行充分的品读和分析,学生的思维能力未能得到发展和提高。中职学生对古诗词的鉴赏能力较为薄弱,也不太能够提得起兴趣,因此教师需要创设有效情境,激发学生的想象能力,以此来引导学生感知诗歌的美妙,激发他们的学习潜能,投入诗歌的学习中。创设情境是指教师在教学过程中创设一些较为形象的教学场景,调动学生的积极性,激发他们的学习兴趣。

在教学《念奴娇·赤壁怀古》之前,学生需要做的预习工作是了解作者的写作背景,在知人论世的基础上掌握作者的主旨思想。因此在导入过程中笔者通过播放视频,让学生通过声画的方式对苏轼生平有了更深刻的了解,再通过提问学生对三国英雄的了解,自然地引入本节课的教学内容:"苏轼最中意的英雄是哪位?"从而激发学生的主观意识,引导学生深入思考,进入文本。

在教学《念奴娇·赤壁怀古》时,为让学生能够领会对景物的描写,拉近学生和苏轼的距离,笔者设置了这样一个问题:"假如苏轼来到赤壁发了一

条朋友圈,你能够从他的文字和图片中找到哪些古迹美景?"富有趣味性的问题立刻将学生带入了课堂,学生们纷纷表达自己的观点,能够准确找到大江、故垒、乱石、波涛、浪花等景物。之后通过多媒体的形式呈现出赤壁的画面作为朋友圈的配图,引导学生通过文字和图片对本词进行赏析,并适当播放了几段音频,鼓励学生通过声、画多个角度,全身心地投入情境中。之后,又通过"为什么苏轼在朋友圈中只@周瑜""苏轼仅仅呈现出自己的伤感落寞吗"等一系列问题来引导学生把握诗词中的重难点内容,通过沉浸在诗歌的情境中来对作者的情感进行更深入的探究和思考,最终达到和词人跨越古今的情感共鸣。

学生通过情境可以更深刻地理解词人的豪放胸怀,体会词人渴望为国家建功立业的壮志豪情,从而建立自己面对逆境时洒脱的态度,重拾学习的信心,提高自己的语文职业素养和核心素养。

(二)通过反复、多形式的诵读提高学生对古诗词的品读能力

诵读是古诗词重要的鉴赏方法,阅读教学离不开学生反复、多形式的诵读。

在教学中通过对学生进行诵读指导,不仅可以帮助学生消除字音问题,还可以帮助学生在诵读的过程中反复品味诗词带来的审美体验。学生的人生阅历尚浅,且对词作所处时代背景的了解不够深刻,通过单纯的诵读无法体会到诗词带来的魅力。因此,《念奴娇·赤壁怀古》作为豪放诗词中的代表作,学生需要通过反复的诵读来体会诗词中传达出来的作者的思想感情。

在教学中,笔者首先呈现诵读音频,学生通过音频把握诗词的字词读音、诵读的轻重缓急以及掌握节奏。之后通过学生的齐读,可以在初步感知诗词内容的同时,感受到本首词的豪放之风。在之后的教学步骤中,又穿插着分小组朗读、单个学生朗读、男女生分别诵读等方式,多样化地对学生的诵读、品读进行引导和教学。在学生对词句结合关键词进行赏析的基础上,用语言描绘诗词所呈现的画面,引导学生对本首词进行品味和理解。如在讲授上阕赤壁美景的时候,设置了"结合关键词,通过对赤壁形、声、色等角度的描写,进行诵读"的教学任务,学生的自我探究意识加强,同时能够提高学生对古诗词语言的审美水平。

(三)通过相关作品鉴赏,提高学生对宋词的鉴赏能力

在完成《念奴娇·赤壁怀古》的教学之后,需要促进学生对古诗词鉴赏能力的迁移,因此笔者选取了同为咏史怀古佳作的辛弃疾作品《永遇乐·京

口北固亭怀古》,在简单介绍词作时代背景的基础上,让学生小组合作,分工完成对作品的赏析。由此,学生也可以总结出"咏史怀古"作品的写作结构:临古地—怀古人—忆其事—抒己怀。同时,通过对两首词的学习,学生可以得出结论:苏轼被贬黄州,精神苦闷,用旷达洒脱帮助自己实现精神的突围;辛弃疾讽刺政权无能,忧心忡忡,用悲愤给自己坚持下去的力量。两首词都留下了无尽的人生启示,并由此引导学生进行交流思考:"每个人的一生都必然遇到种种挫折和磨难,你将如何应对呢?请结合自身经历进行交流。"学生纷纷表示面对挫折磨难,应有苏轼的豪放旷达以解放自己,也要有辛弃疾的悲愤让自己坚持面对人生的苦难。至此,古诗词教学便可以加强学生的核心素养,教会学生以后在工作、生活中碰到困难也要坚毅勇敢、积极面对。

四、教后反思

通过《念奴娇·赤壁怀古》这篇文章,学生提高了自己的朗诵能力,学习到苏轼身上所传达出来的珍贵品质,对个人生活中遇到的困难进行了深入的思考,架构出了自己优秀的人生观和价值观。

课程的教学设计提高了学生对古诗词的鉴赏能力,并且引发了更深刻的思考,但还是存在不足的地方,课程的设计没有将学生的专业特点与语文知识相结合,同时在教授的过程中,没有把握好课堂节奏,导致时间不足。在今后的教学中,要思考如何将学生专业与语文教学相结合。

总之,中职生的语文核心素养需要教师在古诗词教学中进行植入教学,以努力提高学生的语言运用能力、品读能力、思维创造能力和审美素养,以达到提高中职学生核心素养的目标。

参考文献

[1] 汤蓉.核心素养培育下如何提高中职生的古诗词鉴赏能力[J].文教资料,2020(21):203.

[2] 王申会,孙振兴.论豪放派诗词中的人生情趣——以《念奴娇·赤壁怀古》《永遇乐·京口北固亭怀古》为例[J].考试周刊,2019(53).

指向职业素养培养的中职语文教学实践与思考

语文组 卫 来

[摘 要]在中等职业学校"以就业为导向"的理念指导下,中职语文教学应把培养学生的职业素养作为最终目标。本文以《荷花淀》为例,采取任务引领的课程形式实施教学,丰富学生的文化积累,充分发挥学生自身的专业特色,锻炼他们自主学习与合作探究问题的能力,并提高他们的口语交际能力,从而提升他们的职业素养。这项研究重视学生主体、融入思政元素、巧设教学情境,将为后续的中职语文教学中的职业素养培养研究提供参考。

[关键词]中职语文 职业素养 任务引领

一、前 言

职业素养是指从业者内在品德的整体规范体系和要求,是个人在职业发展过程中自然表现出来的综合品质,包含职业道德、职业技能、职业行为、职业作风和基本职业意识等。对于中等职业学校来说,教育的属性应该与生产的实际需要相吻合,即职业院校的教育应满足学生未来工作场所的实际需要。良好的职业素养是学生个人事业发展成功的重要基础。然而,大多数中职学校忽视了对学生职业素养的培养。《中等职业学校语文课程标准(2020年版)》提出:"教师要打破课堂内外、学科内外、学校内外的界限,引导学生在实际生活中结合专业特点学语文,用语文,逐步掌握运用语言文字的规律。"因此,中职语文教师应利用语文学科的特点,挖掘教学内容的专业性,设计相关的教学实践活动,运用多种教学手段和方法,调动学生学习的主动性和自觉性,培养学生的职业素养。下面以《荷花淀》的教学为例,谈谈中职语文教学如何有效培养学生的职业素养。

二、深入研读教材，分析学生情况

《荷花淀》选自高等教育出版社的中等职业学校教科书《语文》上册第一单元，本课的重点是揣摩作品的意蕴，汲取精神力量，感受小说的诗意之美。中职语文和高中语文虽然都选用了这一经典篇目，但侧重点是不同的。中职语文教材的编写注重如何让每位中职学生都在接受选择好的职业教育体系后，积极理性对待未来职业，做好就业准备。所以，中职语文教师需要考虑的是如何合理设计教学活动使之与学生的职业素养的培养相结合，打造融会贯通的语文课堂，体现中职语文的独特魅力。

中职教育目前面向的教学对象，较之于普通高中的学生，文化知识基础较薄弱，学习能力较落后，学习习惯也普遍不理想，但在实际教学过程中可以发现真正阻碍中职学生长远职业发展的，并不是他们现有的基础和能力，而是他们缺少对未来职业的认识，不清楚未来职业的价值，不知道如何为未来的职业发展做好准备。他们中的很多人缺乏对专业技能学习的自信、兴趣和动力，也就很难去为未来的职业做积极准备。因而，在日常学习中，很多中职学生都是被动学习、得过且过、散漫不振的精神状态。中职教师的目标就是要鼓励这些学生重拾学习的信心，帮助他们树立正确的职业意识，助力他们的职业道路发展。

三、精心设计任务，指向职业素养

根据上述分析，笔者设计了以任务引领的课程形式，结合授课班级平面设计专业的特色，丰富学生的文化积累，赋予学生自由发挥的空间，训练他们自主学习与合作探究问题的能力，提高他们的口语交际能力，从而提升他们的职业素养。

（一）重视学生主体，锻炼职业技能

注重发挥学生的主体作用，以学生为中心，从学生的生活体验入手，创设情境呈现问题，使学生在自主探索、合作交流的过程中，发现问题、分析问题、解决问题。比如，分角色朗读有关对话内容，要求学生读对语气、轻重、节奏、情感等，学生互相评价和教师辅导修正。这样做既有利于发展学生的理解、分析等创新思维能力,又有利于学生表达、协作等实践能力的提高,促进学生全面发展,培养高层次的技术人才。

在作业布置上,指向教学目标,设计丰富的作业形式,适合全班不同层次的学生,让学生可以按照自己的学习情况和兴趣爱好选择性地完成,做到不漏一人。比如:根据文章内容,结合自己的理解,绘制出一幅荷花淀风土人情图。引导学生结合专业技能,进行相关体验式技能学习理解。这样的作业布置能够有效提升学生对文章内容的理解,锻炼学生的实践操作能力,有助于学生尽快实现自身专业技能的提升。

(二) 融入思政元素,培养职业道德

许多企业不仅重视实践技能,还重视职业道德。如果没有职业道德,学生即使有再高的专业技能,也无法实现自己的社会价值。培养良好的职业道德要从日常生活中方方面面的小事做起,严格遵守行为规范,注意自己的言行。因此,在中职语文教学过程中,教师需要融入思政元素,注重培养学生的职业道德,督促学生从自身做起,严格要求自己,养成良好的道德习惯,为今后职业理想的实现打下坚实的基础。

《荷花淀》是孙犁的代表作,作品以冀中抗日根据地为背景,通过妇女们的表现,刻画了一个个勤劳淳朴、勇敢坚强、多姿多彩的人物形象,作者用诗意的笔触描绘了白洋淀的美丽景色,用充满诗意的语言表现了根据地人民英勇抗日的爱国精神。结合课程思政元素,在现代语境下解读相关背景知识,不仅能让学生在潜移默化中受到思想道德教育和爱国情怀的熏陶,还能把教学内容从课内延伸到课外,引导学生反思自己日常的言行举止是否符合道德规范,培养学生的爱国情怀和审美体验。

(三) 巧设教学情境,激发职业热情

情境教学的核心是激发学生的情感。对于职业学校的学生来说,在学习期间培养他们的职业意识是非常重要的,这样他们就会对自己将要从事的职业有一种自豪感、幸福感和成就感。传统的语文教学以教师的讲解和板书为主,形式单一,学生只是被动接受知识,缺乏互动和参与。而课本剧的形式新颖,内容生动,能够吸引学生的注意力,激发他们的学习兴趣。同时,通过表演课本剧,学生可以在"玩"中学习,更好地理解课文内容,深入感受人物情感,提升对文学作品的鉴赏能力;他们会从被动学习变为主动学习,他们会比以往任何时候都更愿意在专业上投入更多的心力。因此,结合学校特色和专业特色,笔者在迁移拓展部分设计了综合任务:以《荷花淀》为原型,选择片段,完成课本剧的改编和排练。

课本剧创演需要运用各种知识,考虑各个环节,连通各种要素,是学习能力的重大攀越。学生需要认真阅读课文,理解故事情节和人物形象,并根据课文内容进行剧本改编、排练、修改、再排练。在这个过程中,教师可以给予学生必要的指导和帮助,例如提供改编和排练课本剧的基本步骤和方法、组织学生进行讨论和交流等。课后布置以小组为单位拍摄并上传课本剧片段的作业,使用师生共同制定的评价表来完成学生自评、生生互评和教师点评。

四、深刻反思教学,培养职业人才

这项以《荷花淀》展开的实践研究,让学生的学习并不单单停留在了文本的解读,把更多的时间和精力放在了综合实践能力和职业道德意识的提升上,这将为后续的中职语文教学中的职业素养培养研究提供参考。

本课的亮点一是创设自由开放的学习环境,给予学生自由发挥的空间,让不同的思想撞击出闪光的火花,这能够培养学生日后在工作中的创造力和随机应变的能力;二是落实立德树人的根本任务,以课文为核心,深入挖掘职业精神的内容,帮助学生树立正确的人生观和价值观,促使学生养成热爱祖国的好品质;三是通过课本剧的编排把教学内容与学生的活泼好动的特点结合起来,培育他们的合作意识和职业热情,实现中职教育的终极目的——培养学生的职业素养。

课堂教学有所成就的同时也存在着一些问题:一是教学设计对象是特定专业的学生,如何扩大受众面是一个等待突破的难题;二是培养学生的职业素养并不是简单的一节课就可以完成的,它需要渗透在日常的中职语文教学中,这对于中职语文教师来说是一个挑战;三是教学评价有待优化。本课的教学评价方式仍有改进的空间,因为相较于普通教育,职业教育可以使用更灵活科学的课程教学的评价方式来切实体现出中职特色教育和自身优势。比如,教师在评价学生时,不仅可以评价学生的语文知识水平,还可以评价学生的专业素养和职业精神。中职语文教师要重视学生的职业素养培养,强调中职学生的职业竞争优势,努力形成以职业素养为核心的教学评价机制。这样,学生才会建立起他们对自己未来所要从事的职业的深切感情。因此,更有职业教育特色的中职语文教学评价方式将成为今后研究的另一个发力点。

参考文献

[1] 刘霞,邓宏宝.工匠精神的时代内涵、形成机理及培育方略[J].南通大学学报:社会科学版,2021,37(4):126—132.

[2] 教育部.中等职业学校语文课程标准(2020年版)[EB/OL].http://www.moe.gov.cn,2020-02-14.

[3] 郑桂华.语文课堂教学设计的关键[J].语文教学通讯·D刊(学术刊),2011(09):26—30.

[4] 荣维东,刘建勇.语文学习情境的学理阐释与创设策略[J].语文建设,2022(05):14—18.

[5] 王琳.简论中职语文教学中学生职业素养的培育[J].新课程研究,2019(10):40—41.

职教语文的项目化学习设计与实施

语文组　裴　雯

[摘　要]职业教育背景下,设计与实施语文学科的项目化学习,基于《中等职业学校语文课程标准》的教学活动,以项目为载体、以写作任务为中心,来选择、组织中职一年级第二单元的阅读教学和写作教学,以完成工作任务为主要学习方式。这一模式促使职教学生在实践中学习,能够有效提高学生职业能力,提高学生核心素养。本文从主题的确立、目标的设置、任务的创设和评价四个方面进行剖析,探讨行之有效的策略。

[关键词]职业教育　项目化　语文学习

一、前　言

随着文专融合理念的深化,职教的语文学科教学更需要加强教学内容与社会生活、职业生活以及专业课程的联系。在扩大学生参与度的同时帮助学生掌握学习方法,在文化课程的学习中获得成就感和自信心,掌握文化学习与专业课程、社会生活、职业生活的多重联系。

《中等职业学校语文课程标准（2020版）》提出:中等职业学校语文课程要在九年义务教育的基础上,培养学生热爱祖国语言文字的思想感情,使学生进一步提高正确理解与运用祖国语言文字的能力,提高科学文化素养,以适应就业和创业的需要;指导学生学习必需的语文基础知识,掌握日常生活和职业岗位需要的现代文阅读能力、写作能力、口语交际能力,具有初步的文学作品欣赏能力和浅易文言文阅读能力;指导学生掌握基本的语文学习方法,养成自学和运用语文的良好习惯;引导学生重视语言的积累和感悟,接受优秀文化的熏陶,提高思想品德修养和审美情趣,形成良好的个性、健全的人格,促进职业生涯的发展。

《课程标准》还明确指出:指导学生正确理解与运用祖国的语言文字,注重基本技能的训练和思维发展,加强语文实践,培养语文的应用能力,为综合职业能力的形成,以及继续学习奠定基础;提高学生的思想道德修养和科学文化素养,弘扬民族优秀文化和吸收人类进步文化,为培养高素质劳动者服务。

而项目化学习就是以项目为载体、以工作任务为中心来选择、组织课程内容,以完成工作任务为主要学习方式的课程模式。这一模式促使学生在实践中学习,能够有效提高职教学生职业能力和核心素养。

综上所述,职业教育背景下的语文项目化学习具有可行性及其独特优势。因此,笔者围绕"写景如在眼前"这一写作主题,针对我们职教新疆部一年级学生,思考行之有效的教学设计和实施方法。

二、设计与实施

1. 确立有特色的主题

笔者发现,新疆部学生大多自幼习惯使用维吾尔语,因此远离家乡,来到我校后,在汉语的学习和使用中存在巨大的困难,产生抗拒和恐惧。另外,基于中职学生职业教育的大背景,创设与职业生活或者专业课程相关的教学情境,激发学生的学习兴趣,新疆部的学生更可以结合民族特性,勾连职业教育及文化普及,促使学生在有特色的教学内容中有目的地开展学习,提高对民族文化的认同感和自信心。

中职语文教学要求中明确指出,需要学生掌握记叙、描写、说明、议论的能力。因此,我们选择中职语文一年级的写作教学内容"写景如在眼前"这一主题进行教学。

而项目化学习首先要确立一个驱动性问题,触发学生的学习实践。所谓驱动性问题是指具有凝练意义的能引发学生自主探究并推动学生问题解决的关键性问题。这个问题的来源则取自学生对学习内容的困惑,而将学生学习问题提炼并转化为教师教学的内容则是项目化学习的首要步骤。

但中职院校学生尤其是我校新疆部学生最大的问题是:我们为什么要写作? 我不想写作。

因此为了解决这一问题,笔者创设了某某旅行 App 策划小组的暑期路线策划活动这一特殊情境,帮助学生明确自己的身份是作为一名路线开发组的成员,成员们在某旅行 App 的小组项目竞争上进行项目设计,制作富有特色与可行性的暑期旅行路线规划。

2. 设置有度的目标

《课程标准》对语文的阅读与写作教学明确提出了以下教学目标:在

阅读中,能正确认读多音多义字,能辨析词语、句式、修辞在文中的表情达意的作用;在写作中,能较准确地遣词造句,能按表达需要进行句式的变换,能运用恰当的修辞手法,能发现和改正常见病句,能不写错别字,正确标点。

而"写景如在眼前"是高教版《语文》教材一年级第二单元的写作主题,要设置适度的写作教学的目标,教师首先要来看整个单元的教学目标和教学内容,立足单元,触发整体与局部的设计思维,从而设置适合中职一年级学生能力水平的单元写作目标,促进学生写作能力的提升;其次,教师应关注中职学生的语文素养水平与职业教育需求,在教学目标的设立上做到重难点"张弛有度",循序渐进。最重要的一点,是教师应牢记项目化学习的特性,选择具有可行性的实践任务,注重学生合作探究,培养学生独立思考与学习的能力,提升语文综合素养和职业能力。

教材第二单元的课文有现代诗《雨巷》《我愿意是急流》、散文《荷塘月色》《灯》、小说《林黛玉进贾府》和《最后一片叶子》,本单元的教学目标是希望学生在多样的文学体裁中充分感受不同文学作品的情感美、语言美,感受其丰富的意蕴和艺术表现力,尤其是能够欣赏这些文学作品中情景交融的意境之美,从而获得审美体验,提升文学素养。

因此,结合我校新疆班一年级学生的职业需求和生活实际特点,在符合职业教育语文教学基本要求的基础上,尊重学生的个性特征和文化背景。基于新疆班学生的民族特点,本项目的教学目标设定为:

根据文学作品的不同体裁特点,从情感表达、语言风格、环境描摹等方面进行赏析,感受文学作品丰富的意蕴和艺术表现力,提升文学素养;

根据本专业特性,结合生活实际,制订一个有特色的旅行计划;

在游览计划的基础上,合作完成一个旅行 vlog 脚本设计,要求有配文和图片音乐设计等,能够详细介绍当地特色,有助于推动当地旅游业的发展。

3. 创设有价值的任务

项目研究的过程中,教师作为引导者首先应为学生设计好有价值的任务。什么样的任务是有价值的呢?从教学的角度来讲,学生存疑的地方就是我们挖掘任务的方向,学生在项目研究的过程中"有所得"是我们努力的方向。其次,从职业教育的角度来讲,如果一个项目的研究能够激发学生未来的职业激情,那么也是价值所在。最后,对于大多缺乏自信和文学素养较弱的中职学生而言,能够唤醒他们对于文学或者生活的点滴热爱,也是语文的育人价值所在。

因此，本项目基于课堂情境的创设，为学生设计了以下任务。

首先是进行单元文本的学习，感受情境交融之美，提升学生的文化审美这一主任务。在这第一个主任务之下，安排相应的任务群：第一是知人论世，了解作者所处的时代背景与人生际遇，感受大时代背景下的人物命运；第二是赏析文学作品的语言。这两个任务以查阅资料、摘抄语段、表达观点为主，旨在引导学生在课前感悟语言之美，为课上体会情感美奠定基础。第三是通过文学作品的诵读与交流分享，引导学生将文学作品与现实生活联系起来，在有声的语言文字赏析中增强学生的文化自信与民族认同感；撰写阅读心得，深入体会作品的意蕴和艺术表现力，帮助学生建立表达观点的基本逻辑框架。

其次是根据班级学生的地域特色和专业方向，进行旅行路线设计。在这一主任务之下，我们同样需要一个任务群来完成学习，主要通过小组合作探究的方式引导学生自主学习与创造。第一是进行资源整合和资料查阅，以小组地域特点构建旅行计划的初步方向，确定地点、当地风俗、风景特征等相关内容。第二是进行路线的规划和旅行日程的设计，采用图片与文字相结合的方式进行立体的文化创造，增强学生对生活的感知和对文字的运用能力。第三是作品的交流展示，小组代表进行作品展示和说明，同时辅助以本单元优秀语段进行文字的修改。这一任务群旨在让学生看到互助学习的优势，在互相学习的过程中进行二次创作，在实践中感受写景与表达情感的重要意义。

最后，是vlog脚本设计的主任务。要完成这一任务，学生首先再次根据自己的前期计划进行文学创作，预设的拍摄环节和文字稿应成为一个统一的整体，因此，vlog文字稿的创作是基于前期规划而形成的一篇更细化、更全面、更深入的文学作品。其次是对于配乐的选择，这是学生在第一个主任务的第三个小任务——诵读中形成的文学审美能力的再次运用，学以致用，提高文化审美能力与创新能力。最后就是视频脚本的完成和交流评比，在这一过程中，我们以自评、互评和教师评价的方式完成对作品的鉴赏与评价，以此锻炼中职学生的团队协作能力，在评价中提高学生的自信心与学习兴趣。

这三个主任务及其之下的任务群都力求让学生在实践的过程中体会语文学习的乐趣，实现项目化写作教学的有效性。

4.进行有效的评价

教学评价是以教学目标为依据，按照科学的标准，运用一切有效的技术手段，对教学过程及结果进行测量，并给予价值判断的过程。既有对学生学习的评价,也有对教师教学的评价和课程评价。本文所说的评价指的主要是对学生学习的评价。

结合《课程标准》中语文教学评价的要求,坚持评价主体多元化的原则、评价内容全面性的原则以及评价过程发展性的原则。

我们以项目教学目标为依据,针对学生学习,进行及时的自我评价、小组互评和教师评价,通过不同个体的评价,充分了解学生在本项目学习过程中的所得与不足,实现评价的有效性。

在此基础上,我们可以实现跨学习的深入拓展,完成一个旅行项目设计vlog,并由专业课老师设计相应的评价标准,进一步实现中职学生的文专融合。

本次项目化学习评价量表样例如下:

表1 第二单元阅读学习评价量表

语文学科核心素养	评价要素	自评(3分)	小组互评(4分)	教师评价(3分)
语言理解与运用	正确、流利、有感情地朗读文章			
	理解文章内容,感知作者情感			
	能够清楚地赏析文章,做到观点鲜明、思路清晰			
审美发现与鉴赏	理解文章情景交融的意境美			
	赏析文学作品语言表达的丰富多彩			
	分析文章写景、绘人的多种方法			
思维发展与提升	准确把握作者情感			
	理解重要词语和句子的含义			
	有逻辑地表达自己对文章内容的理解			
文化传承与参与	结合专业知识感悟不同时代和地域的文化特征及发展			

表2 vlog脚本设计的评价量表

语文学科核心素养	评价要素	自评(3分)	小组互评(4分)	教师评价(3分)
语言理解与运用	正确、有感情地描摹景物,表现景色之美,吸引观众			
	能够清楚地表达创作者的观点,做到观点鲜明、思路清晰			

(续表)

语文学科核心素养	评价要素	自 评（3分）	小组互评（4分）	教师评价（3分）
审美发现与鉴赏	视频与文稿能够体现情景交融的意境美			
	运用多种表达方式,体现语言表达的丰富多彩			
	运用多种写景、绘人的方法			
	音乐能够与主题、文稿相匹配,体现情感变化			
	有逻辑地表达自己对这一景点的理解与认识			
文化传承与参与	能够清楚地表现景点在不同时代下特有的地域文化			
	能够立足专业视角,对此提出发展建议			

参照以上两个评价量表,教师在评价过程中要明确的是:评价量表应该针对学生在本项目学习过程中所需的素养和语文知识,进行分条罗列,进行形成性评价。在学生自评互评和教师评价的过程中,看到学生学习和教师教学的方向,不断改善学习和教学,促进学生的学和教师的教,实现以评促教,文专融合。

可见,有效的评价可以反映学生学习情况、指导学生学习、推动学生保持学习兴趣。学生的知识、技能将获得长进,智力和品德也有进展。

三、结　　论

本文基于中等职业教育的课程标准,对中职一年级新疆班学生的项目化学习进行了教学设计与实施的探索研究,通过学生访谈、问卷、文献查阅等方式进行了有针对性的研究,明确了语文项目化学习在激发新疆班学生学习兴趣、提升新疆班学生核心素养上的重要作用。因此,我们建议中职语文教师立足学生学情和课程标准,关注学生独特的专业方向和职业前景以及学生民族多样化的特点,鼓励学生走出教室,走进生活,在丰富多彩的学习实践中感受文学的价值与意义,充分调动学生学习的积极性,切实提高学生综合素养。

当然,项目化学习的设计与实施还需要对教材进行深入的挖掘与研究,在中职课程改革的现实环境下,更有利于形成有序的中职语文专题教学模式,也有助于进一步推进语文的单元教学。本次研究希望能够更好地将中职文化课程与专业课程相结合,最大程度地发挥项目化学习的作用,为中职学生的全面发展搭建支架。

参考文献

[1] 沈靖.基于核心素养培养的中职语文阅读教学策略探究[J].现代职业教育,2021(46).

[2] 金静.中职语文教材现状综述[J].课外语文,2016(04).

[3] 管光海.美国普通高中课堂中基于项目的学习[J].上海教育,2011(24).

根据艾宾浩斯遗忘曲线探究中职数学的作业设计

数学组 时 娜

[摘 要]在中职数学教学活动中,数学作业不仅是其中的必要一环,也是学生巩固、深化课堂所学知识的主要途径。数学作业为培养学生的数学核心素养提供了相应载体,为学生更出色地完成"上海市中等职业学校学业水平考试"及上海市"三校生"高考奠定重要基石。基于此,笔者认为教师有必要在结合学生学情的基础上,参考借鉴"艾宾浩斯遗忘曲线"中得出的记忆规律加强学生对知识的理解记忆,围绕作业的难度层次和知识的阶段性层次这两个维度,创新出一套能有效提升中职学生学业质量与水平的作业设计方案,以不断积累与丰富数学知识,提升学习效率。

[关键词]知识阶段分层 艾宾浩斯遗忘曲线 中职数学 作业设计

一、前 言

传统中职数学教学工作开展的过程中,许多教师经常发现学生普遍存在边学边忘的现象,具体体现为平时的课堂学习表现总体上良好,却常在期中与期末的复习阶段记忆一片空白,在考试中发挥不力。归根结底,这主要是由于知识的前后衔接与积累出现断层而导致的。时间越久,学生对先前所学知识的遗忘程度就越大。为了让学生更大限度地对所学知识形成更深刻的理解记忆,笔者在能力分层作业设计的基础上借鉴"艾宾浩斯遗忘曲线"中的记忆的周期规律,融入"知识的阶段性分层"作业模式,有效地提升了学生的学习效率。

二、知识的阶段性分层作业设计的必要性

（一）学生的学习现状分析

相较于普通高中的学生而言,中职生的学习能力体现出很大的局限性,

学习基础与学习能力均较为薄弱，同时缺乏复习的主动性和自觉性，大部分学生在课堂听课与练习评讲过程中的态度与表现总体让人满意，可在单元测试、期中期末等考试中的成绩却不如人意，不少学生存在厌学问题。

（二）作业设计现状分析

传统的中职数学作业的结构形式较为单一，主要以教材为主、考纲为辅，作业设计往往与当天所学的知识具有高度的一致性，而且所有学生都布置一样的作业内容。这样的作业设计只能对本节课的知识进行巩固，但对于中职生而言不仅无法保障各种能力水平的学生的学习需求，更无法实现有针对性地对已学知识进行循环往复、循序渐进的思维训练。虽然也有部分教师提出基于能力设计分层作业的做法，但在实践中也不可避免地出现了无法满足对阶段所学知识进行持续衔接与反复巩固的问题。[1]

三、知识的阶段性分层作业设计的理论依据

在中职数学教学中，教师要善于运用科学的方法，帮助学生更高效地学习。为了促进学生更好地保持对知识的理解记忆，减少遗忘，笔者借鉴德国心理学家赫尔曼·艾宾浩斯（Hermann Ebbinghaus，1850—1909）的遗忘规律来优化中职数学的作业设计，在教学中探索尝试了基于知识的阶段分层特点的作业模式，帮助学生在作业中不断地完成复习巩固，更好地保障了知识的持续性衔接与思维的持续性记忆。

艾宾浩斯遗忘曲线告诉人们在学习中的遗忘是有规律的，遗忘的进程不是均衡的，遗忘的发展规律遵循"先快后慢"的原则。[2]

艾宾浩斯遗忘曲线，见图：

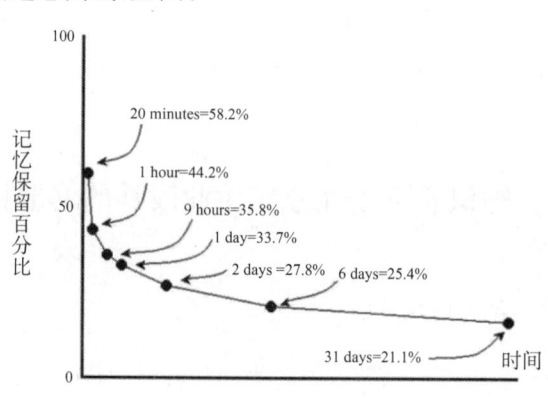

图1　艾宾浩斯遗忘曲线

观察曲线,可以得出遗忘的速度是先快后慢,提取曲线中的几个关键数据可以得出几个记忆的关键节点:

时间间隔	记忆保留百分比
刚记完	100%
20 分钟后	58.2%
1 小时后	44.2%
9 小时后	35.6%
1 天后	33.7%
2 天后	27.8%
6 天后	25.4%
31 天后	21.1%

既然遗忘的速度是先快后慢,那么对刚学过的知识趁热打铁、及时温习巩固应是强化记忆痕迹、防止遗忘的有效手段。笔者从"艾宾浩斯遗忘曲线"中的八个关键时间节点中找到了巩固数学知识的灵感,发现曲线中9 小时、1 天、2 天、6 天、31 天这五个时间节点更加符合数学教学和学生复习巩固的实际规律,于是尝试将这 5 个时间节点对应到相应的作业设计中去。[3]

例如,在传统数学教学中一贯采用的"月考"这一测验方式与"31 天"这个时间节点较为吻合,而"周周练"则对应了"6 天"这个时间节点。如此一来,平时的作业设计的重心便可重点放在曲线中的"9 小时、1 天、2 天"这 3 个时间节点上。学生如果能在平时每次的课后作业中对当天、前 1 天、前 2 天这三个时间点所学的知识都分别进行巩固练习的话,就能够更大程度地提高理解、记忆数学知识的效率,最终实现将短时间记忆转化成长时间记忆,将离散记忆转化成持续性记忆的长远目标。

四、知识的阶段性分层作业设计的模式

基于"知识的阶段性分层作业设计"的模式在结构上包含了"本节课、上一节课、上上节课"三个练习模块,这三个模块的具体内容设计上均保留能力分层作业的特点,习题难度按照 A、B、C 三个等级依次降低,只需将三个

模块按照适合学生的比例进行组合即可。例如,在中职数学下册学习了"5.4 对数函数"之后,设计如下模式的作业:

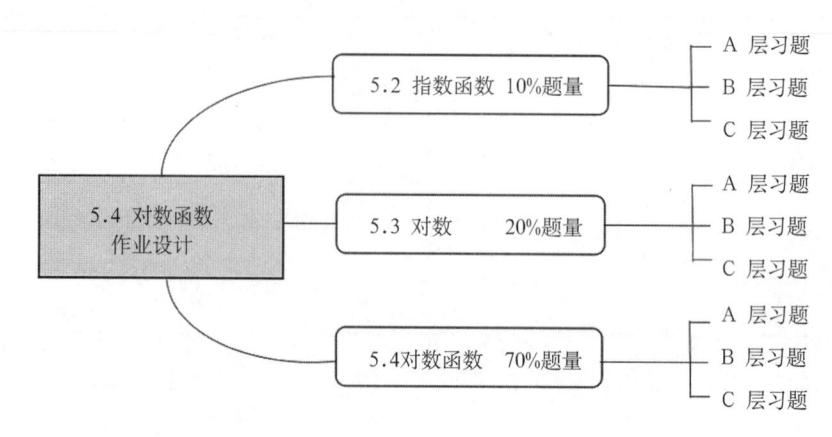

```
                                              ┌─ A 层习题
                        ┌─ 5.2 指数函数 10%题量 ─┤─ B 层习题
                        │                      └─ C 层习题
                        │
 ┌──────────────┐       │                      ┌─ A 层习题
 │ 5.4 对数函数  │       │                      │
 │   作业设计   ├───────┼─ 5.3 对数    20%题量 ─┤─ B 层习题
 │              │       │                      └─ C 层习题
 └──────────────┘       │
                        │                      ┌─ A 层习题
                        └─ 5.4对数函数 70%题量 ─┤─ B 层习题
                                               └─ C 层习题
```

知识的阶段性分层作业设计模式图

如上图所示,以"5.4 对数函数"这一节为例,在学完此内容的当天作业中,先是对作业按照知识的三个不同阶段进行分层整合设计,在将前两节所学的"5.3 对数"与"5.2 指数函数"相应提升类的习题都包含在内的基础上,结合了学生的实际学习情况与知识的难易程度等因素设置合适的比例,然后再在三个知识模块的练习中分别设计 A、B、C 三种不同难度的习题,以照顾到不同能力水平的学生。这样设计的好处是不仅巧妙地契合了"9 小时、1 天、2 天"这 3 个记忆的时间节点,而且对于同一个知识内容反复操练了三次。例如,"5.3 对数"这一节在学习当天(对应"9 小时"的时间节点)的课后作业中巩固了一次,在 1 天后学习"5.4 对数函数"的课后作业中又巩固了一次,以及在 2 天后学习"5.5 指数函数与对数函数的应用"一节后进行了第三次巩固,另外加上在"周周练"和"月考"中的巩固训练,学生在对知识点进行的反复巩固训练中不断地强化了理解与记忆。

这种模式在每节课的作业设计中紧扣遗忘曲线中"9 小时、1 天、2 天"这三个时间节点,不仅满足了不同能力水平的学生对当节所学知识进行充分的理解与掌握,也确保了学生对前面两节课所学的知识进行更好的复习巩固,同时又能帮助到不同能力水平的学生进行分层训练与提升。

五、知识阶段性分层作业的成效

通过平面 A 班、会计 B 班两个不同专业与班级的作业设计与实践,笔

者从中收集并整理了两个班级学生某一学期的期中、期末考试成绩数据,见下表:

期中、期末成绩分析表

班　级	考核项目	期中考试	期末考试
平面 A 班	均　分	64.13	77.16
	优秀率	7.9%	15.8%
	及格率	57.9%	89.5%
	低于 50 分比例	26.3%	5.3%
会计 B 班	均　分	37.2	65
	优秀率	4.5%	13.6%
	及格率	25%	65.9%
	低于 50 分比例	63.6%	18.2%

由表格中的数据可以得出,在知识阶段性分层作业模式的训练与影响下,这两个班级的学生在期中、期末先后两次考试中,班级的平均分、优秀率、及格率以及低于 50 分的比例四个指标均有不同程度的提高,也就证明这种作业模式对优等生、中等生以及后进生的数学学习均有不同程度的帮助。

可见,基于知识阶段性分层模式的作业设计在一定程度上弥补了能力分层作业设计存在的不足,解决了中职生在数学学习中的学习能力有限、基础薄弱、学习缺乏信心等常见问题,促进了教学成效。对于基础较为扎实的学生而言,该模式作业帮助了学生更深刻地理解前后知识的联系,将学生的数学水平提升到了更高的台阶;对于基础较为一般的学生而言,该模式作业为学生有效地提供了在短时间内快速进步的通道;对于基础薄弱的学生而言,该模式作业使学生在"最近发展区"内找回了学习的自信心,有利于逐步养成持续学习的好习惯。

六、总　结

基于知识阶段性分层的作业设计更适合中职生不断地在知识巩固中加深对知识的理解记忆,提升了学习效率,打破了大多数学生"捡了芝麻丢了西瓜"的学习困境,为确保学生在"上海市中等职业学校学业水平考试"及上海市"三校生"高考中的正常发挥奠定了基础。作业中结构比例是灵活的,作业的选题也是灵活的,因此需要教师在作业设计的实践中常改良、多优化。

参考文献

[1] 陈天泽.中职学校数学作业分层研究[J].天津职业院校联合学报,2020,22(03):53—59.

[2] 焦大伟,黄苏燕.艾宾浩斯遗忘曲线在中职数学概念教学中的应用[J].职业,2017(15):105—106.

[3] 王燕.艾宾浩斯的记忆曲线理论在高中英语词汇教学中的应用[J].校园英语,2022(43):3—5.

5E教学模式在中职英语阅读教学中的运用
——以上外版教材必修第三册第四单元"Life with a Robot Dog"教学设计为例

外语组　杨宏波

[摘　要] "5E"教学模式指的是 Engagement(引入)、Exploration(探究)、Explanation(解释)、Elaboration(拓展)和 Evaluation(评价)五个环节。本文结合中职英语课堂教学实践,对这一教学模式进行实例探讨,以上外版教材必修第三册第四单元 Life with a Robot Dog 为例,探讨了提升中职英语阅读教学实效的策略。

[关键词] 5E教学模式　中职英语　阅读教学

一、前　言

当前,英语阅读教学中采用较多的是 PWP 阅读模式,把阅读教学分为三部分:Pre-reading(读前活动)、While-reading(读中活动)和 Post-reading(读后活动),通过读前、读中和读后三个阅读阶段帮助学生理解语篇内容。读前活动主要是让学生了解语篇背后的文化知识,激发学生对语篇课题的兴趣从而开始理性思考;读中活动是引导学生利用 skimming、scanning 等阅读技巧提取文本信息,提升文本解读、总结、归纳的能力;读后活动主要是将阅读内容中的语言输入转化为输出和语言应用的活动。

这一阅读模式教学步骤清晰、教学活动容易复制,因此被英语教师们广泛采用,但是在教学实践中也会出现粗线条、浅表化等问题。该模式只是一个阅读教学的指导框架,PWP 这三个阶段之间的衔接和逻辑并不非常清晰。在实际教学中时通常会出现读前导入形式化、读中阅读策略教学贫乏、读后活动被忽视等问题。PWP 模式难以满足高效阅读课堂的需求,只有充实丰富读前、读中、读后各个教学环节,精心设计好教学过程中的每个活动,才能真正构建起教学效果、教学效率、教学氛围都优秀的"三优"课堂。因此,我们需要在阅读教学中创新教学模式。

5E教学模式是美国生物学课程研究(BSCS,1989)开发的一种基于建构主义教学理论的模式,5个E分别代表Engagement(引入)、Exploration(探究)、Explanation(解释)、Elaboration(迁移)和Evaluation(评价)。近年来已有一些英语学科的研究者利用5E教学模式开展英语教学的系列研究。5E教学是符合中职生认知特征的教学模式,利用好这一教学模式,不仅可以帮助学生掌握文化知识和阅读策略,体悟英语在生活中和职场中的应用,同时还能培养学生的合作意识。下面我结合自己的教学实践,以上外版教材必修第三册第四单元"Life with a Robot Dog"教学设计为例,浅谈我在阅读教学中如何运用5E教学模式推动英语高效阅读,来加以说明。

语篇分析:本课"Life with a Robot Dog"为记叙文,语篇内容是关于作者和一只智能机器狗共处期间的心理历程。语篇结构清晰,以时间为轴,以作者的个人情感变化为主要线索,描述了作者对机器狗从爱不释手到逐渐失去兴趣的心理变化过程。通过此篇的学习,有助于提高学生深入思考科技发展对社会带来的影响,并有助于机器人相关专业的学生思考个人成长与专业发展之间的联系。

Step 1:引入(Engagement)

中职学生身上普遍存在英语基础薄弱、上课效率低下、缺乏学习毅力、学习习惯较差等问题,课堂上开小差、打瞌睡、闲聊等现象时有发生。对于这样的学生,教师在课堂上尤其要重视创设新颖、真实、自然的知识情境,从而激发学生兴趣。苏霍姆林基斯说:"让学生体验到一种自己在亲身参与掌握知识的情感,乃是唤起青少年特有的对知识的兴趣的重要条件。"

5E教学模式的第一步是引入。在课堂开始前,教师必须研读文本,吃透教材,准确把握学生的学习状况。教师要向学生抛出问题,引起学生对课堂的兴趣。教师根据学生的回答掌握他们对语篇话题的认识与思考,帮助他们搭建新旧知识之间的桥梁。这使得学生把更多注意力放在新课的学习上,并会根据自己的已有认知来预测接下来会学到什么。

在"Life with a Robot Dog"这一课中,我利用课堂教学活动激活学生在语篇话题方面已掌握的背景知识，设计启发性的问题，通过提出问题"What have you known about robots"来了解学生已有的背景知识。其次导入图片和标题，追问："Speaking of robot dogs, what pops into your mind?"鼓励学生头脑风暴，在课堂的教学设备上提交机器狗能让他们联想到的词，利用词云，活跃课堂氛围，激发学生的好奇心和求知欲，引导学生走进文本，帮助他们进入主动阅读的状态。

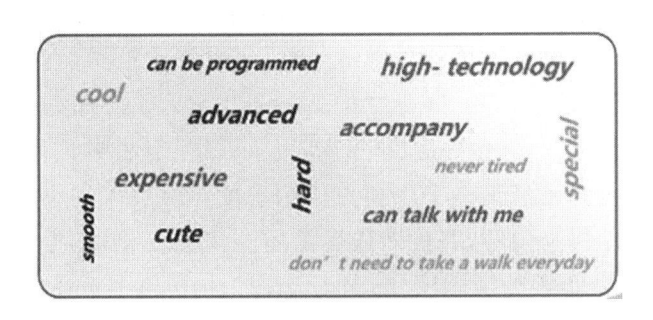

> cool　can be programmed　high-technology
> advanced　accompany
> smooth　expensive　hard　never tired　special
> cute　can talk with me
> don't need to take a walk everyday

Step 2：探究（Exploration）

中职校教育倡导以自主、合作、探究为主的学习方式。我校机器人中高贯通专业使用的是上外版高中英语教材，这本教材安排了丰富的话题，包括学校生活、语言与文化、旅游、风俗和传统、自然、动物、食物、运动等，贴近学生学习和生活实际，让学生有话可说。在教学中，我们应注重学生发展的规律，以此作为标准来进行教学设计，从而引导学生发现、提出、分析、解决问题，培养学生独立思考和解决问题的能力。

5E教学模式第二个阶段是探究。在这一阶段中，学生是主体，教师的作用是引导和帮助。学生知识的获得不是老师直接"教授"的，教师更多承担的是组织、启发、引导的角色，并不直接进行教导，而是通过提出探讨的问题，让学生独立思考、自主探究，教师则在旁注意观察和倾听，并且适时地进行提示和指导，以此来了解学生探究的进程和深度。

在"Life with a Robot Dog"这节课中，我围绕两个文章的主线问题来设计教学任务。首先我布置任务让学生泛读全文，然后回答第一个主线问题"Was the author attracted by the robot dog at the very beginning"，并用信息化设备以投票的方式来及时检测学生的理解程度，丰富了课堂的形式。通过泛读全文，学生也掌握了语篇结构和主旨内容。根据问题,让学生找到文中"When I first took the robot dog out of the box I broke into a huge smile. This robot immediately became a 'him' not an 'it'"、"He not only attracted me at first sight, but possessed some pretty impressive features as well"等线索,阅读中学生发现了机器狗身上吸引人的地方和重要特征,通过讨论和分析了解到作者起初见到机器狗时就被它深深吸引。在回答第二个主线问题"Did the author develop a relationship with the robot dog"时同样使用投票方式来掌握学生理解程度,同时我引导学生细读语篇找寻细节信息,培养学生分析总结能力,通过挖掘文本,根据文中"die down""frustrated""lose my patience""get annoyed""didn't enjoy""let me down"等短语,学生分析讨论得出结论:作者最后对机器狗已经是一个厌烦失望的态度。最后采用小组合作的方式梳理语篇结构与内容,并推断作者前后的情感变化,学生通过小组讨论后最终画出作者的情感变化:fascinated＞satisfied,enthusiastic＞annoyed,disappointed,引导学生用所学语言知识和同伴进行分享,帮助学生突破本节课的难点。

Step 3:解释(Explanation)

第三阶段是解释,解释环节根据学生所探究的内容,引导学生对主线问题进行概括解释,同时为读后阶段的迁移环节做好铺垫。

该环节的主要任务是让学生以课堂展示的形式锻炼能力,教师则要创造机会,搭建支架,帮助学生更好地表达观点。要通过让学生发"声",实现思维发"生"。通过观察学生的语言和表情等,去判断学生对于知识和技能的掌握情况,从而提供必要帮助。

解释环节是5E教学模式应用的核心,也是学生"学"与教师"教"的关键环节,是学生对知识进行理解内化的重要路径。在引入和探究阶段学生已经对文本知识有了一定了解,在解释阶段要给学生一个机会去表达他们对这些知识概念的理解,包括技能的掌握和方法的运用,让学生尝试用自己的方式来阐述他们对文本的理解。教师在此阶段不必花过多精力讲解文本基础知识,而应将注意力放在重难点问题的引导上,通过演示、提问、讨论、游戏等手段来进行启发式教学,引导学生提出问题,并鼓励他们根据已有的知识经验和引入、探究环节的所学进行推理,从而回答问题,帮助他们更好地理清知识脉络。

Game time

to make sth longer, wider or looser; to become longer, etc.	polished	to cause (sb) to have a liking for or interest in (sth or sb)
complain	an act of moving the body or part of the body	to do sth as a reaction to sth that sb has said or done
connected with people's feelings	flexible	enthusiastic

在"Life with a Robot Dog"这节课中，通过翻词卡的游戏帮助学生巩固生词，掌握 stretch、polished、flexible、enthusiastic 等关键词，加深对语篇的理解。通过完成 Plot Diagram 帮助学生用思维导图的形式巩固语篇脉络，并基本能够用自己的语言复述原文，且会分析作者对机器狗前后的态度变化及原因。在 Plot Diagram 活动中，我在 PPt 上呈现 Exposition、Rising Action、Climax、Falling Action、Resolution 等环节来帮助学生对语篇脉络进行梳理并鼓励他们复述原文。在 Rising Action 环节中我列出 He not only _____ me at first sight, but possessed _____ as well，通过填空的方式让学生抓住 attract 和 pretty impressive features 两个关键词或词组，让学生明确 attract 是机器狗给作者的第一印象。而在 Falling Action 和 Resolution 环节也是通过任务设计凸显 challenge 和 let me down 等词或词组，抓住重点后，学生会在复述中通过自己的理解表述作者遇到难处、失去耐心直至对机器狗失望的情感变化。

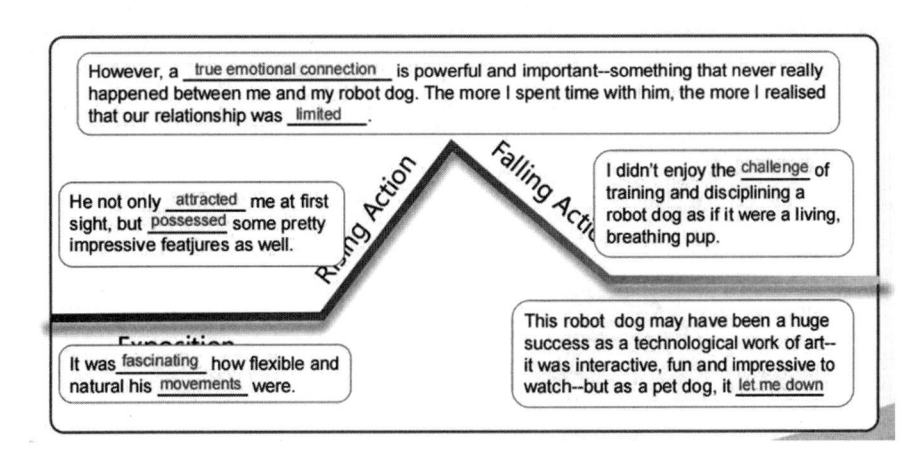

However, a _true emotional connection_ is powerful and important—something that never really happened between me and my robot dog. The more I spent time with him, the more I realised that our relationship was _limited_.

Rising Action
He not only _attracted_ me at first sight, but _possessed_ some pretty impressive featjures as well.

Falling Action
I didn't enjoy the _challenge_ of training and disciplining a robot dog as if it were a living, breathing pup.

Exposition
It was _fascinating_ how flexible and natural his _movements_ were.

This robot dog may have been a huge success as a technological work of art—it was interactive, fun and impressive to watch—but as a pet dog, it _let me down_.

Step 4：迁移（Elaboration）

第四个阶段是迁移，这一阶段的主要任务是帮助学生达成新知识的有效迁移。在"Life with a Robot Dog"课前，我进行了一次课堂前测。结果显示在学习活动偏好方面，学生对游戏类、小组合作类以及自主探究类活动比较感兴趣。因此在这一阶段的活动设计中，我更加注重以师生互动、生生互动及小组讨论等方式来开展活动，建立伙伴对话，加强学生的学习体验，使知识得以内化。

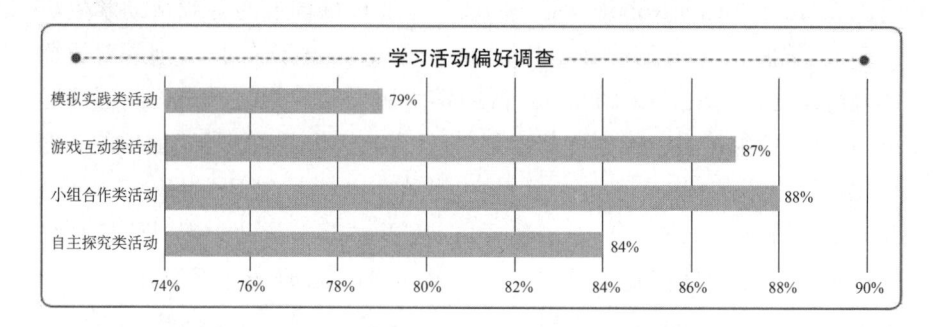

学习活动偏好调查

活动类型	比例
模拟实践类活动	79%
游戏互动类活动	87%
小组合作类活动	88%
自主探究类活动	84%

在迁移环节，要求学生在新情境中学会运用课堂输入的信息或者习得的阅读策略。教师创造新的情境或类似情境，设计有效的迁移活动鼓励学生重组信息、运用阅读策略等。学生则运用新知识解决新问题，尝试迁移运用，实现从能力到素养的转变。

第一个活动中，我引导学生结合自己的专业和所学词语深入思考问题，并组织辩论：Can robot pets replace real pets? 让学生利用所学知识批判性地看待科技与生活的关系，并表达自己的观点。同时利用信息手段，采用弹幕墙的形式调动学生的积极性和主动性。

1 请你结合自己专业和这节课所学的词汇，谈谈"宠物机器人能替代真的宠物吗？"

2 列出你的观点

Can robot pets replace real pets?

- Yes, they can be programmed to do a lot of things and we can improve them to be better and better.
- No. Mutual relationship is necessary.
- Yes. It can do a lot of things a real pet can do and it can save me a lot of time to study.
- No. Robot pets are not real and they can't give us a real connection.
- Of course not. Robot pets are robots. They

这一环节是颇有难度的,因此在教学中,我提供了充足的课堂支架。首先,我指导学生进行分组讨论,小组讨论中会涌现出更多的观点;同时我和学生明确好辩论的规则,维持课堂秩序,提高教学效率。其次,我在PPt上清晰呈现辩论的内容,在小组讨论时走近学生,指导他们如何组织内容,有针对性地进行讨论。辩论内容上,通过弹幕墙丰富辩论的内容,从而激发学生思维,搜集到更多论据。辩论的组织结构上,将探究环节关注的连接词呈现在PPt上,帮助学生在观点组织上更具逻辑性。辩论的形式能激发学生兴趣,提高其参与度,促使学生充分运用本节课所学内容,培养学生批判性看待问题的思维能力。

　　第二个活动中,我通过展示对在2023机器人大赛中获奖的两位学长的采访视频,激发学生的学习兴趣和职业规划意识,再以小组为单位,讨论并分享他们理想的工业机器人和他们目前能为其理想所做出的行动。

Step 5:评价(Evaluation)

　　最后一个阶段是评价,评价是5E教学模式的重要环节。在评价阶段教师和学生用正式或非正式的方法评价学生对新知识的理解和掌握程度。正式的方法评价指的是各种评价量表或者表现性任务。而非正式评价,教师则是将评价贯穿整堂课,在整个教学过程的任何时候进行。评价和反馈的目的在于帮助教师了解教学的实际效果,反思教学设计,评估教学目标的达成度,根据教学情况及时转变教学方法,提高教学质量。学生则可以在老师的帮助下通过评价结果了解个体的学习效果,从而改进学习方法。

　　在"Life with a Robot Dog"这一课中,评价环节包含教师评价、自评、互评,形成性地评价学生的学习进度和教学效果,总结性地评价学生所学内容。教学评价多元化,设计多种评价量表,评价贯穿整堂课,重视过程性评价。比如针对迁移环节中辩论活动所设计的评价任务,以评价学生之前几个环节的学习效果。

　　在辩论开始之前,教师呈现一个打分表(表格及评价标准如下)给学生,让学生在课堂学习过程中进行自评。一是学生能在评价标准的引导下更好地组织辩论观点;二是让学生在辩论中进行反思,比较与他人的差距。

ASSESSMENT CONTENT		scores				
		1	2	3	4	5
CONTENT	Your reasons should be resonable					
STRUCTURE	You shold state opinions and facts as your reasons					
SPEAKING	Your speech should be clear, loud, accurate and fluent					

  学生打分安排在辩论结束后进行,我要求学生对自己组与他人组的表现进行评价。我在所有小组评价之后对每个小组给予口头评价。学生在自评与互评的过程中,了解到自己与他人的差距以及自身可以改进的地方,这样的活动让学生印象深刻,更好地巩固了学习效果,虽是评价实则是一个学习的过程。学生不仅掌握了知识,更掌握了学习方法和策略,因此,有效的评价活动有利于高效课堂的建设。

  5E教学模式是一种以学生为本的教学模式,同时又强调教师引导和帮助的作用,注重教师、学生之间的互动,提升了课堂教学质效,从而推动高效英语阅读课堂的建设,是一种适合中职英语教学的模式。在教学设计前,教师要深入解读该教学模式的理念,根据不同文本、不同学情,做到活用模式,整合优化各种资源,设计合适恰当的学习活动,从而不断提高学生在课堂上的收获。

参考文献

[1] 王欢. PWP模式在高中英语阅读教学中的应用现状调查[D]. 延安大学,2015.

[2] 李明远,陈明翠. 学科核心素养视角下的英语阅读5E教学模式实践研究[J]. 基础外语教育,2019(5).

[3] 丁丽珍. 试论5E教学模式在中职英语教学中的运用[J]. 海峡科学,2015(4):93—95.

[4] 张兰花. 5E教学模式在初中英语教学中的应用[J]. 福建教学研究,2014(1):16—17.

[5] 何鹏飞. 基于学习活动观的高中英语5E阅读教学模式研究[J]. 中小学课堂教学研究,2022(1):14—17.

中职英语听说教学中如何培养学生思维品质的教学实践
——以听说课"Vincent van Gogh"为例

外语组 林 楠

[摘 要]《关于全面深化课程改革落实立德树人根本任务的意见》中指出,英语学科的核心素养包括语言能力、思维品质、文化品格和学习能力四个方面。语言是思维表达的工具,而语言学习又能促进思维的发展,思维品质的提升也有利于培养英语核心素养其他三方面(语言能力、学习能力和文化意识)能力的提升,语言发展和思维品质发展两者相辅相成。英语听说课是学生使用语言交流的基础,是培养学生思维品质发展的重要途径之一。近年来,各中小学在英语听说方面开展了很多教学实践活动,并取得了不少成果。但中职学校由于学生基础差,"哑巴英语"现象严重,教师对于听说课付出精力多,却收效甚微。因此,基于思维品质培养的中职英语听说教学研究很有必要。虽然所教对象为中职学校中高贯通班的学生,比普通中专班学生基础好,但距离普通高中学生又有一定差距,因此在选用教材时,对高中教材材料进行了简化处理。根据维果斯基的"最近发展区理论",力求学生能"跳一跳,够得着"。基于此,笔者以中高贯通班的教材《高中英语》(上外版)必修第三册 Unit 2 Art and Artists 单元中的第四课时"Vincent van Gogh"为教学案例,设计了一堂以思维品质培养为基础的中职英语听说课例,提出了适合中职英语听说课堂的教学策略,创造条件,引发学生思考,以帮助学生在听说课堂上思维水平向高阶思维发展,进而提高学生英语综合运用的素质和能力。

[关键词]中职英语 听说课堂 思维品质培养

一、前 言

思维品质指的是思维在逻辑性、批判性、创新性等方面所表现的能力和水平,体现了英语学科核心素养的心智特征,有助于提升学生分析和解决问题的能力,使他们能够从跨文化视角观察和认识世界,对事物作出正确的价值判断。因此,英语教学的重要目标之一是发展学生思维品质。在英语教学中,听说教学是培养学生思维品质的重要途径之一。提高学生的听说能力,进而能促进他们的思维发展。然而,当前中职英语听说课的教学现状不容乐观,主要表现在教师和学生两个方面。

从教师方面看,现阶段的听说课上,教师往往局限于做完听力题核对答案,对听力文本的处理大多停留在浅层的信息搜集层面,很少设计和组织学生开展运用高阶思维的教学活动,不利于发展学生的高阶思维。

从学生方面看,学生听力抓不到重点,缺乏应有的应对听力策略,为了任务而听说,情感和思维都不能被激活,只是被动地完成听力题目,对听力材料缺乏主动思考和探索,不能对文本信息进行合理的整合、分析、推断和创新,从而造成思维品质低下的现状,而词汇量过少又导致无法进行说的产出。

基于上述原因,中职英语听说教学往往很容易忽视学生思维品质的培养。所以围绕如何在中职英语听说教学中培养学生的思维品质,结合思维品质的发展特点及对教材学情的研究,笔者在听说课"Vincent van Gogh"展开了如下教学实践。

二、例说中职英语听说教学中培养学生思维品质的教学实践

(一)教材及学情分析

选用教材内容分析:《高中英语》(上外版)必修第三册 Unit 2 Art and Artists,本单元的主题群为"艺术与文学",单元主题是 Art and Artists。第一课时阅读课的教学目标是通过略读、跳读等方法阅读课文"People's Artist",了解齐白石的艺术作品及其社会影响力,积累与艺术家和艺术作品相关的主题词。第二课时词汇课的教学目标是梳理 People's Artist 语篇中的词语,分析齐白石的天赋和勤奋,加深对语篇的理解和目标词语的认知。第三课时语法课的教学目标是能应用动词不定式与艺术相关的主题词介绍艺术作品。本课为 Listening and Viewing,是整个单元中的第四课时,听力语篇是关于梵高的讲座,并补充了一段介绍梵高的视频。教学目标是通过听取细节,了解梵高及作品,进而掌握口头介绍艺术家的能力,并在整个教学活动中融入对学生思维品质的培养。

本单元主题是 Art and Artists,对于中职学生而言,虽了解字面意思,

但他们大都对艺术涉猎有限,尤其是对介绍艺术家以及有关艺术的词比较陌生。而中高贯通班的学生表现欲强,有一定的语言知识和语言技能,对艺术这个话题也很感兴趣。

(二)听前串联旧知和预测,培养学生的联想思维

听前设计热身活动,教师通过 Guessing Game,依次给出三条线索让学生猜艺术家(如图1所示),调动起学生兴趣。热身活动猜艺术家,选用了齐白石、王维、郑板桥、徐悲鸿、毕加索、梵高六位中职学生耳熟能详的画家,激活了中职学生对艺术家这一领域的知识储备。第一个艺术家是画家齐白石,目的在于引导学生回顾本单元第一课时"People's Artist",激活并进一步巩固第一课时所学词语和内容,培养学生的联想思维,鼓励学生在新旧知识之间建立关联。如果记忆没有关联的单词,很难高效地将它们储存在长期记忆中,如果将单词围绕某一主题采用联想法进行整合,将事半功倍。所以借助第一课时"People's Artist"所学 painter、work、style、talent、personal、express 等词,学生将更容易听懂"Vincent van Gogh"这篇听力材料。

① Guess who he is!
1. He is a Chinese painter.
2. He uses shades of black ink to express love for nature in his painting.
3. His representative work is shrimp.

⑥ Guess who he is!
1. He is a foreign painter.
2. He was born in the Netherlands.
3. His representative work is "Sunflower".

图1 听前热身活动 Guessing Game(猜艺术家)

用 Profile of an Artist 引导学生自己归纳艺术家的主要信息(如图2所示),使学生了解介绍艺术家的相关方面,如名字、国籍、职业、代表作、作品中传递的信息,让学生做好词汇和内容上的听前准备,使学生更好地抓取信息并理解"Vincent van Gogh"这篇听力材料,以便为之后输出环节做好内容上的铺垫和拓展,进而培养学生介绍艺术家的能力。

Profile of an Artist
Name：Qi Baishi
Nationality：Chinese
Job：painter
Representative Works：Shrimps
Message Conveyed in Works：love for life and nature

图 2　学生归纳艺术家的主要信息

第一个听力活动(如图 3 所示)：听录音,勾选听力材料介绍了梵高哪些方面,要求学生进行预测。如看到 age,学生们纷纷预测会听到数字或年份。如看到 job,学生根据对梵高的认知,猜测会出现 painter。看到 artworks,学生根据已有的艺术知识储备,猜测会出现梵高的著名作品"Sunflowers"。

√ name	☐ job
☐ nationality	☐ education background
☐ friends	☐ personality
☐ artworks	☐ social influence
☐ age	☐ marriage

图 3　"Vincent van Gogh"第一个听力活动

第二个听力活动(如图 4 所示)：听录音填单词,要求学生进行预测。如第一空,看到 be……from,不少同学根据词组储备能给出预设中的回答：be different from。如第四空,由于热身活动中学生已经看过梵高的画,很多学生能感受到梵高作品色彩的明艳,纷纷联想猜测第四空填 bright。

	Supporting details of van Gogh's life and works
Works	• He added his own ideas that were __1__ from the "Impressionist" paintings. • His style was very __2__ . • His paintings are some of the __3__ on records so far. • His paintings use very __4__ colors and sometimes seem joyful .
Life	• He made few lasting friendships with any of the artists and was almost always __5__ . • Only one of his paintings was sold in his lifetime, and he was never able to __6__ support himself. • He was described as a __7__ person to get along with and very rarely happy.

图 4　"Vincent van Gogh"第二个听力活动

Works	Life	Influence
_____ dream-like	unpredictable _____	_____ inspiring

图 5 "Vincent van Gogh"第三个听力活动

第三个听力活动(如图 5 所示):听录音填表格,概括梵高作品、生活和影响,要求学生根据联想和对梵高的认识,进行预测。如学生看到梵高的作品是如梦一般的,引导学生联想其作品风格是什么样的。如学生看到梵高的生活是无法预测的,再联系梵高跌宕起伏、不被人理解的一生,猜测其生活是什么样的。如学生看到梵高的影响,不少学生能猜出 famous。

(三)听中注重上下文,锻炼学生的逻辑思维

在听中教学设计中,围绕梵高的生活和作品这一主线,根据学情对听力文本进行了整合,设计了第二个听力活动,7 空的填词(如图 4 所示)。如第四空,根据后文 sometimes seem joyful,按照推断得出,一般色彩明亮的画作会看上去快乐,让人心情明快,所以第四空填 bright。如第五空,从前文梵高没有和其他艺术家建立友谊,引导学生联系上下文,推测出梵高孤身一人,所以第五空填 alone。如第六空,从梵高一生只卖出一幅画,联系上下文,推测出梵高很贫穷,因此没能力在经济上支撑自己,所以第六空填 financially。如第七空,词组 get along with 是相处的意思,从后文梵高很少快乐,推测出梵高与他人相处很困难,所以第七空填 difficult。学生在上下文的语境中学,在语境中用,这样会学得更加真实,体会也更加深刻。通过精心设计填空,让学生在语境中联系上下文掌握单词,合理地降低了听力的难度,既锻炼了学生的逻辑思维,同时也提高了学生做听力的自信,增加了学生的获得感。

(四)听后实践,激活学生的创新思维

听后活动,两人 Pair work,根据听力活动搭建出的口语支架(如图 6 所示)及热身活动中猜出的六位艺术家的信息(如图 7 所示),在对话中完成对艺术家的介绍。如果只是通过简单的口头介绍或书本的学习,并不能加深学生对所学内容的印象,反而显得枯燥乏味。只有通过真实的情境呈现并演绎出来,才能让学生学以致用,如创设学生当志愿者在艺术画廊里向游客介绍艺术家这一贴近学生生活的情境,鼓励学生创造性地运用英语。因为在交流互动中,融入了自己的创意,能加快理解所学的内容并加深记忆。

For example:

Visitor: Excuse me, what's _____'s nationality?/Where is he from?

Volunteer: He is a _____ painter./He is from_____.

Visitor: What is _____'s work?/ May I know _____'s work?

Volunteer:_____.

Visitor: How is _____'s work/life/influence?/What kind of life does he live?

Volunteer:_____adj._____.

Volunteer: Do you like his work? Why?

Visitor: Yes/No, because_____

……

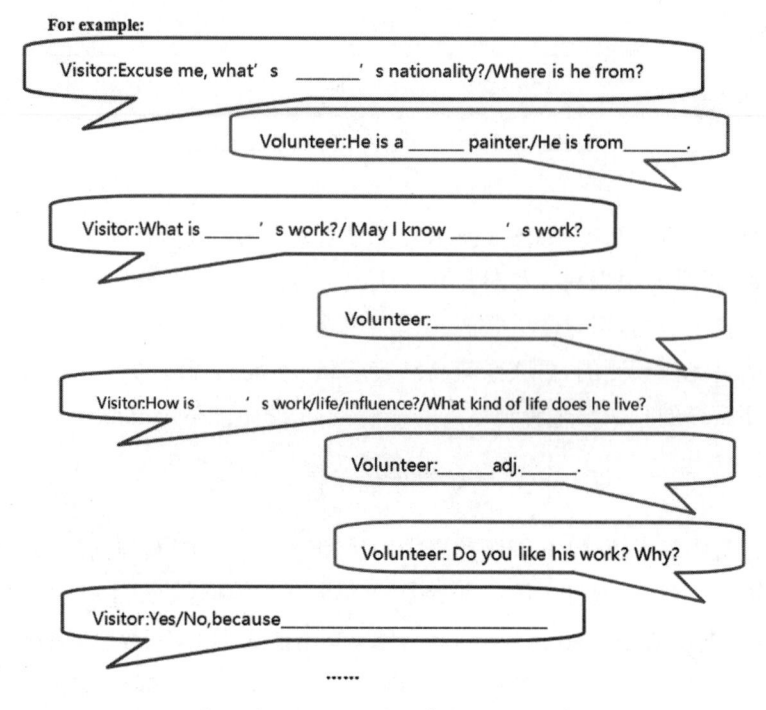

图 6　根据听力活动搭建出的口语支架

Name	Nationality	Name of Works	Style of Works	Life	Influence
Vincent van Gogh	Dutch	Sunflowers, Starry Nigh	strange dream-like	unpredictable strange	famous inspiring
Picasso					
Wang Wei					
Zheng Banqiao					
Qi Baishi					
Xu Beihong					

图 7　根据热身活动和听力材料总结出的表格

　　如志愿者问游客：你喜欢这位艺术家的作品吗？为什么？这一开放的情境可让扮演游客的学生表达真情实感，抒发自己的观点，并根据自己的观点给出相应的理由。每位同学对艺术家画作的感受和理解不同。对艺术家画作个性化、多元化的评价有利于提升学生的创造性思维能力和批判性思维能力。而这种生动活泼、各抒己见、畅所欲言的语言环境，能把学生吸引到活动中去，让学生始终处于一种积极主动好奇的学习心理状态，激发他们主动参与学习的欲望，进而实现知识的迁移和应用。

（五）实践后评价，引导学生的批判思维

布置小组任务，利用课堂所学，通过多人交流的方式，完成对艺术家的介绍。在小组练习的过程中，给学生创造互帮互学的机会，充分调动他们的兴趣。最后，通过 checklist（如图 8 所示），以五角星简化评价模式，易于中职生评价，引导学生自评并对他人的输出进行欣赏与评价。

中职生对英语学习缺乏主动性和规划性，普遍有畏难心理，再加上英语基础薄弱，对自己能否学好英语缺乏自信。所以在听后活动任务完成后，有效引导学生自评和互评，在评价中树立并巩固学英语的自信心是很重要的。除此之外，学生在同伴客观的评价中也能找到自己的不足，反思并加以提升。在小组交流中，相互借鉴，取长补短，既锻炼了语言能力，又促进了批判性思维。

	Self Check (5)	Peer Check (5)	Name	Nationality	Name of Works	Style of Works	Life	Influence
Example	★★★★★	★★★	Vincent van Gogh					
Group 1								
Group 2								
Group 3								
Group 4								
Group 5								

Checklist
★ If the answer is Yes, the group will get 1 star.
☐ Did the volunteer introduce clearly?
☐ Did the volunteer introduce fluently?
☐ Did the volunteer mention the artist's personal life?
☐ Did the volunteer mention the artist's artworks?
☐ Are there any supporting details in his introduction?

图 8 "Vincent van Gogh"听后实践活动评价表

三、结　语

培养学生思维品质的发展并非一蹴而就。持续的、有目的的、系统的听

说教学是提升学生思维品质的重要途径之一。在中职英语听说课堂上,通过听前、听中、听后三个学习阶段的活动设计,由易到难,层层递进,并将培养思维品质始终贯穿其中。听前调动学生已有的、与艺术主题相关的知识储备,引导学生预测,培养学生的联想思维。听中给予听力策略的指导,引导学生注重上下文,锻炼学生的逻辑思维。听后搭建支架,创设语境实践,鼓励学生的创新思维。实践后评价,促进学生的批判思维。不断利用听说课堂,培养学生的思维品质,增加学生的获得感和成就感,促进从知识向能力、从能力向素养的转化。

参考文献

[1] 刘晋.基于核心素养培养的中职英语听说课教学设计策略[J].发明与创新(职业教育),2021(08):106—107.

[2] 栾婷婷.英语听说教学中培养学生思维品质的常态建构[J].中小学英语教学与研究,2021(11):50—53.

[3] 肖琼,张翠亭.中职英语听说教学中的听力认知策略训练实践——以 Unit 2 What Do You Do? 为例[J].英语教师,2021(02):121—125.

关于中职体育特长生培养方向和策略的研究

体育组　傅璇鑫

[摘　要]中职体育特长生是我国体育事业发展的重要后备力量。在职业教育和体育教育双双受到重视和迅速发展的背景下,中职体育特长生的培养也逐渐受到广泛关注。然而,当前中职体育特长生培养过程中仍然存在诸多问题,制约了其健康发展。本文旨在通过深入剖析中职体育特长生培养的现状,提出相应的对策和建议,以期为中职体育特长生的培养提供有益的参考。

[关键词]中职教育　体育特长生　培养现状　对策

一、前　言

随着国家对职业教育的不断投入和改革,中职教育已成为培养技能型人才的摇篮。其中,中职体育特长生作为学校体育教育的重要组成部分,其培养质量直接关系到学校体育事业乃至区域体育人才梯队的建设和发展。然而,当前中职体育特长生的培养现状并不乐观,存在培养目标不明确、师资力量薄弱、教学设施不完善等问题。因此,本文将对中职体育特长生培养的现状进行深入研究,并提出相应的对策和建议。

二、中职体育特长生培养现状分析

(一)培养目标模糊,缺乏针对性

目前,许多中职学校对体育特长生的培养目标缺乏清晰的认识和规划。许多学生在义务教育阶段参加体育训练,是为了今后在某些体育项目上有所成就,或者是能够通过体育考上好的学校;高中学校的体育特长生,则更多是为了考入相应的大学。但是由于学业等问题,一部分体育特长生只能考入中职学校,导致他们迷失了发展规划,以为职业学校只能根据考入专业进行人生规划及发展。同样学校也相应地缺乏对体育生未来发展的规划,导致学生毕业后难以适应社会的需求。这种模糊的培养目标导致培养过程中缺乏针对性和实效性,难以培养出真正具有竞争力的体育人才。

(二)师资力量薄弱,缺乏专业指导

以往中职学校的教师,一般只满足于常规的体育课程和有限的体育运动队的训练,对于高水平的体育特长生的训练,大部分体育教师无法提供有效的指导和帮助。此外,由于中职学校对体育教师的培养和引进力度不足,导致教师队伍整体素质不高,难以满足体育特长生培养的需求。

(三)教学设施落后,缺乏先进设备

部分中职学校的体育设施陈旧落后,仅能满足日常体育教学,无法满足体育特长生的训练需求。一些学校缺乏足够的训练场地和器材,导致学生无法进行有效的训练;另一些学校则缺乏先进的训练设备和仪器,影响了学生的技能提升和竞技水平的发挥。这就制约了中职体育特长生的培养质量和发展潜力。

(四)竞赛机会有限,缺乏实战经验

由于缺乏足够的竞赛机会,中职体育特长生的竞技水平无法得到充分展示和提升。一些学校由于经费和资源有限,难以组织更多的比赛活动;另一些学校则缺乏与其他学校的交流和合作,导致学生缺乏比赛经验和实战经验。这种有限的竞赛机会限制了中职体育特长生的竞技水平和综合素质的提升。

三、中职体育特长生培养方向的研究

(一)全面发展方向

中职体育特长生应坚持全面发展的原则,既要注重体育技能的训练,又要加强文化课的学习。通过优化课程设置,合理安排文化课和体育训练的时间,使体育特长生能够在提高竞技水平的同时,不断提升文化素养和综合能力。

（二）专业化发展方向

根据体育特长生的兴趣和特长，进行专业化的培养。通过引进专业的体育教师和教练，提供个性化的训练和指导，帮助体育特长生在特定体育项目上取得更好的成绩和突破。

（三）个性化发展方向

尊重体育特长生的个体差异，根据他们的兴趣和需求，提供多样化的培养方案。通过开设选修课程、组织兴趣小组等方式，满足体育特长生的个性化需求，激发他们的学习热情和积极性。

四、中职体育特长生培养对策

（一）明确培养目标，注重全面发展

中职学校应制定明确的中职体育特长生培养目标，注重学生的全面发展。这些目标应包括技能、素质、能力等方面，旨在培养具有扎实技能、良好素质和高超能力的体育人才。同时，学校还应根据学生的个人兴趣和特长，制定个性化的培养方案，以满足不同学生的需求和发展潜力。针对体育特长生的特殊需求，优化课程设置，增加专门的体育课程和训练项目。同时，加强文化课与体育课的融合，使体育特长生能够在学习过程中实现知识与技能的互补。

（二）加强师资队伍建设，提升专业水平

中职学校应加大对体育教师的培养和引进力度，提升教师队伍的整体素质和专业水平。第一，学校可以通过组织培训、进修等方式，提高现有教师的专业水平和教学能力；第二，学校可以积极引进具有丰富经验和专业技能的优秀教师，为体育特长生的培养提供有力的师资保障；第三就是可以与专业的体育俱乐部合作，由俱乐部指派专职教练开展训练工作。此外，学校还可以建立激励机制，鼓励教师积极参与体育特长生的培养工作，提高其工作积极性和创造性。

（三）完善教学设施，提升训练条件

中职学校应加大对体育设施的投入，完善教学设施，提升训练条件。学校可以更新陈旧的体育器材和场地,为学生提供良好的训练环境;同时,学校还可以与企业合作,共同建设先进的训练基地,为学生提供更多的实践机会和先进的训练设备。

(四) 增加竞赛机会,提升竞技水平

中职学校应积极组织参加各类体育赛事和活动,为中职体育特长生提供更多的展示才华和提升竞技水平的机会。学校可以与其他学校建立合作关系,共同举办比赛活动;同时,学校还可以争取更多的社会资源和支持,为体育特长生创造更多的比赛机会和实战经验。此外,学校还可以建立奖励机制,对在比赛中取得优异成绩的体育特长生给予适当的奖励和激励,以激发其积极性和创造力。

五、中职体育特长生培养改进方向

(一) 建立科学的选拔机制

中职学校应建立科学的体育特长生选拔机制,通过综合评估学生的体能、技能、兴趣等方面的表现,选拔出具有潜力和天赋的学生进行重点培养。学校可以设立专门的选拔委员会或小组,负责学生的选拔工作,确保选拔过程的公正、公平和透明。同时,学校还应建立动态的选拔机制,根据学生的表现和进步情况及时调整培养对象,确保培养资源的有效利用。

(二) 强化个性化培养

每个学生的身体条件、技能水平和兴趣爱好都不尽相同,因此,中职学校在培养体育特长生时,应注重个性化培养。学校可以根据每个学生的特点和需求,制定个性化的培养方案,提供有针对性的指导和帮助。例如,对于身体条件较好的学生,可以加强其技能训练和竞技水平提升;对于技能水平较高的学生,可以注重其综合素质和心理素质的培养。通过个性化培养,可以最大限度地发挥每个学生的潜能和优势,提高其培养质量和竞争力。

(三) 加强心理辅导和思想教育

体育特长生在训练和比赛中面临着较大的压力和挑战,因此,中职学校应加强学生的心理辅导和思想教育工作。学校可以配备专业的心理咨询师,为学生提供心理咨询和辅导服务,帮助他们解决在训练和比赛中遇到的心理问题。同时,学校还应加强思想教育,引导学生树立正确的价值观和人生观,增强其自信心和抗压能力。通过心理辅导和思想教育,可以帮助学生更好地应对挑战和压力,保持良好的心态和状态。

(四)建立完善的跟踪反馈机制

中职学校应建立完善的跟踪反馈机制,定期对体育特长生的培养情况进行跟踪和评估。学校可以通过定期测试、比赛成绩分析等方式,了解学生的学习情况和技能水平;同时,学校还应积极收集学生和教师的反馈意见,及时调整培养方案和教学方法,以确保培养效果的最大化。此外,学校还可以建立学生档案和成长记录,记录学生的成长轨迹和发展历程,为今后的培养工作提供有益的参考和借鉴。

六、案例分析

本校2018年开始探索体育特长生发展路径,根据学校特点和区域发展情况,选定跆拳道作为学校的特色项目。学校通过长期积累,在学生中培养兴趣、在教师中培训技能、在区里开展宣传工作、在发展中谋求与专业俱乐部的合作。学校不但为体育生打造了良好的训练环境和氛围,也为体育生将来的出路进行了规划,即努力晋升专业队,或者体育单招考大学,或者从事体育培训机构教练工作。目前我校已有一名学生成功考取广州体院本科;数十名学生获得国家一、二级运动员称号,具备体育单招资格;一名学生获国家健将级运动员称号,向国家队方向努力。另外还有多名零基础学生,通过努力训练获得了俱乐部教练员工作岗位。

七、结 论

中职体育特长生的培养是一项长期而艰巨的任务,需要学校、教师和社会各界的共同努力。通过明确培养目标、加强师资队伍建设、完善教学设施、增加竞赛机会以及注重个性化培养等措施,可以有效提高中职体育特长生的培养质量和发展潜力。同时,中职学校还应不断创新培养模式和方法,以适应社会发展和学生需求的变化,推动中职体育特长生培养事业的健康发展。

参考文献

[1] 杨南妹.新时代下传统体育教育与职业教育融合发展的思考[J].新时代教育,2020(62):68—69.
[2] 李晓梅.职业教育和传统体育教育的融合[J].人文与社会科学论坛,2018(4):78—80.

基于项目化学习的中职特教学生
职业体能实践研究

体育组 王 超

[摘 要]本研究探讨了基于项目化学习的中职特教学生职业体能实践应用,通过行动研究法,以中餐烹饪专业特教班为对象,发现项目化学习有助于提高学生的运动能力、健康行为和体育精神,帮助他们应对职业挑战并取得优异成绩。项目化学习模式有效提高了学生参与度,培养其实践能力和创新精神。通过访谈法和观察法,以及个案跟踪研究,发现项目化学习能够提高学生的学习理解能力、合作能力、自信心和意志品质,增强他们的社会适应能力。未来研究应深入探讨项目化学习在特教班体育教学中的应用。

[关键词]职业体能 特教体育 项目化学习 中职特教

一、研究的背景

职业体能对中职特教学生的职业发展有深远影响。这类学生在学习和技能掌握方面可能存在困难,因此,如何根据他们的特点进行职业体能训练,帮助他们适应社会和职场需求,成为亟待解决的问题。研究实施新方法和思路,能推动项目化学习在特殊教育环境中的应用和发展,提高中职特教学生的综合素质和竞争力,为他们的职业发展打下坚实基础。

二、研究的意义和目的

探索项目化学习在中职特教学生职业体能实践中的应用,旨在通过解决实际问题,培养学生的综合能力,提高他们对职业所需体育技能和职业能力的掌握。职业体能是从事职业活动所必需的身体素质和技能,对中职特教学生而言,提高职业体能可为未来职业发展打下坚实基础。

项目化学习实践研究可帮助学生掌握职业所需体育技能和能力,提高身体素质和心理素质。同时,注重培养团队合作、解决问题、创新思维等能力,促进学生综合素质和全面发展。针对中职特教学生身体特点和职业需求进行体育教学,能提供实践经验和参考,促进教学质量的提高。

三、研究的实践过程

（一）研究的理论基础

本研究的实践主要依据《中等职业学校体育与健康课程标准(2020年版)》(以下简称《课标》),提出运动能力、健康行为和体育精神三大学科核心素养。将"立德树人、以体育人"作为课程总目标。强调了课程内容是《课标》的重点,是对课程结构中专业内容的补充。相对《高中课标》而言,《课标》在体能方面作了特殊要求,除要求学生具备一般体能外,还要求学生具备相应的职业体能。职业体能是中职学校学生体能训练特有的内容,根据学生职业需求有针对性地训练与发展特定体能,做好专门的职业体能储备。《课标》首次提出职业体能的概念,将职业岗位的体能训练任务前移到学校教育阶段,使中职学校学生在步入工作岗位后能迅速调整自己的体能状态,使之符合特定职业的体能要求。

（二）研究的对象

研究对象选取了我们所在学校的特教班级学生为研究对象。我校是一所国家级重点中等专业学校,学生于2021年9月入学至今近三年的时间,我们始终以职业体能项目化学习引领体育与健康课堂教学实践,并不定期进行数据采集,以研究学生职业体能的发展情况。

（三）研究的目标

中职特教学生职业体能项目化学习促进职业体能的发展和形成,本研究的研究目标包括以下几个方面。首先,职业体能项目化学习中对中职特教学生职业体能发展的影响,通过学生学习前后的对比试验,观察职业体能项目化学习对学生在职业适应能力等方面的提升程度。其次,探索职业体能项目化学习的实施方法和策略,分析在中职特教学生中实施职业体能项目化学习的具体方法和策略、课程设计等。然后,分析职业体能项目化学习对中职特教学生心理健康的影响。第四,研究职业体能项目化学习对中职特教学生社交能力的影响,分析职业体能项目化学习对学生团队合作、沟通协调、社会适应等社交能力的影响。最后,探讨职业体能项目化学习与传统教学模式的差异及其优势,对比分析职业体能项目化学习与传统教学模式在教学效果、学生综合素质发展等方面的差异,从而彰显职业体能项目化学习的优势。

(四)研究的方法及步骤

本研究计划分为几个阶段。首先,我们将深入理解职业体能项目化学习理论,并融合中职特教学生的特点,明确实施内容和策略,制定职业体能提升框架设计,包括教学内容和方法。接着,我们将开展实践教学,将设计付诸实践,以检验其有效性和可操作性。通过教学反思、教师访谈和与传统教学比较,我们将找到突破点和可行性,提炼成功教学案例进行分析。最后,通过问卷调查和追踪调查,全面了解学生的真实反馈和职业体能水平,对职业体能项目化学习进行全面评价。在总结研究结论的基础上,我们将提出未来研究的基本方向和方法建议。通过这样的研究,我们期望为中职特教学生的职业体能提升提供指导和借鉴,并推动相关领域的研究发展。

四、研究的具体实践策略及内容

职业体能项目化学习是一种针对特定职业所需的体能进行训练和提升的方式。通过职业体能项目化学习,学生可以在运动能力、健康行为和体育精神方面获得出色的表现和成果。

运动能力:主要指体能和技能的表现,通过有针对性的训练可以显著提高。例如,一名厨师需要具备良好的力量和耐力,以应对长时间工作过程中的体能消耗。通过项目化学习,学生可以逐步提升力量、耐力、协调性和灵敏性等关键体能要素,以满足职业需求。在职业体能项目化学习中,提高个人运动技能和体能水平的方法多种多样。例如,针对厨师所需的力量和耐力进行专门的训练,包括使用专业器材进行力量训练,以及进行长跑等耐力训练。此外,还可以引入柔韧性、协调性等方面的训练,以提高整体运动能力。

健康行为:养成良好的生活习惯和锻炼习惯对学生健康发展具有重要意义。良好的生活习惯包括规律作息、均衡饮食、适当锻炼等。在项目化学习中,学生可以逐步培养起健康的生活习惯,例如按时作息、合理饮食、定期锻炼等。这些健康行为将有助于提高学生的身体素质和健康水平。以一名厨师为例,通过职业体能项目化学习,他们可以养成良好的生活习惯和锻炼习惯。通过学习,他们可以更好地对自我进行调整,保证充足的睡眠。此外,还需要注重饮食健康,摄入足够的营养。通过这些健康行为的养成,他们可以更好地应对闷热环境下的工作环境。

体育精神:在职业体能项目化学习中,培养积极向上、团队合作、勇于拼搏等体育精神特质至关重要。这些特质可以帮助学生在比赛中取得优异成绩,并在实际工作中发挥团队精神,共同解决问题。以一个班级运动会团体迎面接力为例,在职业体能项目化学习中,注重培养学生的体育精神特质。通过团队活动和心理训练,球员们学会了相互信任、团结合作,共同为胜利而奋斗。在比赛中,这种体育精神帮助他们克服困难、迎接挑战,取得了优异的成绩。同时,这些特质也会影响球员在日常生活和工作中的表现,使他们更加积极向上、勇于拼搏。综上所述,本研究的职业体能项目化学习对应体育学科三大核心素养的具体表现,且每个素养根据相关的理论进行展开和实施,并将三大核心素养在职业体能项目化学习中体现和展示(如图1)。

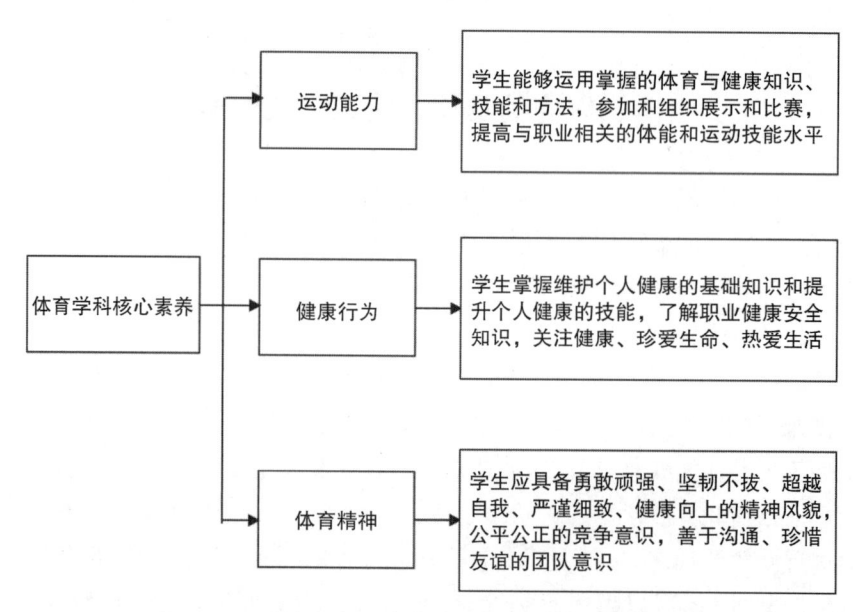

体育学科核心素养	运动能力	学生能够运用掌握的体育与健康知识、技能和方法,参加和组织展示和比赛,提高与职业相关的体能和运动技能水平
	健康行为	学生掌握维护个人健康的基础知识和提升个人健康的技能,了解职业健康安全知识,关注健康、珍爱生命、热爱生活
	体育精神	学生应具备勇敢顽强、坚韧不拔、超越自我、严谨细致、健康向上的精神风貌,公平公正的竞争意识,善于沟通、珍惜友谊的团队意识

图1 职业体能项目化学习对体育学科核心素养的表现

通过提高运动能力、培养健康行为和塑造体育精神特质,职业体能项目化学习可以帮助中职特教学生更好地应对职业挑战并取得优异成绩,也是全面提升学生核心素养的有效途径。

职业体能项目化学习是一种将体能训练与职业技能相结合的学习方法,旨在帮助即将踏上工作岗位的学生更好地适应行业需求,提高职业素养。这种方法不仅能够提升个人身体素质和技能水平,还能够增强团队协作能力,促进职业发展。我们按照体育学科三大核心素养列出了职业体能项目化学习的具体表现(如表1)。

表1 职业体能项目化学习的具体表现

运动能力	学习理解	课堂学习:掌握基本的运动技能和理论知识,包括各种运动技巧、体能训练方法等。
		课外活动:参加各种体育俱乐部或团队活动,增强对运动的热爱和兴趣。
		正确观念:形成正确的运动观念,养成良好的运动习惯。
	应用实践	锻炼身体:利用所学的运动技能进行日常锻炼,提高体能和身体素质。
		保持良好习惯:养成良好的运动习惯,进行固定的运动锻炼。
		融入社交场合:将所学的运动技能应用到社交场合中,参加户外拓展活动或者社区体育活动等。
	迁移创新	发挥自身优势:利用所学运动技能参加各种比赛或活动,展示自己的优势和特长。
		拓展其他领域:将所学的运动知识应用到其他领域中。
		创新和改进:在原有运动技能的基础上,进行创新改进,如发明新的上肢力量练习方式或健身动作等。
健康行为	学习理解	理解健康行为的重要性:明白健康行为对身体健康、心理健康以及生活质量的重要性。
		理解健康行为的要素:包括良好的饮食习惯、充足的睡眠、规律的锻炼、健康的社交行为等。
		理解健康行为的科学依据:了解科学研究的成果,以及这些成果对于健康行为的指导意义。如:学生应该了解营养学知识,指导如何合理搭配食物,以提供身体所需各种营养。
	应用实践	良好的饮食习惯:选择新鲜的食物、控制食物的摄入量、避免过度摄入高热量和高脂肪的食物等。
		充足的睡眠:保证每天有足够的睡眠时间,养成良好的睡眠习惯。
		规律地锻炼:每周进行至少150分钟的中等强度有氧运动,结合自身情况,选择适合自己的运动方式。
		健康的社交行为:与他人建立良好的关系,避免孤独和抑郁。学生还应该避免不良的社交行为,如吸烟、酗酒等。

(续表)

健康行为	迁移创新	创新健康行为的实施方式:在原有的健康行为基础上进行创新,例如结合自身兴趣爱好,将运动与游戏相结合,从而增强运动的趣味性和吸引力。
		创新健康行为的推广方式:可以发挥自身的创造力,通过各种方式推广健康行为。如通过社交媒体分享自己的健康经验、在学校组织健康行为的宣传活动等。
		创新健康行为的评估方式:尝试评估自身的健康行为,从而了解自身的健康状况和需要改进的方面。例如学生可以通过记录饮食和运动日记的方式,通过专业的健康评估工具进行评估。
体育精神	学习理解	了解和掌握职业体能项目的知识和技能:学生需要理解职业体能项目的规则、技巧、策略和基本原理,通过学习形成对职业体能项目的理性认识和全面了解。
		培养兴趣和热情:通过参与职业体能项目化学习,学生可以发现和培养对体育的兴趣和热情,从而形成积极的学习态度。
	应用实践	锻炼身心素质:通过职业体能项目的实践锻炼,学生可以逐步提高身心素质,包括身体机能、运动能力、心理承受能力等,为日后的职业生活做好准备。
		培养团队合作精神:在职业体能项目化学习实践锻炼中,学生可以学会与他人合作,培养团队合作精神,提高集体工作效率。
		提升竞技水平:通过不断实践和磨练,学生可以提高自己在职业体能项目中的竞技水平,为日后在相关领域的竞技比赛中取得优异成绩打下基础。
	创新迁移	培养创新思维:在职业体能项目化学习实践锻炼中,学生需要学会独立思考、解决问题,从而培养创新思维和解决问题的能力。
		拓展职业领域:通过职业体能项目化学习和实践,学生可以拓宽自己的视野,了解更多与职业相关的领域知识,从而更好地适应和胜任未来的职业生活。
		增强社会适应能力:通过参与职业体能项目的活动比赛,学生可以增强自己的社会适应能力,学会与不同背景的人交往、沟通和合作。

针对中职特教学生的不同类型的培育方向,可以采取以下归类(如图2)。

职业发展型:这类学生毕业后有能力踏上工作岗位,具备较好的职业素养和职业技能,能够胜任一定的工作岗位。他们具备自我学习和适应能力,

职业发展型	生活自理型
有能力踏上工作岗位，具备较好的职业素养和职业技能	可能无法胜任工作岗位
具备自我学习和适应能力	需要在学习和生活中得到更多的帮助和支持
不断学习实践提高职业水平	努力适应社会生活
☑一般体能训练 ☑职业体能训练	☑一般体能训练 ☐职业体能训练

图2 中职特教学生培育方向的简单分类

能够通过不断学习和实践提高自己的职业水平。

生活自理型：这类学生毕业后能够维持生活自理，但可能无法胜任工作岗位要求。他们需要在学习和生活中得到更多帮助和支持，以适应社会生活。针对这类学生，学校和教师需要注重培养他们的生活技能和自我照顾能力，帮助他们更好地适应社会生活。这里我们主要研究职业发展型学生职业体能部分，我们还将职业体能与一般体能进行了区别（如图3）。

	职业体能训练	一般体能训练
目标设定	培养学生的职业适应能力，使其具备从事某种职业所需的特殊身体素质和技能	提高学生的基础身体素质和体能水平，为其学习和生活打下基础
项目设置	根据不同职业的特点进行设置，如针对中餐厨师的力量和耐力训练、针对餐饮服务人员的柔韧性和礼仪训练等	相对较为普遍，如跑步、游泳、力量训练等
方向选择	更加注重个体差异，根据学生的具体情况进行有针对性的指导和训练	主要采用集体训练的方式，强调学生的参与和互动

图3 职业体能与一般体能的区别

以上仅仅是一种简单的归类方式，实际上学生的能力和需求是多样化的，分类时应结合学生的具体情况进行综合考虑。同时特教班的教师需要根据不同类型的学生的需求，制定个性化的教学计划和职业规划，以帮助他们实现最大的发展，发挥最大的潜力。

五、研究的总结及反思

经过一年的教学实践,学生在职业体能课程中的学习理解能力得到显著提升,具体表现为学习态度积极转变、对课程兴趣浓厚、已深刻认识到其重要性并享受锻炼过程。课堂反馈、学生访谈及体能训练样本均显示明显进步。

此外,学生们对职业体能训练的理解有了显著提升,从简单模仿到独立思考和自主锻炼,他们将知识应用于实际,解决类似问题。这种理解力的增强,使他们更好地掌握核心要领,为未来的学习和职业发展奠定坚实基础。

同时,通过小组合作的方式,学生们的合作能力也得到了锻炼和提高。他们学会了与他人合作、交流和分享,在职业体能训练中积极参与,互相学习,共同解决问题。这不仅提高了他们的团队合作能力,还培养了他们的社交技能,为未来的社会生活做好准备。

综上所述,一年的教学实践证明了我们的职业体能项目化学习方法是有效的。通过科学合理的器材使用、设计多样的训练方法以及拍摄成"微课程"等方式,我们为学生提供了更加丰富和实用的学习资源。同时,我们还撰写了相关论文和案例,为学校教学课程提供更多参考资源,对其他特殊学校的教育工作也有一定的参考价值。

参考文献

[1] 教育部.教育部办公厅关于印发《中等职业学校公共基础课程方案》的通知[EB/OL].2019-10-24.

[2] 教育部.中等职业学校体育与健康课程标准[EB/OL].2020-01-21.

[3] 邢强.现代职业教育人才培养模式下的体育教学组织形式[J].体育学刊,2017,24(3):106—109.

[4] 陈向阳.中职公共基础课课程标准:背景、挑战与策略选择[J].中国职业技术教育,2020(9):10—16.

[5] 夏雪梅,崔春华,等.学科素养视角下的项目化学习:问题、设计与呈现[J].教育视界,2020(10).

[6] 夏雪梅.项目化学习设计:学科素养视角下国际与本土实践[M].北京:教育科学出版社,2021.

[7] 陆静.残疾学生体育教学的现实困境及发展路径[D].青海学,2023.DOI:10.27778/

d.cnki.gqhzy.2023.000772.

[8] 郭小军.拓展体育课程形式体现课程训练成果——泉州市泉港区特殊教育学校[J].中学政治教学参考,2023(15):117.

[9] 韩云,刘海群.民俗体育融入特殊学校体育教学理念研究——以浙江特殊教育职业学院为例[J].浙江体育科学,2022,44(04):96—99.

[10] 薄全锋,等.项目化学习教学指导手册·设计篇[M].上海:上海科技教育出版社,2021.

[11] 郭华.项目化学习的教育意义[J].教学科学研究,2018(1).

[12] 刘梦莲.基于问题式学习(PBL)的设计[J].现代远程教育研究,2003(01).

[13] 季浏.对中国健康体育课程模式理论和实践问题的再研究[J].北京体育大学学报,2019,42(6):12—22.

关于特教中职数学课程中引入生活应用问题的教学研究
——以奉贤中专特教数学学本内容"折扣在生活中的应用"为例

数学组 吴欢华

[摘 要]中职数学是以培养学生的实际需求为主要目标,注重提高学生的数学素养和实践能力的一种教学方式,而特教中职学生是一个特殊的群体,在新成长教育理念下的中职特教学生,学习数学是为了利用学习到的数学方法来解决简单的生活问题,为将来融入社会奠定基础。本文以奉贤中专特教数学学本"折扣在生活中的应用"教学内容为例,对特教中职数学教学中引入生活应用问题进行研究和探讨。

[关键词]特教中职 数学教学 生活应用

一、课程设计思路

此次研究教学内容"折扣在生活中的应用",是在特教学生学习了百分数的基础上进行教学,在教学设计中,为使学生更易理解和掌握折扣的概念与折扣的实际应用,便从学生的生活经验和已有的知识出发,引入购物的生活场景,让学生在学习过程中学到有用的数学知识,同时培养学生从数学的角度去思考问题,用数学的语言去表达问题,并用数学的知识去解决问题。[1]本课程教学要达到的目的是使特教学生理解折扣问题和现实生活的紧密联系,引导学生观察、体验、参与身边的真实生活,大胆地用学到的数学知识勇敢地参与社会生活,激发学习数学知识的兴趣,逐步提高特教学生自我服务的能力、适应社会生活的能力,为他们今后步入社会、适应社会奠定基础。

二、课程教学内容

(一)学情分析

本次授课班级为特教中职三年级班级,共有 9 名学生。其中 6 名毕业于普通学校(随班就读),3 名毕业于辅读学校;9 名学生均为智力残疾,虽都是有障碍,但他们乐观、积极、善于模仿。

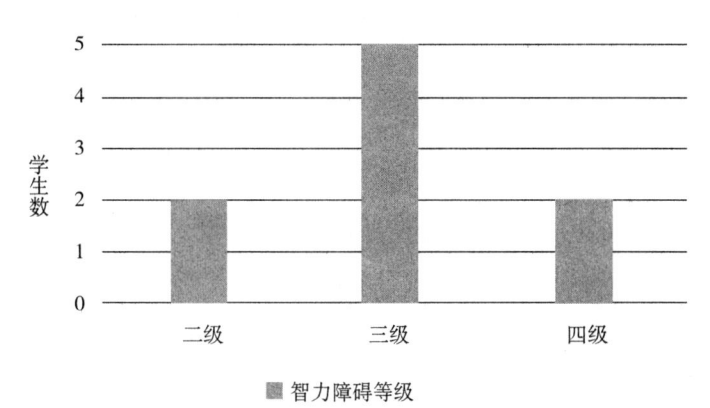

图 1 学情分析

基于本班学生情况,从学科基础、语言表达及相关的生活经验三个维度来考量,将 9 名学生分成 A、B、C 三层。

	学科基础	语言表达	相关生活经验
A 层(2人)	知道"折扣"的含义,能比较价格,能借助计算器用折扣公式计算现价;认识 24 小时制时间。	能用 3—4 句话,连贯表达出所学的数学概念和数学知识。	有独立购物经验,有一定的参与生活能力,能积极主动观察生活中的常见事物。
B 层(4人)	知道"折扣"的含义,能认识价格,能在老师指导下借助计算器用折扣公式计算现价;认识 24 小时制时间,知道白天和晚上时间。	能用 1—2 句话,表达出所学的数学概念和数学知识。	有和家人外出购物经验,有一定的参与生活能力,对生活中的常见事物基本认知。
C 层(3人)	能理解原价和折扣,但计算价格有困难;不理解超过 12 点后的 24 小时制时间,但在老师的引导下知道白天和晚上时间。	吐字不清,无法独立表述,但能在老师的带动下缓慢表达。	有和家人外出购物经验,认识生活中的常见事物但认知模糊。

"折扣"这个现象与学生的实际生活紧密联系,大多数同学在日常生活中对折扣现象应该是比较熟悉的,与父母逛街、在超市购物时经常能听到或看到。之前的课程,同学们已经学习了折扣的基本概念,但特教学生在数学知识形成过程中如果只局限于书本与课堂的知识,是远远不够的,他们没有具体的感受是无法真正理解的。而且,我们的学生很少会将这种生活中的折扣去联系数学课本上的百分数知识,他们不会把数学知识用到生活中,缺

乏迁移能力。如"打折",大部分学生能根据生活经验想到是便宜了,价格低了,但怎么便宜、怎么低了,都说不明白。

学生已学习了折扣的概念、折扣的公式以及折扣与百分数之间的转换,大部分学生能借助计算器来用公式计算打折后的价格,并有和家人外出购物经验,学生已具备了上这节课的基础。

（二）教学目标

在设定教学目标时,根据分层对象设计不同层次的教学目标,力求每一位学生都能在原有基础上获得充分的发展。

	分层目标
A层 (2人)	1. 能按自己的需求选择折扣商品购物并计算价格,能运用2—3句话说出折扣购物的对话,知道少花钱了; 2. 知道合理地选择自己所需要的打折商品是节约的行为。
B层 (4人)	1. 能按自己的需求选择折扣商品购物尝试计算价格,在老师的引导下运用1—2句话说出折扣购物的对话,知道少花钱了; 2. 知道合理地选择自己所需要的打折商品是节约的行为。
C层 (3人)	1. 能在老师的引导下选购折扣商品购物,能说出原价和折扣,知道少花钱了; 2. 知道合理地选择自己所需要的打折商品是节约的行为。

（三）教学重难点

本次课的重难点是运用"折扣"知识解决生活中折扣的购物问题,根据时间的不同选择不同的折扣,理解在特定场景中购物时间越晚,折扣越大,花钱越少。为了突破重难点,教学内容将分三步走。

1. 走出课堂,体验真实购物

为帮助学生真实理解"折扣"在生活中的应用,课前带领学生走出课堂,走进"泰奇面包店",走进"钱大妈生鲜店",认清楚折扣数,懂得选择,真实体验购物。学生听到了、看到了、感受到了生活中的"折扣",尝试了初步运用"折扣"。

2. 引导选择,完成记录表格

在课堂教学中,以图片和视频形式帮助学生回忆外出购物体验,触发记忆;以模拟购物逛一逛"泰奇面包店""钱大妈生鲜店",多个环节与学生进行互动交流,依次抽取学生引导说出自己的购物选择。

"钱大妈生鲜店"中,因不同的时间段推出的折扣不同,学生需根据自己需求选择不同的折扣进行购物,难度升级,在教学中需分层突破。以情境引出,学生尝试自主选择时间并完成调查记录表,观察店内的清货时间表,试着分析时间与折扣的关系,挑选认为适合的时间去购物,并填写该时间段的原价、折扣和现价。

3. 问答对话,理清购物思路

课中以学生课前完成的调查记录表为载体,在课堂教学中鼓励学生学会思考,敢于表达。通过课堂问答形式以四个问题来进行提问,帮助学生理清思路,结合3—4句语言训练学生说话,鼓励学生敢想敢说,体会运用折扣购物的快乐,激发特教学生热爱生活、积极阳光,增强自理自立的能力,提升自信自强的信心,并树立正确的消费观。将数学知识应用于实际生活中,提高特教学生的生活技能。

鼓励A层学生自主选择折扣时间点购物,并表达出选择该折扣购物的理由,独立算出花了多少钱,尝试算出少花了多少钱。

鼓励B层学生根据填写的调查记录表有选择地购物,并在老师的提示下尝试说出选择折扣购物的理由,尝试根据公式算出花了多少钱。

鼓励C层学生说出物品的原价和折扣,在同伴的帮助下知道花了多少钱,理解打折就是比原价便宜了,引导明白折扣数越低,价格越便宜。

通过活动,让每位学生都能在各自的认知上提升对折扣的认识,体会运用折扣购物的快乐,通过完整的课内课外教学活动,将数学知识应用于实际生活中,提高特教学生的生活技能。

三、教学实践

基于教学对象的特殊性,我们打破了传统教学方法,课前将学生带出课堂,走进社会,让学生在真实场景中动手动脑实践,更有助于学生对授课知识点的消化和迁移。教学环节以课前"2准备"、课中"4环节"、课后"2延伸"展开。

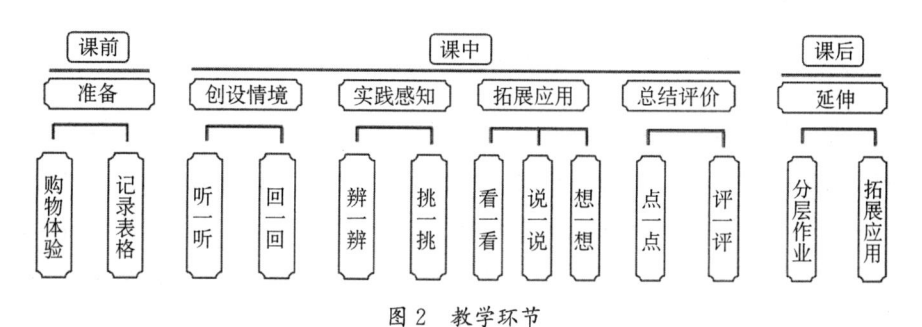

图2 教学环节

课前：

走出课堂，体验购物；完成调查记录表，分解学习内容的重难点。

课中：

第一环节是创设情境，复习引入：师生进行听一听和回一回，结合打折音频，抛出问题，引导学生关注生活，并根据特教学生的记忆特点，通过读、说等互动，复习概念，为本节课做铺垫；

第二环节是实践感知，探究新知：师生进行辨一辨和挑一挑，走进面包店，教会学生辨别折扣，知道"全场八折"中"全场"是什么意思，提高学生对生活现象的辨识能力，学生挑选自己喜欢的面包，按折扣计算价格比较价格，明白打了折扣就是少花钱了；

第三环节是拓展应用，巩固强化：师生进行看一看、说一说和想一想，观看"钱大妈生鲜店"视频，触发记忆，结合调查记录表完成师生问答对话，引导学生根据自己的需求选择适合自己的折扣购物，并说出选择该折扣的理由，分层完成对话，突破重难点，引导学生的合理消费观，培养健康的生活态度，树立正确的金钱观、价值观；

第四环节是总结归纳，表扬评价：师生进行点一点和评一评，共同对课堂进行总结归纳，进行及时表扬、鼓励和评价。

课后：

学生完成分层作业单，巩固所学知识。鼓励学生于课后在家长的带领下按自己课堂上选择的时间去"钱大妈生鲜店"购物，并请家长帮忙拍视频上传。把课堂内容向课外延伸，真正做到把数学知识运用到实际生活中。

四、主要成效

（一）体验真实生活，应用能力得到提高

课前带领学生走出课堂，真实体验购物，鼓励学生观察、体验、参与身边的真实生活，引导学生用学到的数学知识勇敢地参与社会活动。通过在"真实的情境下感受、在创设的情境下应用"[2]的教学活动，学生会用数学的思维去思考问题，试着用数学的语言表达问题，并用数学的知识解决生活问题，为他们今后步入社会、融入社会奠定基础。

（二）多元教学策略，构建生动高效课堂

在本课建设过程中，探索适合特教学生的学习方式以及与之对应的教学策略。基于特教教学特征，结合记忆法规律，设计多种符合特教学生的教学策略：购物体验、填表记录、视听刺激、情境再现、问答对话、引导帮助和鼓励奖励等，激发学生的兴趣，培养学生的探索能力。

（三）借助信息化，学习兴趣得以提升

打破传统教学手段，通过音频、图片、视频和卡片式互动等刺激学生视、听、触觉感官，利用"微课宝"展示学生作业单，进行互动学习，让数学课变得有声有色，填补了传统教学的呆板和无趣，课堂趣味性互动性增加了，学生的学习主动性和积极性明显提升。

五、实践反思

（一）注重新旧知识的无痕重复衔接

特教学生记忆力是薄弱、短暂的，记忆过程中会经常产生遗漏，识记内容全面性差。比如在课中，有学生不会运用计算器了，学生小数点漏写了、漏念了，这些都是对已学知识掌握不足的表现，这提示我在数学教学过程中一定要时刻注意新旧知识的衔接，教学内容要形成知识链。教学过程中要遵循特教小步子、多循环的教学方法，[3]不断复习巩固新旧知识，让新旧知识产生紧密关联，帮助学生尽快掌握数学知识，从而用数学知识解决简单的日常生活中的实际问题。

（二）注重数学知识与专业需求相结合

本次教学过程中只引导了特教学生用数学知识解决生活问题，但没有与职业问题结合起来。这是我未考虑周全的地方。我们的特教学生前提是中职生，有专业，我们应把数学知识与学生专业需求结合起来，让学生以生活为主，以职业为主，在数学课堂中巧妙地融入专业知识，如面点制作步骤、烹饪知识等等，让特教数学更好地为生活服务，为职业服务。

（三）注重将复杂的数学知识生活化

作为中职特教数学教师，一直以来，我始终认为中职数学的知识点对特

教学生来说有很大的难度,学生难以理解,很多知识点都很抽象,如集合,如排列,如百分数,但这些知识点又是经常在现实生活中碰得到的。那么,如何把复杂的知识生活化,深入浅出,让学生在理解的基础上学会相对难的知识点,这需要我们教师进一步的探讨和研究,这也是我在不断践行"新成长教育理念"下教育教学过程中需要思考的重要方向。

参考文献

[1] 徐慧娟.拥抱数学中的生活,提升生活问题解决能力[J].求知导刊,2022(35):62—64.

[2] 周宇.情境教学法在培智数学课堂教学中的应用研究[J].数学学习与研究,2023(13):159—161.

[3] 范士勇.智障学生生活适应能力培养探析[J].现代特殊教育,2018(15):46—47.

融合教育背景下的中职特教班分层教学思考及建议

政史组 徐 梅

[摘 要]在融合教育背景下,中职特殊教育成为残疾人就业以及融入社会的重要渠道。现阶段的中职特殊教育的教学模式仍处于探索阶段,随着越来越多的智力残疾学生进入中职学习,现有教学模式的问题凸显出来。本文旨在基于中职特教班教育教学管理实践的基础,提出走班制分层教学模式的设想,为中职特教班教育教学改革提供思路。

[关键词]融合教育 中职特教班 分层教学

一、前 言

最新修订的《残疾人教育条例》规定:"县级以上地方人民政府应当根据需要,合理设置特殊职业教育机构,改善办学条件,扩大残疾人中等职业学校招生规模。"上海为了贯彻落实国务院文件精神,坚持融合教育方向,提升残障学生受教育水平,在中职学校开展了高中阶段特殊教育班的试点,招生对象为智力障碍学生,越来越多的智力障碍学生进入中职学校进行学习。但随着中职特教班级及学生数量的增加,诸多问题逐渐显露,教育教学效果并不理想,探索中职特教班行之有效的教学模式迫在眉睫。

二、研究背景及意义

多元智能理论为智障学生进入普通学校接受平等教育提供了前提基础。20世纪80年代,加德纳依据智能的获得过程和智能的运作方式归纳出语言文字智能、逻辑数学智能、视觉空间智能、身体动能智能、音乐旋律智能、人际关系智能、自我认识智能、自然观察智能等八种人才智能。多元智能理论尊重多元化思维和认知方式，并将多元化思维运用到人才评价之中，其优势体现在发展性的评价目的、多元化的评价内容、多样化的评价等方面。以多元智能视角来看，智障学生尽管智商不高，但是不排除他们在音乐、身体、动觉等其他智能方面有优势。这也为中职特教学生个性化培养提供了理论依据。

融合教育，也称全纳教育，是在尊重每个学生的个人特点、学习能力、文化背景等的基础上，用包容性的系统适应个体差异和满足学生的个人学习需要的教育。我国融合教育已经从随班就读的物理融合阶段转型为目前的融合教育新阶段，上海更是在各区的中等职业学校招收了特殊教育试点班，招生对象为智力残疾的学生，通过提供康复训练及职业技能培训等课程，帮助轻度智力残疾的学生实习就业，促进中重度智力缺陷的学生生活自理，回归社会。

由于中职特教班是一个新事物，课程设置、教学模式、管理体系都是全新的领域。虽然融合教育一直在探索如何让残疾学生在普通学校的普通班级里学习，但是在职业学校里针对整班的智力残疾学生进行教学都还处在摸着石头过河的阶段，在国家高度重视残疾学生教育的前提下，如何让智力残疾的学生接受平等的教育、公平地参与社会工作，是每一个教师应该思考的问题。

三、中职特教班教学现状

目前上海中职特教班招生对象为智力障碍的学生，生源主要来自普通学校里的随班就读学生和培智学校学生，学生的知识基础和智能水平参差不齐。特教学生入学之初进行评估分级，但仍采取平行分班制，不同残疾程度的学生在同一个班级学习，在教学过程中产生了诸多问题。

（一）课程设置统一

中职特教班统一开设文化基础、专业技能、康复及医教结合训练等课程。但目前的中职特教班学生的残疾程度并不相同，甚至差别巨大。轻度智力残疾的学生主要表现为数理逻辑等方面薄弱，并不存在其他方面的生理及肢体残疾；重度残疾的学生基本不识字，甚至写不出自己的名字。不同残疾程度的学生在同一个班级上课极易产生问题。一方面轻度智障学生需要和重度残疾的学生完成康复训练课程，学生经常因为康复训练课程内容简单和重复而产生倦怠心理，认为自己没有必要学习"小儿科"的内容。另一方面重度残疾的学生多数为智力残疾伴随肢体残疾,甚至是自闭谱系障碍患者,他们完全听不懂文化课及专业课教师讲授的内容,在课堂上无所事事,任课教师还需花费一定的精力来管理重度残疾的学生,影响正常的教学效果。

(二) 教学活动统一

目前中职特教班教学活动仍采用统一的教学目标、教学内容及统一的评价标准,这对于基础差别较大的学生势必产生不同的影响。残疾程度不同的学生在同一个班级内学习,必然造成"强的吃不饱、弱的吃不了"的情况。文化课基础好的学生成绩始终名列前茅,基础薄弱的同学通过学习有较大进步,但仍然无法超越"优等生",无法得到公正的评价。而完全不认识字的学生也会在老师的"照顾"下获得合格的成绩。这种现象在专业课学习过程中同样突出,动手能力较强的同学一节课可以学会的内容,较弱的同学往往需要 3—4 节课才能勉强跟上,重度残疾的学生只能坐在旁边浪费时间。专业课采用统一标准,并没有针对不同基础的学生提出个性化的评价标准。同时专业技能教师将大量的时间花在指导较弱学生的身上,取得的效果却甚微,长此以往教师容易产生职业倦怠心理,毫无职业成就感可言,这将导致个别教师彻底放弃中重度残疾的学生,其结果与融合教育的初衷背道而驰。

(三) 培养方向统一

中职特教班级的学生来校学习的目标并不完全一致:有些家长希望孩子进入职业学校学习一技之长,为将来就业做准备;有些家长希望孩子能够在普通学校里提升生活自理能力,适应社会;个别学生因为家长无法在家中照顾,只能送到学校看护。这些不同学生的培养目标无法在同一个课堂上实现,造成高水平同学知识和技能达不到就业要求,无法找到专业对口的工作,相反课堂上任课教师要花费更多的精力关照能力最弱的同学,造成水平较高的同学得不到想要的学习指导。将三种不同需求的学生放在同一课堂学习,将导致三种目标都没办法最大程度地实现,势必造成资源浪费。

四、中职特教班分层教学建议

分层教学是班级授课形式下的基于学生存在的个性差异基础上的一种个别化教学模式。分层教学实施主要有平行班分层教学形式和走班分层教学形式。平行班分层是根据学生成绩的优劣,设立不同的班级,如实验班、提高班、普通班等;走班分层教学形式即不同行政班学生可以根据自身的基础和需求,选择相应的班级参与学习,行政班级的设立只是为了方便对学生的管理。显然中职特教更适合走班制的分层教学模式。建议分层标准及方法如下。

(一)教学内容分层

中职特教一般开设文化课、专业课和康复训练课。特教学生入学之初根据残疾程度进行评估分层,但分层标准仍是综合考量学生的各项能力,并没有将学生个体的单项优势评估出来。特教学生中不乏文化课成绩好的学生,因此可以根据文化基础课成绩将学生分为提高班和普通班,个别因疾病导致完全不能进行文化课学习的学生加入康复班。提高班教学内容适当与高中对接,为学有余力的同学将来升入高等职业学校或社会业余大学打好文化课基础;中度智障的学生可以在培智学校的基础上开设生活文化课,例如数学应以生活中的数学为主要内容,语文则应主要学习常用字词,满足他们生活自理的需要;重度残疾及因疾病导致无法进行文化课学习的学生取消文化课学习,主要进行肢体康复训练,任课老师根据不同学生的康复项目制定相关教学内容,例如折纸和串珠等活动。

(二)专业能力分层

智力障碍的学生进入中职学校学习,主要是希望学习技能,为将来融入社会,从事简单的社会劳动,这也是融合教育的初衷。但目前中职特教学生的生源存在智力障碍水平不同的现象,专业技能学习的能力也存在较大差别,在专业技能课程的学习中表现出较大的差异。因此专业课可以根据学生操作能力的水平分为技能班和生活班。技能班可以通过增加专业技能教学内容和教学时间的方式为水平较高的同学补充学习。例如烹饪专业的学生,在技能班可以通过增加菜式、课后留学等方式,让学生有更多的实操机会,同时提出更高的要求,若个别学生仍有余力,可以参加技能考核,获得职业资格证书,以此培养能够达到就业要求的学生。生活班的学生则只要完成基本的教学目标,满足自己日常的生活需要即可,仍以烹饪专业的学生为例,应主要学习家常菜和基础面点制作,可以为今后生活自理做准备,这是大部分中职特教学生的教学目标。重度残疾的学生仍然在资源教室进行康复训练,以锻炼身体协调性为首要教学任务。

根据学生专业技能学习能力水平进行分班,同样可以避免中职特教专业技能课任课教师的职业倦怠问题,技能班学生专业技能成长将大幅提升教师的职业幸福感和效能感;生活班任课教师可以通过降低学习要求减轻教学压力,同时专业技能课教师将不再担负照管重度残疾学生安全的责任,进而保证有效的课堂教学效果。

随着新的《残疾人教育条例》的修订及颁布,残疾人教育越来越完善。个别轻度智力障碍的同学有机会进入高职进行学习,同时可以通过技能培训获取相关职业技能证书,在残疾人联合会的协助下,进入对应企业工作。中重度智障学生将进入"阳光之家"继续进行康复训练和生活。根据不同的培养目标进行分层走班教学,对有望升学的同学提高文化课要求,降低专业技能要求;为就业做准备的学生,要以考取技能证书为目标导向,练好职业技能基本功,适度降低文化课要求;重度智力残疾学生需要以康复训练活动为主,以完成简单的手工加工制作为目标,进行学习和训练,取消文化课和专业课的学习要求。

与传统教学模式相比,分层教学模式有利于激发中职特教学生的学习动机,培养学习兴趣和积极性,建立良好的师生关系,促进学生更好地掌握文化知识和职业技能。为每一位学生量身定制合理的教学任务与评价体系,这才是融合教育的真正意义所在。

参考文献

[1] 董奇,国卉男,沈立.多元智能视角下智障学生中职融合教育新途径[J].教育理论与实践,2018,38(18):29—31.
[2] 王凯.融合教育模式的探索与实践[D].天津理工大学,2019.
[3] 高燕.论走班式分层教学模式在职业教育中的应用[J].现代教育技术,2007(3).
[4] 石云鹤.我国融合教育政策法规体系的现状与发展研究[D].东北林业大学,2021.
[5] 周超.特教教师职业倦怠的现状研究[D].辽宁师范大学,2016.

专业建设篇

PBL项目教学基于SPOC重构落实混合式教学的实践研究
——以"PLC技术应用"课程为例

机电组 蒋 辉

[摘 要]随着信息技术的发展,"互联网+"教学方式在课堂中不断得到应用,提高课堂教学效率的同时不断探索教学新模式,它既能满足中职人才培养方案,同时又能激发学生学习兴趣,培养学生学习的积极性、解决问题的能力。对于注重实操的专业课程如何有效实施教学,本文以"PLC技术应用"课程为例,尝试将PBL项目教学法、校SPOC在线资源、虚拟仿真混合运用于侧重实操性的课堂教学,探索基于校SPOC在线资源的在线混合教学实践途径。

[关键词]PBL项目教学法 SPOC 岗课赛证 核心素养

为了推动职业教育高质量发展,提高劳动者素质和技术技能水平,建设教育强国、技能型社会,推进社会主义现代化建设,我国于2022年5月1日起施行《中华人民共和国职业教育法》。国家大力发展职业教育,推进职业教育改革,建立健全适应社会主义市场经济和社会发展需要、符合技术技能人才成长规律的职业教育制度体系。[1]21世纪进入信息时代,"互联网+"思维应用到各行各业,同时职教理论不断发展,中职学校教师不仅仅是完成课程,而是要让课堂有效,让学生有兴趣、树立职业道德、掌握职业技能,这需要教师不断思索,对教师提出了更高的要求。教学新模式在课堂中不断被应用,提高了课堂教学效率,教学的方式方法发生了巨大变化。混合式教学指线上和线下相结合的教学方式,常规的课堂教学和信息技术融合。如何有效开展线上教学,尤其是实操要求高的专业课程,给中职院校的教师带来了些许的困惑;如何实施线上教学?如何建设和使用网络课程资源?如何开展有效的线上师生互动?如何评价学生的学习成果?如何确保在线教学的效果?本文以"PLC技术应用"课程为例,尝试将虚拟仿真、PBL项目教学法、六步行动导向法、校SPOC在线资源混合运用于侧重实操性的在线教学,探索基于虚拟仿真的在线混合式教学实践途径。

一、基于岗课赛证的课程项目化重构

项目式学习(Project-Based Learning,简称 PBL)强调让学生通过完成项目来达到学习目标,在这个过程中,教师转换角色,以学生为学习主体,通过让学生围绕问题进行合作探究来发展学生的学习力。"PLC 技术应用"是中等职业院校机电技术应用专业的核心专业课程之一,旨在培养技术型应用人才,课程教学理实一体,以能力为本位。传统的 PLC 技术教学一般以 PLC 体系结构为主线编写,授课的顺序是基本结构→基本原理→基本指令→基本应用→基本操作,侧重理论知识的讲解,弱化了实践教学要求。在学完指令后再学习基本应用和操作,学生普遍感觉晦涩难懂,认识指令但印象不深刻、易混淆,无法完成实操任务,逐渐失去学习的兴趣,教学效果很不理想。为了让学生能学中做、做中学,引发学生的学习兴趣,对教学内容进行了优化并融入岗课赛证(如图 1 所示),依据"中等职业学校电气技术应用专业教学标准",并参照电气行业岗位要求,根据中等职业学校学生的知识水平、认知特点以及 1+X 可编程控制系统应用编程职业技能等级证书(中

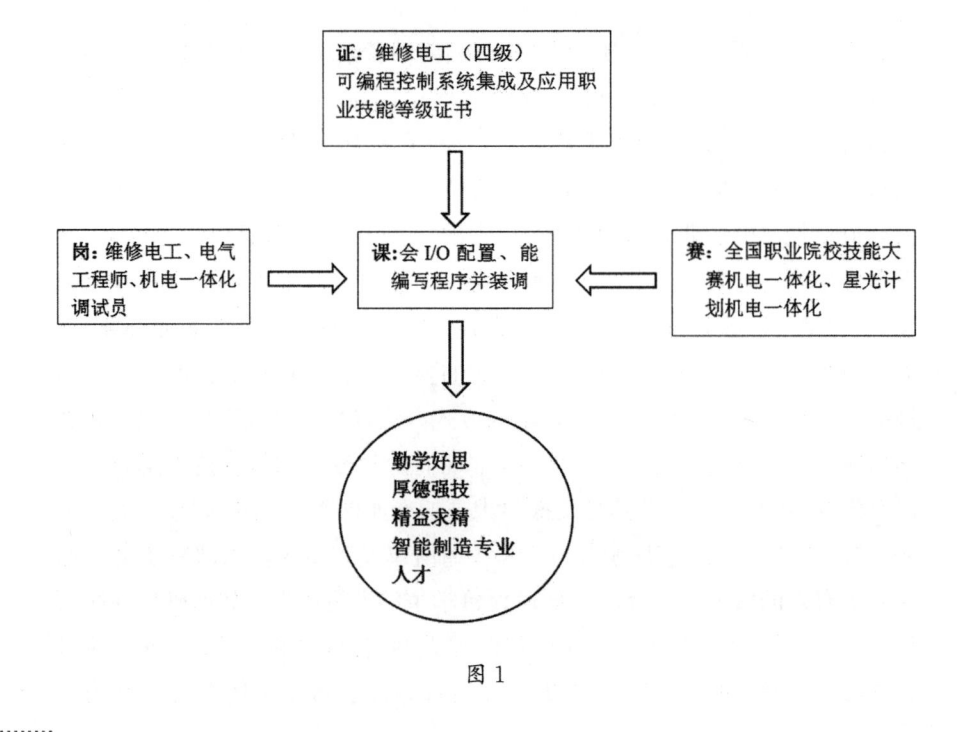

图 1

级)要求,[2]从生产实践出发,主题鲜明,重点突出,降低难度,增加广度,与时俱进突出新技术、新规范、新工艺在 PLC 控制中的应用,精选优化 16 个典型实训项目(如图 2 所示),达到理实合一、交互渗透、循序渐进的教学效果,在项目实施过程中让学生掌握专业知识和操作技能,提高学生职业素养和道德水平,突出工学结合与职业素质的培养,满足学生职业生涯发展的需要。[3]

图 2

二、基于六步行动导向法的教学过程

行动导向法可以理解为为某种目标而活动,以工作导向而行动,注重学生理论和操作能力,有助于提升学生分析处理问题的能力,以学生为中心,教师为组织者和引导者,遵循"信息、计划、决策、实施、检查、评价"六步。在设计教学实施过程时,以"PLC 技术应用"中 16 个课程项目为载体,基于六步行动导向法,由浅入深、层层递进,每个项目设置不同的任务分配和时间要求,各项目的体例结构包括项目描述、项目分析、知识准备、项目实施、项目检测和评价、项目拓展、[3]形成一份六步导向思维图,教学过程提炼为"导""析""编""操""评""思"(如图 3 所示以项目 13 为例),旨在提高职业能力,培养职业素养,厚植工匠精神。教学内容主要有:项目工作状态分析、I/O 分配、画出外部接线图、编写梯形图程序、输入程序、接线、调试运行并达到控制要求。通过规范化项目学习安排,使学生的学习目的更加明确,突出课程重点,培养学生技能,学生由浅入深、反复练习、规范操作,培养合作意识,从而养成良好的工作习惯。

图 3

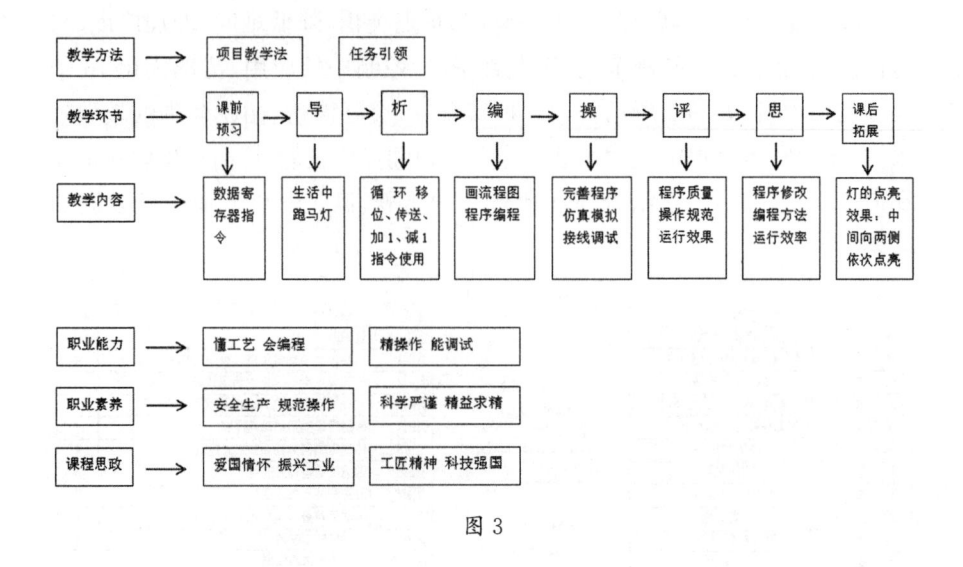

三、基于校 SPOC 平台落实混合式教学

（一）SPOC 的内涵

SPOC(Small Private Online Course)即小规模限制性在线课程，通常对参与课程的学生设置相关的专业条件，并且有一定的人数控制，具有较强的私密性。[5]这种教学模式在融合 MOOC 教育理念的同时，弥补了学生参与度不够、辍学率高和不利于专业程度较高课程的个性化教学的不足，[5]解决了 MOOC 完成率低、监管难度高、互动性差等问题，被认为是更具有实用意义的新型教学模式。

（二）校 SPOC 平台资源建设和教学使用

随着计算机信息技术的不断发展，信息化教学手段推陈出新并不断地应用于各类专业的课程教学中，起到提升教学效果、增加教学评价途径、丰富教学内容、提高课堂教学容量的效果。奉贤中专 SPOC 平台资源在学申报信息化标杆校期间开始建设，涵盖汽车技术应用、数控技术应用、机电技术应用、平面设计、数媒技术、会计等专业，各专业完成视频微课、实操短视频、专题课件、专题题库、云端实操、答题上传区等栏目。

（三）基于校 SPOC 平台部署虚拟仿真开展线上实操

"PLC 技术应用"知识点比较抽象，学生不易在简单的讲授中理解，且注重项目的实操,需要在项目化设计的实训环节中提高专业技能水平。为了打破实训室空间和时间上的限制,不受器材的制约,可随时进行安全的实操,引入虚拟仿真软件 FX-TRN-BEG-C,由三菱机电公司推出的一款三维虚拟空间设计,用户可以控制一个实时制造单元,对 PLC 进行虚拟仿真、模拟操作,利用校 SPOC 平台奉贤中专乐学网服务器部署云计算机,并在云计算机上安装虚拟仿真软件 FX-TRN-BEG-C,使学生在校和不在校都能云上实操,通过云的后台数据了解学生完成情况。实现线下实训室的功能并有学生实操数据,得到本课程实操环节线上实施的一种教学方式。

(四) 基于校 SPOC 平台的云端虚拟仿真和实训台实操具体实施

为了有效实施"PLC 技术应用"各项目课堂教学,提升学生职业技能和素养,保证实操安全,先虚拟仿真后实际操作,按照"六步行动导向教学法"的六个步骤:项目描述、项目分析、知识准备、项目实施、项目检测、项目评价,以校 SPOC 平台云计算机云端仿真软件 FX-TRN-BEG-C 进行虚拟实训,学生按学号每两人一组进行合作学习,明确成员分工:一人完成六步导向思维图并记录(如图 4 所示以项目 13 为例),一人完成虚拟实操。为了使每组学生了解实操过程,在教学中以班中一组同学为示范组,该组同学的操作投屏在教室一体机,向全班同学演示实操过程,可给有困难的组提供讯息,虚拟仿真完成后进行实际操作,完成接线调试,实训过程中采用教师巡视指导和"小先生制",对困难组进行帮助,确保各组完成项目,实操结束后每组同学对本组进行自评(如图 5 所示以项目 13 为例),最后请示范组同学在线分享实操过程、总结,形成学生间主动探索、分析、总结。使每个小组成

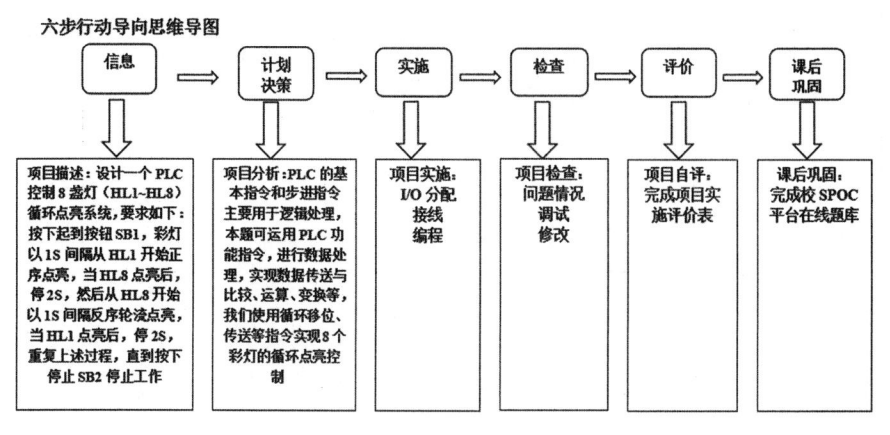

项目 13 彩灯循环点亮 PLC 控制

图 4

员相互启发、相互补充,都能理解编程思路,掌握接线规范、调试 PLC 程序、验证设备功能,既减少了学习中的困难,又能增进人际情感交流,增强了学生的自信心,培养了其团队协作精神,同时有效破解教学重难点。

序号	任务名称	配分	评分要点	学生自评	教师评价
1	学习相关知识	30 分	学习功能指令—MOV,ROL		
2	进行 I/O 分配	5 分	I/O 分配不合理,每处扣 1 分,最多扣 5 分		
3	画出外部接线图并接线	5 分	(1)元器件图形、文字符号错误或不符合国家标准,每处扣 1 分,最多扣 3 分;电路图错误,扣 4 分		
4	编写梯形图程序,写出指令表	10 分	(1)程序编写不符合编程规范,每处扣 1 分,最多扣 5 分 (2)编写的程序不能达到控制要求,每处扣 2 分,最多扣 10 分		
5	输入程序	5 分	不能将程序输入 PLC 或程序输入错误,最多扣 5 分		
6	调试运行程序并达到控制要求	10 分	(1)调试过程不符合操作规程,每处扣 2 分,最多扣 10 分 (2)调试时出现设备安全事故,每处扣 5 分,最多扣 10 分		
7	在线题库	5 分	正确完成测试内容,否则最多扣 5 分		
8	项目拓展	5 分	及时正确完成,否则最多扣 5 分		
9	实施过程记录情况	15 分	(1)拍摄短视频,最多扣 5 分 (2)拍照或截图,最多扣 5 分 (3)完成材料上传,最多扣 5 分		
10	团队协作	10 分	(1)团队成员不能很好配合,任务不明确,每次扣 2 分,最多扣 5 分 (2)团队出现矛盾冲突时,每次扣 2 分,最多扣 5 分		
11	项目总体评分(满分 100 分)				

图 5 项目 13 评价表

(五)基于校 SPOC 平台的"理""虚""实"教学提升教学质效

基于校 SPOC 平台的混合式教学,以项目化课程为载体,经过"导"

"析""编""操""评""思"教学设计,实现"理""虚""实"三位一体的教学过程,云端仿真实训模拟实操,可以实现学生合作学习,学生间示范启发,将理论知识与实际操作相结合,将本课程抽象的电气控制与PLC编程等内容具体化、形象化,同时还增加了学生动手实操的机会,以保证项目实施的完整性和操作性,降低了学生认知和学习难度,使学生能在完整的工作流程中固化六步行动导向思维图、虚拟仿真的实施结果,有助于学生直观地自我评判项目的完成情况,培养理性思维、发现问题和解决问题的能力。

（六）基于校SPOC资源进行测验和评价教学效果

校SPOC平台丰富的功能给教师的教和评价带来了便利。学生可在SPOC平台中的机电技术应用专业下观看视频微课、实操短视频来复习,在线做专题题库来巩固理论知识。为了有效评价教师的教学效果,在校SPOC平台上查看学生实操中各项目完成情况,通过在线专题库答题,教师后台统计学生的起始时间、完成时间、分数,快速了解学生掌握情况,以便在下节课有的放矢讲解难点、易错点。为了有效评价学生的学习效果,学生把在课堂期间分工完成的内容、问题的解决方法、关键技术点、项目评价和总结上传至SPOC平台,通过这些操作短视频、截图、六步导向思维图,完整展示项目实施流程,可以进行过程性评价,准确评测学生项目完成情况,利用校SPOC平台中的大数据进行诊断与评价,全程可视化跟踪学生的学习轨迹,根据课程后台报告显示（如图6所示）,学生线上上课的活跃度增强,项目参与度和任务完成率明显提高,最终班级优良率超过50%,平均成绩达85分,学生成绩基本合格。通过在线虚拟仿真实操、交流展示等方式,增强了学生学习的兴趣和积极性,提高了学生的参与度和满意度,提升了学生自主学习和创新的意识,增强了学生自我获得的成就感。[6]在"互联网＋教育"背景下,利用在线平台、虚拟仿真、校SPOC资源提升在线教学效果,基于仿真软件在线混合式教学的方式突破了线上实操的困局,对教学形成正

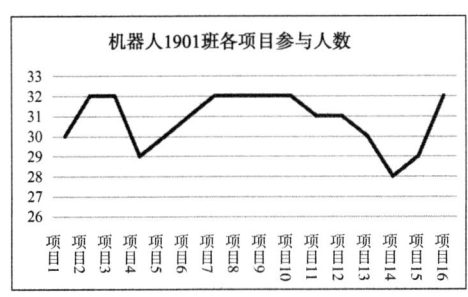

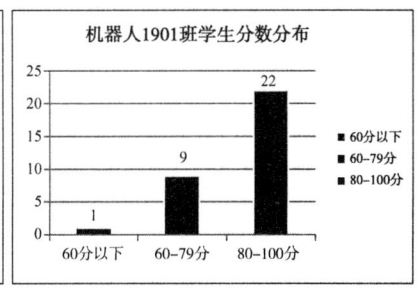

图6

向反馈,教师能更好落实课程的"三维目标",取得了一定的教学效果,使学生学习更自主、更高效。

四、思　考

校SPOC平台的运用配合PBL项目教学法提升课堂教学效率,对教师提出了更高的要求。课程设计的合理、教学资源的优化、每个项目任务实施环节中需精选问题,引导引发学生自主学习,构建知识点体系。通过云后台的大数据了解学生情况,改进教学环节。对学生也提出了新的要求,要适应新的学习模式、注重主动学习、积极参与互动等。在硬件方面,SPOC还要求专业平台的支撑,保证访问高峰时的流畅,支持各种大数据分析等。随着信息技术的发展、教师们的积极探索,SPOC平台将在教育领域发挥更大的作用。

五、总　结

"PLC技术应用"基于校SPOC平台的在线混合式教学,以项目化课程为载体,经过"理""虚""实"三位一体的教学过程,学生理解基本知识点,掌握基本技能,具备理性思维、解决问题、技术应用等核心素养。这一模式打破了实操课程的时间和空间局限,不同技术手段的组合,形成活力有效的课堂,有效落实课程的"三维目标",取得了较好的教学效果,让学生有更多的平台来展现自己,有更多的方式来学习知识,更好建构自身能力,提高职业素养与职场竞争力,培养人文合格、技能见长的中职学生和满足行业需求的技术人才,为党育大国工匠。"互联网＋教育"是教育的与时俱进和创新变革,不断丰富着课堂教学、增效课堂教学、提升教学质量。

参考文献

[1] 中华人民共和国职业教育法[EB/OL]. http://www.gov.cn/xinwen/2022—04/21/content_5686375.htm.

[2] 高月宇,曹拓. PLC技术应用[M]. 北京:高等教育出版社,2018.

[3] 刘艳丽. 翻转课堂:应如何实现有效翻转[J]. 中国高等教育,2015(19):57—59.

[4] 帅志清.基于职业教育的项目式教材开发[J].计算机教育,2015(12).
[5] 陈家迁,覃一海,温剑锋.人工智能背景下SPOC混合教学模式的设计与实践[J].现代信息科技,2020(12).
[6] 张会丽,杨威.基于微课程的大学翻转课堂教学研究[J].中国教育信息化·基础教育,2015(12).

混合式教学在"数控车削程序编制与调试"中教学评价的探究

数控组　宋晓芬

[摘　要]随着信息时代脚步的加快,教学模式也有了极大的变化,从课堂教学延伸到了线上教学,学生的学习时间、学习方式也更自由、更便捷。在学生的学习过程中,教师要充分运用好线上线下的教学模式,更要及时跟进对学生学习成效的评价,这样才能更大限度地提升学生的学习兴趣、能力及学习成果。

[关键词]混合式教学模式　多元化　教学评价

为贯彻落实国务院发布的《国家职业教育改革实施方案》和上海市教育委员会印发的《上海市教育信息化2.0行动计划》,以促进就业和适应产业发展需求为导向,提升新时代职业教育现代化水平,提升职业教育人才培养质量,以学校精品课程建设成果为基础,开展在线开放课程建设,我校也顺势而为,针对数控专业核心课程"数控车削程序编制与调试"进行在线课程建设。在线上线下并存的混合式教学模式中,如何才能够对学生开展正确的教学评价,如何对老师的教学效果进行合理评价,都是很多老师关注的问题。

一、混合式教学模式下学生学习效果的教学评价

在教学活动中,学生是学习的主体,也是教学活动的核心,教学活动的质量情况,最终都在学生的身上得以体现。因此,在评价学生学习效果时应该多元化。

（一）教学评价包含学生的显性学习成绩

学习资源包含线上线下,从课前预习、课堂学习、课后复习和阶段测验

去评价学生的学习过程。对于线上学习过程,可以跟踪记录并统计每个学生的学习进度、课程登录次数、课件浏览情况、作业和测试完成情况、在线时长等多项学习考核指标。对于线下传统课堂学习,通过课堂练习、课后书面作业、阶段测验进行评价。

（二）教学评价包含学生隐性的学习态度、能力等因素

学生的学习不仅包含知识的学习,良好的学习习惯的形成和能力培养等相对隐性的因素也是学习效果评价的重要组成部分,如学习参与度、协作交流、实践能力、学习成绩等。在"数控车削程序编制与调试"课程中,包含的隐性评价是职业素养,如表1职业素养评价内容所示。这部分的评价也放在学生的平时成绩之中。

表1 职业素养评价内容

职业素养	学习意识	学习态度认真、主动性较强
		能够根据助学材料自学、主动进行课前预习
	合作意识	与其他组员合作融洽,帮助他人完成任务
		具有良好的沟通、协作、组织能力
	规范意识	理论一体教室环境卫生维护
		多媒体教学设备维护

（三）学习效果评价主体多元化

混合式教学模式下学生学习效果的客观评价是教学评价的重要部分,涵盖了线上学习和课堂学习的整个过程,从学习过程和学习结果两个角度对学生的学习进行评价。改变原有以测验、考试为主的评价方式,实现评价方式多元化。评价方式多样化体现在多种评价方法的运用上,包括线上学习进度、课程登录次数、在线学习时长、作业、测验考试、课堂表现、综合测试和项目实践等。学生本人也作为评价主体,学生之间可以互评作业,学生可以进行自我评价。

中职学生的考核不能"一纸定终身",应把平时学习效果作为衡量学生学习成绩的主要参考。在多元化的评价下,本课程的最后评定中平时成绩的占比比测验考试的分数多,如表1总评配分表所示,可以最大限度地鼓励学生自主学习、积极学习,提高教学的时效性。

表2　总评配分表

总评					
作业	测验	课堂	出勤	期中	期末
20%	20%	10%	10%	20%	20%

二、混合式教学模式下教师教学工作的教学评价

（一）教师的教学评价包含教学资源建设

在线开放课程应有足够丰富、有效的在线课程资源以支持教学活动的开展。在教学资源开发中与课程标准关联，有效支持教学重点、难点的突破，支撑教与学过程中的共性需求及个性化需求。

结合我校数控核心课程"数控车削程序编制与调试"的建设，本课程的在线课程建设，首先依托校本教材《数车车削编程与仿真》，以"任务引领、项目驱动、能力本位、实践导向"为基本理念进行课程开发与建设，在课程目标定位、课程内容选择、教学实施模式等方面形成了本课程特有的课程思想；其次，开发中以之前的数车课程建设资源为基础，通过系统、完整、丰富、多样的课程资源开发，来推动混合式教学的有效开展，促进现代职业教学形态的形成，为教师的教和学生的学提供支持；最后，依托市级平台的共建共享机制，本课程争取通过在线开放课程资源，突破学校和时空的局限，成为各校学习借鉴并应用的课程资源。

（二）混合式教学设计能力是教师评价的重要组成部分

教学流程设计是根据课程目标、教学内容和学生特点，对教学过程、教学形式和资源使用等多种要素进行整体化设计。在线开放课程建设时，以学生为中心，遵循教学基本规律，符合中职学生的学习基础与认知特点。本校"数控车削程序编制与调试"的教学流程如图1所示。

在混合式教学模式下，教师根据混合式学习的特点，充分利用线上学习的优势，对课前课后内容进行重构，增加了课前预习内容并在线上进行统计答题率及准确率，学生提交的作业突破传统文字作业的局限，可以是照片或视频等，从而更好地看出学生的实践运用能力；在教学环节增加视频、动画、线上学习讨论等。教学目标明确，重难点突出，讲授系统合理并富有逻辑性，网络平台上的教学内容丰富且多样，都是混合式教学模式下教师教学评价的重要指标。

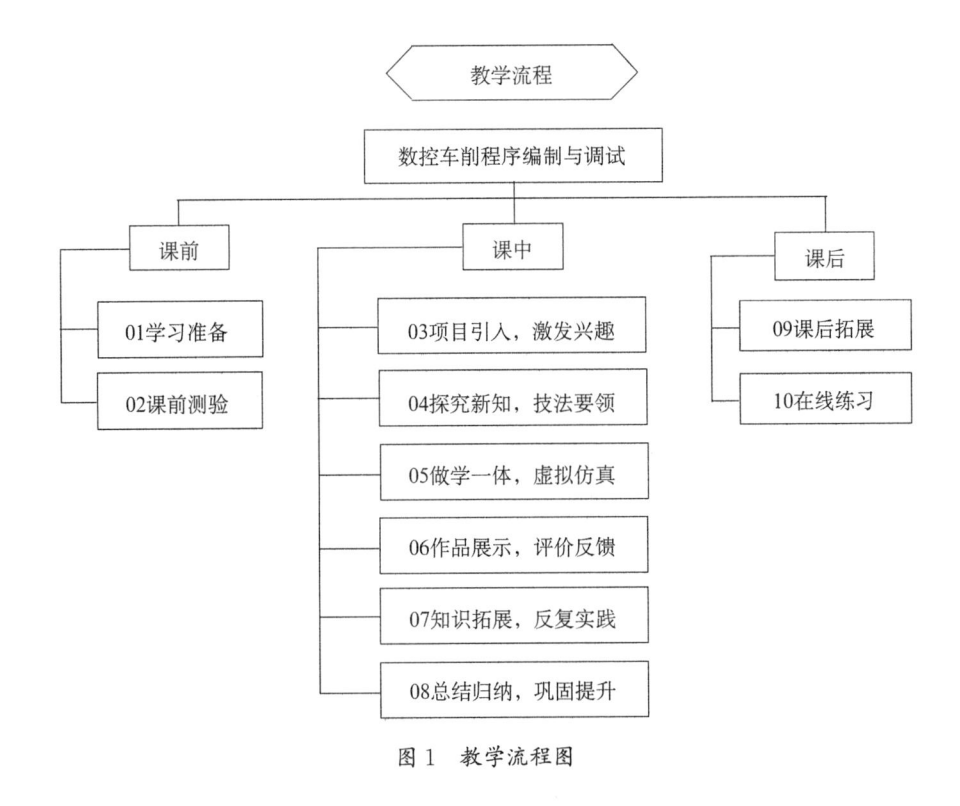

```
                    ┌──────────────┐
                    │   教学流程    │
                    └──────┬───────┘
                    ┌──────┴───────┐
                    │数控车削程序编制与调试│
                    └──────┬───────┘
         ┌─────────────────┼─────────────────┐
      ┌──┴──┐           ┌──┴──┐           ┌──┴──┐
      │ 课前│           │ 课中│           │ 课后│
      └──┬──┘           └──┬──┘           └──┬──┘
         │                 │                 │
    ┌────┴─────┐    ┌──────┴──────┐    ┌────┴─────┐
    │01学习准备 │    │03项目引入，激发兴趣│    │09课后拓展 │
    └──────────┘    └─────────────┘    └──────────┘
    ┌──────────┐    ┌─────────────┐    ┌──────────┐
    │02课前测验 │    │04探究新知，技法要领│    │10在线练习 │
    └──────────┘    └─────────────┘    └──────────┘
                    ┌─────────────┐
                    │05做学一体，虚拟仿真│
                    └─────────────┘
                    ┌─────────────┐
                    │06作品展示，评价反馈│
                    └─────────────┘
                    ┌─────────────┐
                    │07知识拓展，反复实践│
                    └─────────────┘
                    ┌─────────────┐
                    │08.总结归纳，巩固提升│
                    └─────────────┘
```

图 1　教学流程图

（三）信息技术使用能力是教师教学评价的新增内容

在线开放课程应有足够丰富、有效的在线课程资源，以支持教学活动的开展，可以包含视频、动画、电子课件、虚拟仿真、网页、图像、电子图书等。而这些资源的建设的丰富程度，取决于教师信息技术使用能力的强弱。

（四）学生的学习效果是教师教学评价的重要内容

对线上和线下教学整个过程进行教学评价，线上教学评价依据包含教师登录次数、课程讨论发文、课程通知、课程作业等，线下教学从教学督导评价、学生评价、同行评价等角度入手。教师通过改变教学方法，实施混合式教学手段，目的是让学生提高其学习效果，因此学生学习效果是教师教学评价的重要内容，学生学习兴趣的被激发程度、思维能力的提高及对课程知识的掌握程度是新教学模式下教师教学评价的重要指标。

（五）教师教学工作的评价主体要多元化

改变原有教师单一的自上而下"定性"的评价方式，建立学校、行业、企业多方参与的评价机制，形成以能力为核心的课程考核评价标准和方法。

三、评　　价

(一)线上平台大数据分析功能的优点

通过混合式教学模式,学生及教师在市级平台开展教学应用后,通过平台的大数据分析功能进行评价统计,包括学生评价、教师教学工作评价和课程评价等,通过搜集分析教学运行过程中的各类数据,为课程教学管理与优化提供决策服务。可以对学生的学习过程进行监督和跟踪;可以将互动、作业、测验统计用图表方式清晰地呈现给教师;可以根据课程特点,对学生的考勤、互动、作业、测验等进行权重设置。不论对学生还是老师,都可以直观地了解学习效果,大大减轻了教师的统计及备课时间。

(二)线上平台可操性要精简化

线上学习,学生必须具备手机或电脑,但目前的中职生自控能力都较差,课上使用在线教学,教师和学生"人机对话",教师的大部分精力是在管理手机的使用,大大影响了上课质量。对于线上各数据的统计太过精细化,教师需要花大量时间去统计、评判学生学习效果,而现实中很多教师都承担多个班级的课程,教学任务繁重,且很多指标如线上讨论表现等还需要老师凭着经验对不同学生的表现进行一个一个的量化打分,教师在有限的时间和精力范围内要将复杂指标体系中所有的指标都计算清楚是非常困难的。因此,在未来的研究中,要考虑在兼顾全面性的前提下精简指标体系,提高其在实践中的可操作性。

参考文献

[1] 杨歌谣.混合式教学模式下教学评价的文献综述与展望[J].高教论坛,2019(02):64—67.

[2] 罗蓓.混合式教学模式在高职英语教学中的应用研究[J].校园英语,2021(34):66—67.

[3] 王宝珠,等.基于新工科的混合式教学模式与评价方法研究[J].中国现代教育装备,2020(07):39—42.

[4] 孙婉婷.基于高职《机械制图》课程过程化评价方式的混合式教学模式的构建[J].吉林化工学院学报,2018,35(10):91—95.

中职机械制图课程混合式教学模式的探索与实践

数控组 周 芸

[摘 要]数字化技术与机械制图有着紧密的联系,融合线上与线下教学优势的混合教学是机械制图课程教学发展的趋势。本文在分析传统中职机械制图教学特点的基础上,阐述了混合式教学的实施思路并对教学模式进行探索和研究,同时提出机械制图课程混合式教学资源的有效构建和运用,使机械制图教学质量得到显著提高。

[关键词]机械制图 混合式教学 资源建设

一、前 言

随着信息技术的发展,数字化已经在社会各领域得到广泛的应用。教学的数字化,其核心是课程与数字化信息技术的综合,是一种新型教学模式。机械制图如果继续停留在传统的理论讲解和视图表达上,那课程内容必然与数字化的发展不相适应。因此,随着科技的不断推动,教师们正越来越关注将信息技术融入机械制图的实践当中,并且积极探索新的教学模式,从而达到培养学生创新精神与实践能力的目标。

二、传统机械制图教学方法存在的一些挑战

在中职机械制造专业人才培养方案中,机械制图是一门专业基础课程,是其他专业课程的学习基础。随着科技的进步,传统的中职机械制图课堂已经不再满足于仅仅由老师来讲解,而应该更加注重培养学生的自主思考和创新精神,让他们成为真正的参与者,从而更好地掌握和理解所学的内容,并且有助于提升他们的学习兴趣和参与度,从而达到更好的授课效果。

传统的机械制图教学模式虽然可以通过挂图、黑板绘图来实现,但它仍然存在一些不足之处,比如耗费大量的时间,而且由于教师的授课时间有限,学生的学习能力往往被严重压缩,导致他们很难将所学的知识运用到实践当中,从而降低了学习的效果。

另外,在机械专业的课堂上,机械绘图的复杂性以及技术要求都让人觉得烦琐。因此,要想把它们完美地表达给学生,就必须采用更先进的技术,如三维软件、虚拟仿真、在线教学平台等,以便更好地帮助他们理解并应用到实践当中。所以,在常规教学模式的基础上,引导教师开展线上线下混合式课堂教学,是机械制图教学研究的重要方向。

三、机械制图混合式教学的资源建设

（一）优化课程结构,充实教学内容

在机械制图的教学过程中,几何原则仍然是基础。如果依赖传统的知识构架进行教学,很难取得理想的教学效果。因此,可以对教学内容进行梳理,然后利用三维建模软件准备教学资源。创建的零部件可以实时调整大小、位置和高度,并且可以清晰展现"长对正、高平齐、宽相等"的位置关系,让学生更加容易理解投影原理,从而更好地完成视图的绘制。

数字化资源的利用,不仅可以丰富课堂教学,还可以将理论知识转化为实际应用,将抽象的概念转换为具体的实例,使用绘图软件制作出三维动画和视频教材,从而有效地降低学生的学习难度。如在帮助学生完成组合体或机件的读图和绘图训练时,可以拓展他们的空间思维能力,并且能够更好地理解复杂形体中的结构部分。

（二）融合数字化技术建立题库和在线学习平台

建立丰富多样的线上资源是课程实施的基础,灿态教学平台提供了丰富的教学资源,包括课件、视频、动画、试题库、考查等,旨在帮助学生不仅学习基础知识,还能拓展视野,增强参与性,激发学习积极性,从而提升学习效果(如图1)。此外,学生还可以在课后随时随地查看机械制图课程的重点内容。通过教学平台的使用,教师可以自主制作电子模型和提供习题解答,为学生提供更多的学习选择,同时也为机械制图课程的混合式教学提供了强大的支撑。因此,我们应该不断改进课堂内容,丰富教材,并利用现代科技构建一个网络学习环境,让更多的学生在不同的时间、不同的地点能够轻松获取有关机械绘图的知识。

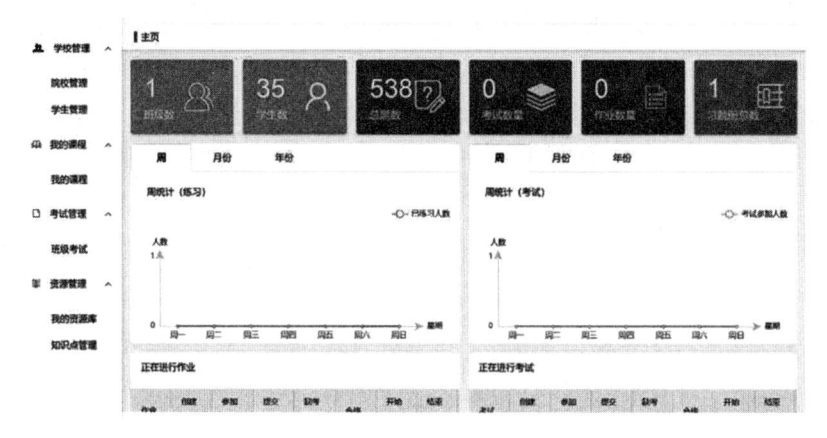

图 1 灿态教学平台

四、机械制图混合式教学的实施

（一）课前——线上发布资源、鼓励学生自主学习

提高学习效率的一个方法就是进行有效的课前预习,这不仅有助于培养良好的学习习惯,还能帮助学生更快地掌握所需的信息。为了实现这一目的,老师可以提供有价值的信息,如课程安排、课前小测验等。通过使用教育信息化技术,学生可以按照规定的时限完成所需的学习内容,同样也可以及时发现、回顾预习期间出现的问题。教师可以通过使用教育信息化技术的数据统计工具,实现精准的指导,以及适时的回复、深入的讨论和丰富的知识补充,大大减少了课堂的耗费,极大地提升了教学效果。

（二）课中——线下课堂教学,促进学生知识内化

教学模式的变革为我们的学习提供了前所未有的挑战,从过去的单调乏味的教学方式,演变为多样化的教学方式,例如探究式、启发式、目标式等都可以应用到机械制图的教学中。在机械制图课堂上,学生不仅可以掌握识图、绘图技巧,更重要的是,这些技能可以帮助他们更好地融入未来的职业环境。为了让学生更好地掌握这些技能,老师可以采取小组讨论的形式,并在教学平台上进行有效的交流,从而唤起学生的学习热情,增强他们的口头表达能力,并更好地理解和运用所学的知识。

除了运用传统的机械绘图教学手段外,教师也应该充分发挥信息化的优势,运用各种多媒体资源,将复杂的概念变得形象易懂。比如,在重难点截交线和相贯线讲解时,可以利用三维实体造型软件来简化教学。使用软件可以清晰地展示出立体形状、大小和位置,让学生能够更直观地感受到这些信息,激发他们的学习热情,从而更快地掌握课程内容。

(三)课后——拓展学习,巩固所学知识

课后阶段教师可以在教学平台发布拓展练习、考查等,用于检验学生学习内容掌握的情况,同时将相关的教学课件、视频、动画等资源上传至教学平台,可供学生反复观看学习。通过这种方式,学生不仅可以克服学习空间的局限,还可以及时理解课堂上没有掌握的知识,并在课后进行巩固和补充。因此通过混合式教学,不仅可以大大增强学生的机械制图学习能力,还可以更好地满足他们的学习需求,提高学习效果。

五、教学评价设计

随着科技的发展,传统的教学考核方式已经逐渐被替代,取而代之的是更加客观、具体的过程性考核,它可以更好地激发学生的学习热情,促进他们更好地完成课程目标。为了更好地评估课程的效果,我们设计了一个多元化的考核评价体系,它将线上和线下教学平台结合起来,强调以学生为中心,重视过程性考核(如图2),最终形成一个完整的考核评价体系。

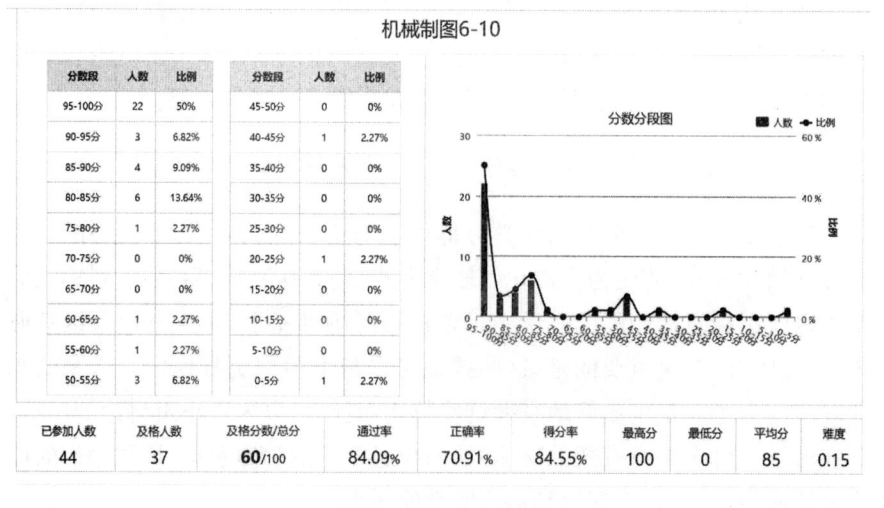

图 2 课后评价

六、反　　思

机械制图混合式教学是课程的发展趋势,数字化技术的应用为机械制图的教学改革注入了新的活力。通过机械制图课程混合式教学的初步尝试,可以看到混合式教学使学习不再局限于书籍和课堂教学,而是依据职业岗位标准建设的在线教学平台、三维教学软件和网络视频等多元化的学习资源,这样的学习方式具有反复性、延伸性、拓展性,激发了学生的学习积极性,并且能提升他们的学习兴趣与独立思考能力,从而显著地提升了机械制图的教学质量。

但在实施过程中,仍然面临一些问题。从教学方面来看,由于硬件、软件的影响导致线上教学的比例大大降低。另外,实施混合式教学需要付出大量的时间和精力来准备教学资源,部分教师仍倾向于传统的授课模式。从学生方面来看,由于混合式教学过程中需要电脑和手机,而个别同学做与学习无关的事情教师是很难察觉的,这就需要教师进一步思考如何提高学生的参与度,并且勇敢地尝试各种不同的教学模式,从而获得最佳的教学效果。

参考文献

[1] 李玲,李卉,于水琴.机械制图在线开放课程助力混合式教学的探索与实践[J].高教学刊,2019(11):13—16.

[2] 赖志欣.基于智慧教学平台雨课堂的混合式教学设计与应用研究[D].湖南大学,2018.

[3] 胡建生.机械制图[M].北京:机械工业出版社,2019.

基于1+X证书制度下的"岗课赛证"综合育人模式探讨

数控组 雍 玲

[摘 要]本文围绕基于1+X证书制度下的"岗课赛证"综合育人模式展开探讨,该模式将岗位实践、课程学习和竞赛活动相结合,全面培养学生的综合素质。通过分析该模式的实施效果和优势,研究者认为其能够提高学生的实践能力、创新能力和综合素质,更好地满足社会需求。

[关键词]1+X证书制度 岗课赛证 综合育人

一、引 言

随着经济的发展和社会的进步,我国教育事业取得了长足的发展。特别是在职业教育领域,1+X证书制度的实施,为人才培养提供了新的思路和方向。该模式通过将岗位实践、课程学习和竞赛活动有机结合,促进学生的全面发展与职业能力提升。本文旨在探讨该模式的实施路径以及在就业岗位上的充分应用,以期为构建创新型、应用型人才培养体系提供有益启示。

二、专业课程与比赛、考证有效融合的具体实践

(一)岗课融合

岗课融合是将企业实际工作任务、职业标准等内容融入课程教学内容,以培养学生的职业技能。[1]首先,企业实际工作任务通常包括了工作任务的具体内容、工作时间、工作要求和工作标准等。这些任务通常是从企业的实际运营中得出的,反映了企业的实际需求和工作标准。将这些任务引入课

程中,可以帮助学生了解企业的实际需求,并且有针对性地提升自己的职业技能。其次,职业标准是对从业人员在一定的知识、技能和素质要求等方面的规定,是教育、培训和认证工作的基础。职业标准的内容包括职业的技能水平、工作领域和工作任务等。在课程中引入职业标准,可以帮助学生了解该职业的基本要求和发展趋势,并按照职业标准的要求提升自己的技能水平。再次,岗课融合的方式可以多样化。一种常见的方式是将企业实际工作任务和职业标准的内容转化为课程的教学案例、实验和项目等,作为课程内容的补充。同时,也可以将企业的工作流程、操作规范和工作要求等融入课程中,让学生在学习过程中真实感受到企业的实际工作氛围和要求,更好地掌握职业技能。最后,岗课融合的目标是培养学生的职业技能。通过将企业实际工作任务和职业标准的内容引入课程,学生可以在学习过程中了解到企业的实际工作需求和标准,并针对这些需求和标准进行学习和实践。同时,学生还可以通过完成课程中的实验、项目和实践等方式,真实地体验到企业实际工作的过程和要求,从而更好地掌握职业技能。

(二)课赛融合

赛事活动是"岗课赛证"综合育人模式中重要的组成部分。这些活动包括各类竞赛和比赛,如技能竞赛、创新设计大赛等。比如"上海市星光计划大赛"中的"零部件测绘与CAD成图技术"赛事,对参赛选手能力要求非常全面,比如测量技术、机械制图知识、机械加工知识、机械基础知识、机械产品二维及三维软件操作技术。如何培养一批技术精湛的参赛选手?这就要将以上内容融入各个专业课程中,通过每门专业课由浅入深,循序渐进地将这些知识和技能传授给学生。同时,在日常教学中关注优秀学生的发展,将一批有潜力的优秀学生组织起来,形成梯队模式加以拔高强化训练,以确保他们充分了解比赛规则和评分标准,从而更好地应对比赛。课赛融合这一教学模式的优势体现在以下几方面。首先,比赛可以激发学生的兴趣和动力。比赛往往具有一定的奖励和荣誉,可以吸引学生的注意力,让他们更加积极地投入学习中。同时,比赛还可以让学生更好地了解自己的优势和不足,从而更加明确自己的学习目标。其次,比赛可以培养学生的创新能力和团队合作精神。在比赛中,学生需要运用所学知识进行分析、判断和解决实际问题的能力,这可以锻炼学生的创新能力。同时,比赛还需要学生与他人合作,共同完成任务或解决问题,这可以培养学生的团队合作精神。最后,课赛融合教学模式还可以促进教师教学水平的提高。为了更好地实施课赛融合教学模式,教师需要不断更新自己的知识和技能,学习新的教学方法和手段,这可以促进教师教学水平的提高。总之,课赛融合可以激发学生的学习兴趣和动力,培养学生的创新能力和团队合作精神,同时还可以促进教师教学水平的提高。[2]

(三)课证融合

课证融合是将职业资格证书的考试内容与课程内容相互融合,以帮助学生获得相应的职业资格证书。这一教学模式旨在培养学生的职业能力和职业素养,使其达到职业资格证书的考试标准,提高其就业竞争力。我校数控技术应用专业在探索"机械产品三维模型设计"考证与专业课"机械制图"和"机械产品三维模型辅助设计"如何有机融合的问题上作出了大胆尝试。首先,需要将职业资格证书的考试内容融入课程中。职业资格证书的考试内容通常包括职业素质、职业技能和工作经验等方面的要求,这些内容需要与课程内容相互融合,以帮助学生掌握必备的职业技能和知识。同时,这种融合还可以使课程内容更加贴近实际工作需求,提高其针对性和实用性。其次,课证融合需要采用符合职业资格证书考试的教学方法。这种教学方法通常包括情景模拟、任务驱动、案例分析等,课堂教学中通过这些方法可以帮助学生更好地理解和掌握职业资格证书的考试内容和要求。同时,这些方法还可以培养学生的职业技能和职业素养,提高其综合素质和竞争力。最后,课证融合需要为学生提供职业资格证书的考试支持和辅导。这包括为学生提供相关的考试信息和资料、组织模拟考试和面试等,以帮助学生熟悉考试流程和题型,减少考试失误和提高考试成绩。同时,教师还可以为学生提供针对性的指导和建议,以提高其应试能力和职业发展水平。[3]

(四)实施路径

实施路径是实现"岗课赛证"综合育人模式的关键环节,而校企合作和产教融合则是实施该模式的重要途径。我校通过与中望软件公司进行校企合作,共同制定人才培养方案和教学计划,将企业实际工作任务和职业标准的内容融入课程中。通过产教融合,学校可以与产业相结合,将课程内容与产业发展趋势和市场需求相衔接,使课程内容更加贴近实际工作需求。同时,产业还可以为学校提供技术支持和资源共享,帮助学校更新教学内容和改进教学方法,提高教学质量和效果。校企合作和产教融合还可以相互促进,共同推动"岗课赛证"综合育人模式的实现。例如,学校与企业合作为学生提供实习和就业机会的同时,也可以借助企业的资源和经验,提高教学质量和效果;而学校与产业结合更新教学内容和改进教学方法的同时,也可以为企业提供人才支持和智力保障,促进产业发展。总之,校企合作和产教融合是实现"岗课赛证"综合育人模式的重要途径,通过这些方式可以共同推动人才培养模式的改革和创新,培养更多高素质技能人才,为经济和社会发展作出贡献。

三、在就业岗位上的充分应用

(一) 提升就业竞争力

通过"岗课赛证"的综合培养,学生能够获得实际工作岗位所需的专业技能和素质,从而提升其在就业市场上的竞争力。在应聘过程中,拥有比赛经验、相关职业资格证书的学生往往具有更大的优势,更容易得到企业的青睐。

(二) 促进企业参与度提高

由于"岗课赛证"综合育人模式紧密结合企业和行业的需求,不仅能使教学内容更具针对性和实用性,同时也能吸引企业更深入地参与到人才培养过程中。这种模式下培养出的学生能够更好地满足企业的需求,提高企业参与的积极性和人才培养的质量。

(三) 推动职业教育改革

"岗课赛证"综合育人模式的实践为职业教育改革提供了新的思路和方法。该模式的成功应用为其他专业的职业教育改革提供了借鉴和参考,推动了职业教育的整体发展。通过比赛和考证的融合,学生不仅具备了扎实的专业知识和技能,还能够在比赛过程中培养创新意识和创业能力。这些能力将在学生未来的职业生涯中发挥重要作用,为他们的职业发展提供更多可能性。

四、结束语

基于1+X证书制度的"岗课赛证"综合育人模式为学生的综合素质培养提供了新的思路和途径。通过该模式,学生能够在实践中感知职场需求,在竞赛中展示才华,在课程中打牢基础。我们有理由相信,该模式将为培养具备创新精神与实践能力的优秀人才作出积极贡献,并推动高等教育与社会需求更好地对接。

参考文献

[1] 陆俊."1+X"证书制度下电商专业"岗课赛证"融合育人的实践研究[J].现代商贸工业,2023,44(15):50—52.

[2] 潘科峰,陈婷.赋能"1+X"证书,锻造"三融三驱"育人新模式实践探究[A].广东省教师继续教育学会.广东省教师继续教育学会教师发展论坛学术研讨会论文集(十二)[C].广东省教师继续教育学会,2023:531—536.

[3] 曾光."1+X"证书制度下"岗课赛证"融通的城市轨道交通通信信号专业实践教学模式探索[J].教育观察,2022,11(22):47—49+110.

浅谈数控专业"产教融合、工学交替"人才培养模式探索与实践

数控组　金之彧

[摘　要]产教融合是职业教育的基本办学模式,也是职业教育发展的本质要求。深化产教融合活动建设,可为我校其他专业提供可复制可推广的范例与建设经验,推动营造其他专业充分了解、积极支持、主动参与职业教育的良好氛围。

[关键词]产教融合　人才培养　数控专业　成果

一、"产教融合、工学交替"人才培养模式的指导思想

党的二十大报告指出:"统筹职业教育、高等教育、继续教育协同创新,推进职普融通、产教融合、科教融汇,优化职业教育类型定位。"我校数控专业开展工学交替、产教融合的实践活动,是教学计划安排的重要实践环节,是实施中职学校教学质量与教学改革工程的重要内容之一,是不断探索中职人才培养模式,把工学交替作为职业教育人才培养模式改革的重要切入点,带动专业调整与建设,引导课程设置、教学内容和教学方法改革的重大举措。

开展"产教融合、工学交替"实践活动就是利用企业和学校两种不同的教育环境和教育资源,利用课堂教学与学生参加实际工作相结合,培养学生的综合素质、创新能力、职业能力和就业竞争力。

二、"产教融合、工学交替"人才培养模式的目标

数控专业产教融合的主要目标是通过学习企业中生产、管理、质检、技术岗位职业能力、综合素质等方面的要求,学习企业先进文化及管理理念,

掌握数控车床、数控铣床、加工中心生产加工技术，让学生能掌握零件的生产工艺流程、零件组装调试、加工零件质量的检验等方面的综合知识与技能，提高学生的机械识图能力、动手能力、组织能力、沟通能力以及团队协作能力。同时，通过企业文化的熏陶和学习，让学生养成良好的职业素养和综合素质，提高学生的综合竞争力，促进了学校与企业零距离接轨，实现了资源互补。实施这种模式，企业变成"育人主体"的一部分，学校利用企业的专业设备资源对学生进行训练，不仅解决了学校专业设备条件的不足，而且解决了学生的专业实习问题，还能使学生掌握过硬的专业岗位技能，增强了学生对社会的认识，提高了职业学校培养人才的质量。

三、"产教融合、工学交替"人才培养模式的过程

采取"产教融合"的教学方式，以主要就业岗位的工作过程为教学主线，根据不同岗位分析构建课程体系，基于工作过程，重组教学内容，实施项目一体化教学，使理论教学与实践教学深度融合，全面提升学生职业岗位能力。

（一）体验企业文化

感受生产制造企业生产环境、技术环境、文化环境、管理环境。

（二）了解岗位要求及培养方式

企业岗位：组装电工岗位、组装钳工岗位、机加工岗位。

培养方式：学生分为A、B组，A组学生在校学习，B组进行校外实训基地各工种轮岗实训，以4周为一周期，A、B组交替进行。

（三）学习企业设备操作

了解企业各种先进加工设备，了解机电相关知识，学习掌握电火花线切割、组装钳工、数控车床、数控铣床、加工中心生产加工技术。

通过以上方式，学生应用所学的知识与技能开展实践活动，学习岗位需要的专业知识和技能。通过学习和体会，结合数控专业，进一步明确学生未来的发展目标，在职业能力、创新能力、综合素质、零距离就业等方面全面发展。

四、"产教融合、工学交替"人才培养模式的保障机制

产教融合、工学交替模式所涉及的政策性较强,对学生的教育与管理工作有一定的难度,为使这项工作得以正常开展,我们必须注意处理解决好有关的问题,建立起科学合理的运行和保障机制。

（一）积极争取政府的支持

开展产教融合工作,我们要积极争取政府重视与支持,在实践的基础上,要为政府提出建设性意见。提出符合实际的具体办法,以吸引更多企业积极支持职业学校进行工学结合、校企合作人才培养模式的实施。

（二）选择好合作的企业

实施产教融合,必须选择好有关的合作企业,得到一个需求稳定、实力雄厚的企业支持,才能确保工作的开展和实施。

选择合作企业时应该考虑：

1. 与学校专业设置有关的企业；
2. 安全度高、劳动强度不大的企业；
3. 效益较好、对人力资源的需求量大的企业；
4. 诚实守信的企业。

我们还可利用国家对职业教育支持的政策,开展学校与企业合作,共同建立起学生进行专业实习的基地,如果学校能结合专业与企业,在校内建立起自己的企业或生产的实体,定期请企业专业技术人员指导,更有利于开展产教融合、工学交替的人才培养模式的实施,效果将会更好。

（三）认真研究制定并落实好工学结合的教学计划

在学生培养过程中,学校要和企业共同讨论,共同制定教学计划,要保证学生接受理论与实践学习的总课时得到保证与落实。在制定教学计划时,应按照"文化知识够用,专业知识实用"和"以就业为导向,以技能为中心"的原则,分配好有关课程的教学和技能训练的时间,并且要认真处理好基础课程、专业课程学习与企业岗位课程学习的关系,学生基础能力培养与专业能力培养的关系,专业技能训练与行业岗位技能培养的关系。在制定工学结合的教学计划时,还要根据企业和学生的实际情况,采取灵活分段的

方法安排好教学和实习的时间,完成好教学任务;要有利于职业学校教育教学与企业需求结合,使职业学校实施产教融合的办学模式得以进一步创新和落实。

（四）建立相关的制度,加强管理工作

学校实施产教融合的办学模式,要严格遵守国家有关教育培训、劳动就业、生产安全等方面的法律法规,建立健全有利于实行产教融合、校企合作的管理制度和具体办法,确保工作有章可循,顺利进行。

1. 安全制度:在学生进入企业工作岗位前,学校和企业要安排对学生的安全教育,帮助学生熟悉工作防护设施,对学生进行劳动纪律、生产安全、自救自护和心理健康等方面的教育,提高学生的自我保护能力和自我保护意识,避免学生在生产过程中受到身心伤害,杜绝安全事故的发生。

2. 教师管理制度:学校组织开展"工学结合"活动,必须要安排专职教师对学生进行全程管理和服务,一方面是沟通、协调学生在实习中与企业的联系;另一方面是帮助学生解决好实习中所遇到的困难和问题;再就是配合企业开展对学生的教育教学工作,做到工作与学习同步、教学与生产同步、学校管理与企业管理同步。

3. 校企共同参与的综合考核评价系统:在产教融合中对学生的考评应坚持以企业为主,学校为辅,考核指标包括遵章守纪、爱护财产、尊重师傅、文明礼貌和熟悉岗位等常规要求,具体由企业指导老师确定,专题报告及实习总结等内容则由带队老师确定。

五、"产教融合、工学交替"人才培养模式的成果

（一）形成"校企双赢"的合作机制

聘请多位行业专家作为学校专业建设委员会成员,聘请企业专业人才充实兼职教师队伍,选派学校骨干教师、"双师型"教师到企业学习锻炼,提升实践能力,形成学校、企业、学生"三方共赢"的校企合作机制。

（二）感受企业文化和企业态度

在产教融合、工学交替活动中,学生深感企业对细节的重要性。任何一个尺寸精度不合格都会造成次品或者产品不合格,需要返工或者报废。在

实践过程中,企业产品处有两个盒子——合格品、不合格品,企业师傅每天、每个星期、每个月都会进行总结。而我们的学生对于精度并没有很深的概念,完成了就结束了。这让老师深刻体会到:在今后的教学中,不仅要教会学生知识技能,更要加强对学生的职业素养的教育。

(三)利于学校专业特色建设

根据企业的实际情况,由企业项目引出相关知识点和技能点,教学过程以项目为主线编排课程内容。从任务的收集到整理,从分类到归纳分析总结,形成了"任务引领,做学一体"项目式教学,后期根据企业提供的项目,编制相关活页式教材,体现了职业教育的特色,同时利用任务拓展环节,实施分层教学,适合中职学生的认知规律。几年来,学校为合作企业输送了大量优秀人才,"工学交替、产教融合"取得了良好的合作成果,有助于学校专业特色建设。

(四)促进"双师型"教学团队建设

实施"产教融合、工学交替"人才培养模式,教学活动范围扩大,将教师从理论教学的课堂中解放出来,教师融入企业生产过程,与企业技师交流搭建了平台,教师在企业中锻炼增加了专业实践能力,这样不仅可以提高学生的专业知识,同时也可以改善教师的队伍结构,对学校的发展大有益处。

六、结束语

学校"产教融合、工学交替"人才培养始终贯彻"知行合一,技能见长,以人为本,和谐发展"办学理念。学校对合作共建给予充分关注,携手各方通力合作,深化数控技术教育,拓宽学生就业方向,企业不断尝试为培训项目注入新内容,扎实推进,先行先试不断优化,提升学生职业技能,助力学生专业道路发展,在学生技能培训基础上不断与企业深化合作,期待通过多方支持和努力,促进职业教育发展。

参考文献

[1] 蒋敬.中等职业学校数控专业多元一体化教学模式的探索[J].教育教学论坛,2004.
[2] 丁宗胜.高职教育模式若干问题探索[J].无锡商业职业技术学院学报,2009(3).
[3] 聂伟,等."工学交替"概念研究综述[J].职业技术教育,2009(10).

职业教育的实践与创新
——机电技术专业案例研究

汽车组　陈　平

[摘　要]随着国家对职业教育的重视,以及近年来职业教育的稳步发展,现代学徒制教学作为当前各职业院校试点的模式之一,在职业教育体系中的地位越来越重要,本文基于现代学徒制人才培养特色,以中职学校机电专业现代学徒制人才培养为出发点,结合专业人才培养目标和企业需求,在教学团队、专业课程、教学模式等方面进行实践与探索,形成校企双主体合作育人模式,进而培养出更多适应社会需求的优秀机电类应用型人才。

[关键词]现代学徒制　机电专业　人才培养

一、背　　景

现代学徒制的理念虽然已经在我国各职业学校得到广泛认可,但是真正要推进现代学徒制的发展依然有很长的路要走,也不可避免地要克服各种困难。[1]在英国,学徒的培养主要依赖于企业,有政府及企业的大力支持,而我国国情不同,比如:我国的学生不是企业员工,学生在实习过程中若产生意外,学校需要承担何种责任？聘用与选拔企业带教师傅,如何保证企业可以做好师傅带教这一关？如何把教学任务带进工作场所,完成教学目标？如何对学生的学习效果进行评价？[2]这些都需要作出一定的研究和探索,同时对于学校和专业的分析提出了要求,在这个要求的基础上通过学习成功的案例,掌握和增加好的经验及方法,针对不同学校不同专业制定不同的方案,结合实际的情况推行现代学徒制模式,从而促进校企双主体合作育人,实现高科技背景下的人才培养。上海市持续大力推进现代学徒制培养模式,2023年4月28日,上海市奉贤中等专业学校机电一体化技术专业(简称机电专业)成功立项市级现代学徒制试点项目,现以奉贤中等专业学校机电专业为例,对现代学徒制模式在中职机电专业育人模式中的应用进行有益探索,为试点项目的发展打下良好基础,进而培养出更多适应社会需求的优秀机电类应用型人才。

二、现代学徒制模式在中职机电专业育人模式中的实践与探索

(一)现代学徒制模式实践的前期工作

现代学徒制模式在专业中的应用主要是发挥校企合作的作用,完成学校和企业双重人才培养的过程,[3]对于机电专业而言,专业课程有较强的实践性要求,这不能单纯依靠理论教学来完成,而要借助于企业的重要作用,将实践作为理论的支撑,有机结合在一起,更有利于课程教学的展开、有利于教学目标的实现、有利于学生的职业规划。

1. 合作组建现代学徒制班级

学生是教学的主体,现代学徒制的人才培养方向具有确定性,学徒从入学开始就接受企业的管理模式及企业的文化,以适应企业岗位的需求,为后期在企业参与实践和实习打下一定的基础,同时,也为企业后续的人才提供了储备,提高了用人的效率,也稳定了人才库,减少人才的流失,从而提高企业的积极性。学校和企业依据政策要求,本着共建、共育、共享的宗旨,积极投入学徒制班的组建:一是招生宣传,在学生第一学年新生入学时就介入,学校和企业共同为学生与家长介绍学徒制班的情况、企业的情况,实现招生即招工;二是报名组班,在自愿的基础上,经企业选拔,与学生和家长确认后,签订三方协议;三是举行建班仪式。经过这个完整的组班过程,完成了学校、企业和家长之间的沟通,建立起学徒制的初步纽带,在这个基础上,整个教学过程中三方共同发挥作用,为学徒制的开展提供保障。

2. 合作组建现代学徒制教学团队

为确保人才培养的质量,学校与企业共同打造一支由专兼结合、校企互聘互用的"双师型"教学团队(见图1),团队中的专任教师不仅是老师,更是具有一定企业经历和实践经验的教师,教师是经过培训的或者有企业工作经历的教师,而企业方面是通过选拔挑出的具有丰富经验的师傅,双方建立起联合的育人机制,在原有的基础上共同参与人才培养,如制定教学内容、教学实施、教学改进与诊断、教学优化。共同开展教学任务对于机电专业而

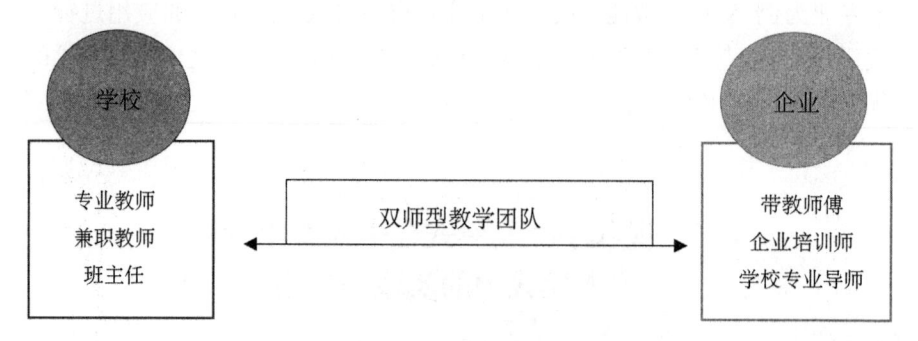

```
┌─────────┐                              ┌─────────┐
│  学校   │                              │  企业   │
└────┬────┘                              └────┬────┘
┌─────────┐                              ┌─────────┐
│专业教师 │                              │带教师傅 │
│兼职教师 │◄────── 双师型教学团队 ──────►│企业培训师│
│班主任   │                              │学校专业导师│
└─────────┘                              └─────────┘
```

图1 双师型教学团队

言非常重要,专业的课程需要打磨,安排理论和实践的协调与统一,包括自动线的安装与调试、电气线路的连接与检测、机电一体化的设备组装与调试、可编程控制等课程,经过校企合作工作室的共同培养与教学、内容优化与整改,学习效果将更明显和有针对性。同时从育人的整体和长远来说,学校的专业教师、兼职教师、班主任以及企业的带教师傅、企业培训师共同构建教学团队,充分体现校企合作育人的理念。

现代学徒制的"双师型"教学团队不仅仅是原有的"学校教师+企业教师"的组合,而是教学团队的成员都要扮演"教师和师傅"的双重角色。因此在培养过程中,教学团队能力提升包括:以国家对职业教育的政策为指南,对教学团队的每个成员进行培训,同时保证培训的效果能体现在课程的实施和教学的开展中;为教师和师傅提供尽可能多的机会参加教学能力提升及专业技能提升的学习和进修,从教育和教学方法上增强育人能力;开展校企教师之间交叉学习,即专业教师下企业,进行企业实践与教学,与师傅完成共同的教学任务和教学工作;同时企业师傅也可以到校来参与教学,两者交叉学习后达到一致,确定和掌握正确教学的方法及改进教学内容。

(二)现代学徒制在中职机电专业的具体实施

机电一体化技术专业是机械和电气工程的结合,旨在培养适用于本专业的应用型、复合型和技术型人才。通过调研,上海市奉贤中等专业学校机电一体化技术专业的中职学生所从事的职业岗位有三个类别和三个层次(如图2所示),三个类别是:生产类、技术类和销售服务类;三个层次是:主管级(生产、技术、项目经理)、技术级(生产主管、技术工程师、销售/服务工程师)及助级(设备操作工、产品制造工、产品装配工、产品设计员、系统调试员、设备维护员、售前服务员、售后服务员)。

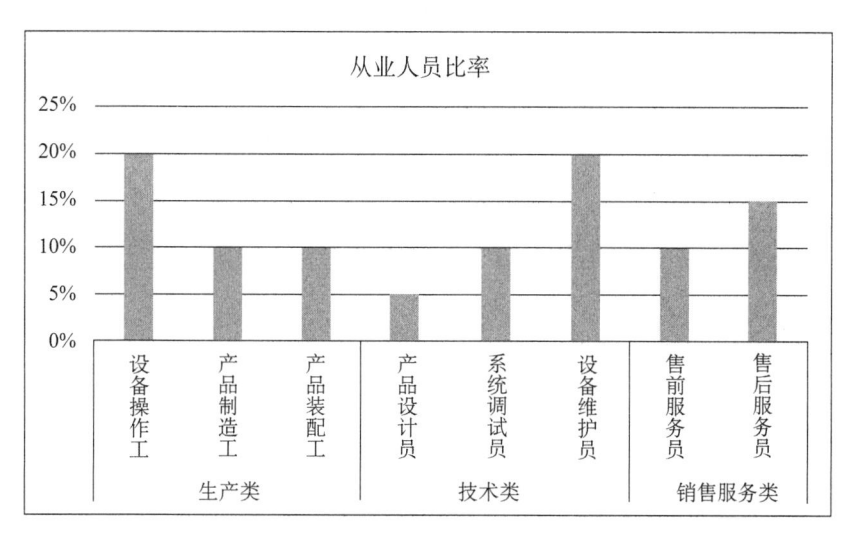

图 2　机电一体化技术岗位分类和人才占比

1. 通过分段培养模式合作育人

学徒培养在中国要适应中国的国情,不能完全照搬国外的模式,基于此,可将教学过程依据培养过程分为三个阶段(如表 1 所示),既保证教学的完整与充分,同时也最大化发挥学徒制的内涵,从而体现分阶段培养措施和目标。

第一学年为第一阶段,以学校基础课及专业基础课的学习为主,并让学生进行企业认知实习。学徒在学习公共基础课和专业基础课的同时,去企业完成最基本的企业认知实习,包括参观、聆听、了解企业发展及企业文化,公司培训师开设企业基础课程,初步了解专业定位、岗位性质和公司文化,为融入企业做好准备。

第二阶段是第二学年,在完成一定学校教学课程的基础上交替下企业进行实习。学徒在第二学年的第一学期前 15 周继续学习公共基础课程和专业基础课程,后 4 周到公司进行新人培训,在那里接受专业技能培训和拜师随岗实习;第二学年的第二学期实施 9 周在学校学习专业课程和企业课程,8 周赴企业接受师傅带教形式的轮岗培训,了解企业各项规章制度,熟悉掌握岗位技能要求。

第三阶段为第三学年,学徒到企业随师傅进入顶岗实习阶段。此阶段学生将全程以学徒的身份在企业工作。经过近三年的校企共同培养,学徒在岗位上应能具备胜任工作的能力,同时学徒的个人素质得到提高,表现在团队合作能力、解决问题的能力等综合素养上。三年培训期满,公司根据学徒的综合能力和工作表现定岗,签订工作合同(无试用期)。

表 1 学徒制应用——校企合作分段教学模式

第三学年 (18+16)	18周企业培训		16周企业培训	
第二学年 (19+17)	15周学校学习	4周企业培训	9周学校学习	8周企业培训
第一学年 (17+18)	17周学校学习(含企业认知)		18周学校学习	
	第一学期		第二学期	

在整个三年期间,学校和企业都将为学徒充分提供技能提升和职业发展的平台和空间,例如专业社团、各级各类技能大赛、专利申请、技术革新、创新创业大赛、学历提升等,不断从多方面多角度提高学徒的职业综合素养。

2. 注重关键过程实现合作育人

学校与企业的共同合作,围绕人才培养方案,坚守共同的育人目标,合作开发合适的实践性教材与实习指导手册,共同研制教学实施方案,合作完成学生的学习评价,并定期进行教研活动,完成教学反馈及研究。整个过程将实现校企深度对接,注重关键过程,创新人才培养,形成具有鲜明特色的培养模式。

利用由校企共同创建的校内实验实训室和上海市职业院校相关开放实训中心等实训教学场所,为学徒创造更好的实践环境和动手机会;条件允许可由企业在校内建设企业实验场地和设备,使学徒身临其境在校学习企业课程;企业通过其实际条件为学徒量身定制培训任务,在学徒企业培训板块期间派遣优秀的培训师授课、指导,实施轮岗培训和师傅带教。学徒培养关键过程见图 3。

3. 保证培训流程实现合作育人

学徒的本质是培养企业需要的技能型人才,尤其是现在在科技与创新的大背景下,高技能高技术的人才是企业需要的。这对学徒在企业的培训提出了更高的要求和更好的适应性,也对培训的流程和内容作出了更明确的细化,在各项制度保障下,学校与企业根据学徒成长规律和工作岗位的实际需要提出了如表 2 所示实施主要流程与内容。

内容/环节 责任方	学徒班确定	教学前期准备	教学过程实施	管理与监控	发展途径
企业	签定合作协议	企业师傅遴选	制订学徒管理制度	教学过程监控	企业技能大赛
企业	宣讲介绍	企业实习内容确定	师傅考核办法	企业培训监控	企业操作比武
学校	自愿报名	企业课程内容商定	培训形式与目标	校企例会	考证
学校	学徒面试录用	轮岗培训岗位确定	学生培训记录	评价反馈	技能大赛
学校	岗位确认	制定人才培养方案	学生考核评价		
学校		组建教学团队	优化管理制度		
学校			教学实施		
工作小组	签订三方协议	人才培养方案审核	教学管理文件审核	考核与监督	总结
工作小组			评价		

图 3 学徒制培养的关键过程

表 2 企业培训实施流程与内容

流程	计划内容
岗位分析	岗位职责、任职条件、职业道德、技术含量
安全因素	劳动强度、安全风险、职业危害、工作班次
带教要求	师资配备、带教周期、带教内容、重点难点
考核评价	考核内容、考核方法、考核标准、评价主体
提升发展	岗位转换、关键岗位、内部晋升、职业规划

4.完善专业课程实现合作育人

James G. Henderson 和 Kathleen R. Kesson 说,"Curriculum"可以理解为"学习的进程"(course of study)或"学习者学习的路线"。[4]现代学徒制人才培养方案以机电专业人才培养方案为基础,机电与相关的专业课程如表3所示,并在此基础上根据企业的岗位需求,为学生即学徒定制符合要求的专业知识和技能,对工作任务和职业能力分析进行补充,增加企业课程、企业文化及管理体系等。在人才培养方案基础上,对原有机电专业课程进行了调整,将企业需求融入课程体系和教学安排中,从而培养学徒在系统掌握机电专业知识和技能的基础上,使课程和其他专业课程合理分布于不同学期,使学徒的能力和素养不断提升。通过制定和实施企业师傅带教计划、企业讲师授课计划等,更好地将学徒工培养为符合企业岗位要求的生产技术骨干。

表3 机电专业课程主要内容

序号	专业核心课程	主要内容	企业所需的能力
1	电机拖动与控制	变压器的特性测试、三相异步电动机的安装与调试、特性测试及系统调试、直流电动机的特性测试和控制调试	能装接变压器并进行测试,能装接电机并测试,能非常熟练检查各类电机的故障并排除,能非常熟练检查常见机床电气控制线路的故障并排除,能进行典型生产设备的电气控制电路及故障分析排除。
2	可编程控制器应用	PLC基本概念、PLC经验编程法、PLC基本指令系统、控制功能指令、PLC的状态编程法	能用梯形图编写简单的控制程序,能进行PLC的硬件连线,能熟练使用编程软件
3	自动线安装与调试	自动线供料单元安装与调试、加工单元安装与调试、装配单元安装与调试、分拣元及搬运单元的安装与调试以及系统联调	能分析自动线各单元的工作流程,完成各单元硬件的安装与调试,能编写PLC控制程序,实现系统的控制与运行
4	机电一体化系统集成	电气柜系统设计与安装、运动控制、触摸屏人机界面设计与应用、通信技术、创新工程项目综合实训	能安装电气系统设计,能正确选择和正确应用电气元器件及工量具,会使用相关软件编程,会综合应用步进驱动技术、伺服驱动技术、变频器技术、触摸屏技术、PLC控制技术、网络通信技术构建机电一体化系统集成项目,具有构建创新工程的初步能力

专业课程教学实施还需要建立完善的考核评价制度,由学校和企业的教学团队、教务科、企业人事部门共同制定教学过程的学徒工考核办法,包括课程学习的考核办法和企业培训与实习考核及综合素养评价等标准,对学徒实施全面考核,确保学徒制学生在企业实习有计划、有实施、有评价、有反馈。

三、结语与展望

根据现代学徒制的培养要求,学徒学成不仅应该具备一定的理论知识,更要具备娴熟的技能,这就需要学校及时获取人才培养客观的、及时的情况资料,才能及时调整措施、完善制度、优化过程,从而促进人才培养质量的保障。学校正是从现代学徒制的培养目标出发,借鉴了全面教学质量保证、精品特色专业建设等多项教育评估指标体系中的内容,形成了校企深度合作、教育教学改革、教学团队构建、实践基地建设、考核内容确定等的标准和依据。校企合作育人为专业课程的教学带来了高效的教学效果,从招生即招工、合作制定人才培养方案到完成学生组班和教师组队、完善管理制度和考核机制、共同搭建起学徒制在专业课程中的应用体系,形成了校企双主体协同育人机制。对本届机电专业现代学徒制试点实践与探索,为后续的人才培养奠定了良好的基础。

参考文献

[1] 翟海魂.发达国家职业技术教育历史演进[M].上海:上海教育出版社,2008.

[2] 赵志群,陈俊兰.现代学徒制建设——现代职业教育制度的重要补充[J].北京社会科学,2014(01):28—32.

[3] 雷沪,李万锦.现代学徒制中知识技能转移路径及其影响因素——基于职业院校离散式顶岗实习的实践[J].职教论坛,2015(06):83—86.

[4] Kesson K. R. ,Henderson J. G. *Reconceptualizing Professional Development for Curriculum Leadership: Inspired by John Dewey and informed by Alain Badiou* [M]. Wiley-Blackwell,2010.

中职平面产品设计课程与创新创业大赛的融合尝试

平面组　周一冰

[摘　要]现阶段,随着社会发展与经济变化的加速,创新和创业能力已成为就业市场的重要需求。通过将平面产品设计课程与创新创业大赛融合,学生可以在学习过程中得到更多的实践机会和锻炼,从而提升学生产品设计方面的专业能力和竞争力。在此背景下,提出了学生产品设计存在问题,针对该问题给出了相应的解决对策,以"助农产品设计与直播"项目为例,将中职平面产品设计课程与创新创业大赛有机地结合起来,通过大赛的形式激发创业团队的创造力和竞争意识,培养创业团队的实践能力和团队协作能力,通过这样的融合尝试,创业团队的参与度与积极性得到了明显提升,这种融合不仅加强了创业团队在理论与实践之间的联系,还培养了创业团队的团队合作精神和市场意识。

[关键词]中职　平面产品设计课程　创新创业

一、前　言

中职校的平面产品设计课程是平面设计专业一项重点综合课程。传统的教学是教师在机房授课,学生按照老师给的相应的任务书,按照步骤完成项目作品,作品的形式大多是临摹的项目样张,缺乏创新创意思维去设计平面产品。所以教师尝试将平面产品设计课程与创新创业大赛融合,中职平面产品设计课程结合模拟实践项目,每个小组可以设置一个虚拟的公司或品牌,要求学生在团队中参与产品的全过程设计和商业化运作。学生可以在这样的模拟实践学习过程中得到更多的实践机会和锻炼,从而提升学生产品设计方面的专业能力和竞争力。

二、学生产品设计存在的基本问题

(一)缺乏市场意识

缺乏市场意识可能导致学生设计的产品与实际市场需求和趋势脱节,无法满足消费者的期望。创新创业思维不足则会限制学生的设计能力,导致产品缺乏独特性和竞争力。此外,缺乏市场意识可能使学生忽视与市场运作相关的因素,如成本、推广和利润。这些问题都影响着学生设计的产品在市场中的表现和成功。

(二)创新思维不足

学生缺乏创新思维可能表现为过于依赖传统的设计模式和解决方案,缺乏独立思考和突破传统的勇气。可能没有尝试探索新的设计理念和方法,导致设计出的产品与市场上其他产品相似或缺乏独特性。这样的创新思维不足可能限制了产品的创意和吸引力。

(三)缺乏商业思维

在产品设计过程中,学生可能忽视了商业化运作的考虑,无法将产品设计与商业成功相结合。学生可能没有考虑到产品的成本控制、市场推广以及利润的回报等商业因素,在产品设计中未能平衡设计的创意性和商业可行性。这种缺乏商业思维的问题可能导致产品在市场上难以获得成功和持续发展。

三、针对学生产品设计问题的解决对策

(一)引导学生关注行业案例,培养学生市场洞察力

在中职平面产品设计课程中,可以引导学生关注行业案例,包括成功的产品设计和市场推广策略。[1]通过分析这些案例,学生可以了解不同行业的市场趋势、消费者需求以及竞争对手的策略。

首先,教师可以选择一些与课程内容相关的经典案例进行讲解。通过

详细分析这些案例，学生可以了解产品设计背后的故事、设计者的思考过程以及成功的市场营销策略。同时，学生还能够了解不同行业中的创新和突破，领悟市场需求和消费者趋势。

其次，组织学生参观行业展览和企业参观也是提升学生市场洞察力的重要环节。通过亲身体验，学生能够感受到真实的市场环境和最新的设计潮流。学生可以近距离观察各类产品，了解不同品牌之间的比较和竞争情况。此外，参观企业还能让学生了解企业的运作方式、市场战略和产品生产流程，进一步加深对市场的理解。

最后，教师还可以安排学生进行市场调研，要求学生深入了解目标用户的需求和偏好，并分析该行业的市场趋势。借助互联网和社交媒体等资源，学生可以获取丰富的数据和信息，为产品设计提供基础。通过实际调研和数据分析，学生能够更准确地把握市场需求。

综合中职平面产品设计课程和创新创业大赛，学生能拓宽自己的视野，了解不同产品的市场潜力和竞争情况，在参与创新创业大赛的过程中，将接触到较为真实的创业环境，了解创业的挑战和机遇，集成符合市场的特色产品与产品设计项目，激发产品设计的新潜力，通过电商带动产品销售，提升自身见闻。

（二）激发学生创意思维，勇于尝试新颖设计理念

创新思维是中职平面产品设计课程中非常重要的一部分。为激发学生的创意思维，可以采用多种方式。

例如在课程中加入项目学习，班级分为若干小组，以小组的形式进行项目化学习，为学生们提供一个自由、鼓励创新思维的环境。在课堂上，可以引导学生进行头脑风暴和创意思考，鼓励学生勇于表达新颖的设计理念和解决方案。[2]通过这种方式，学生将有机会锻炼自身的创意思维，并深入了解如何将其转化为实际的设计作品。

除此之外，学生可以通过网络收集自己喜爱的创意作品，与教师一起进行互动和讨论。这将帮助学生拓宽视野，了解不同领域的创新实践和设计范例，并从中获取灵感和启发，设计出与小组项目主题相关的设计产品。

同时，教师可以充当导师的角色，在学生的项目中提供指导和建议。通过与学生的面对面交流，教师可以促进学生的创新思维，引导学生思考如何设计独特的产品，并关注产品的实用性，鼓励学生在项目中进行创新实践。学生可以选择自己感兴趣的主题挑战，并通过实际的设计项目来实践创新思维，这种实践过程可以培养学生解决问题的能力。

以助农产品设计"奉贤黄桃"项目为例,可以引导学生运用创意思维来设计品牌 logo 和 IP 形象,使其能够突出强烈的地域特色,通过创新思维,学生可以设计各类黄桃食品包装,如黄桃果酱、黄桃干等,产品包装设计突出黄桃的口感和营养价值。同时,学生也可提供更多基于黄桃元素的周边产品设计,如黄桃茶具、黄桃花瓶等。运用创意思维和创新技巧,学生可以设计出与黄桃相关的周边产品,并考虑如何突出地域特色和文化元素,综合中职平面产品设计课程与创新创业大赛的融合尝试,有助于培养学生自身的创新能力与专业竞争力。

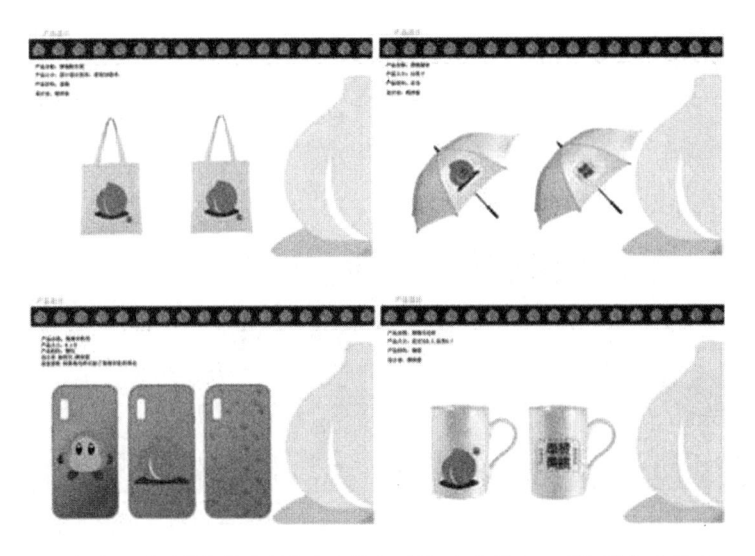

助农产品设计"奉贤黄桃"项目学生设计的原创 logo、IP 形象及产品

(三) 通过模拟实践项目,让学生亲临商业运作过程

为培养学生的商业思维和实践能力,中职平面产品设计课程可以结合模拟实践项目。一种有效的方法是设置一个虚拟的公司或品牌,要求学生在团队中参与产品的全过程设计和商业化运作。在这个模拟实践项目中,学生可以分工合作,负责不同的任务和环节。

例如,学生可以进行市场调研和竞争分析,深入了解目标用户、市场需求、竞争对手等因素。这些分析结果将有助于学生制定设计方案,并确保产品能够满足市场需求。[3]按照设计方案,在产品设计过程中,学生可以运用在课堂上学到的技能和知识,设计出具有创意和独特性的产品。学生可以使用专业相关软件进行产品原型制作和设计效果展示,以增强观赏性和吸引力,同时加强小组设计作品评价环节,不断优化产品设计。

除了产品设计,学生还要考虑如何推广和销售设计的产品。在模拟项目中,学生可以制定市场推广计划,包括制作宣传材料、策划营销活动和利用社交媒体进行推广。学生需要思考如何吸引消费者的注意并提高产品的知名度和认可度。品牌建设作为商业化运作中的重要环节,学生可以设计品牌标识、包装设计和品牌产品,打造独特的品牌形象和价值观。对于中职平面产品设计课程来说,强调学生在品牌策略和建设中的角色,可以让学生参与一个自创品牌产品设计的全过程。

在品牌呈现过程中,学生使用专业设计软件来制作品牌产品的原型,并通过可视化展示来展现产品设计的立体效果,利用平面设计、色彩运用和版式设计等技巧,为实践项目的呈现赋予更好的视觉吸引力,并通过教师评价和小组互评来不断改进和优化产品设计,从而进一步完善品牌产品设计的呈现。培养学生在品牌设计与商业化运作方面的能力,提升平面产品设计思维能力。

助农产品设计与直播项目在2023年"互联网＋"大赛校级决赛比赛现场

四、结　　语

综上所述,中职平面产品设计课程与创新创业大赛的融合尝试是一种有益的探索。这样的融合能够通过大赛形式激发学生的创造力和竞争意识,培养他们的实践能力和团队协作能力。学生在这样的融合实践中,能够获得更多的实践机会和锻炼,提升在产品设计方面的专业能力和竞争力。通过这种融合尝试,创业团队的参与度和积极性得到了明显的提升。学生不仅能够将课堂学习的知识与技能应用到实际的创业项目中,还能够借助创新创业大赛的舞台展示自己的创意和设计能力,进一步激发潜力,不断提升自己的设计水平和商业意识。这种融合尝试也有助于加强理论与实践之间的联系,为学生提供更贴近实际的学习体验。学生在参与创新创业大赛的过程中,能够深入了解创业团队在商业运作中所面临的挑战和决策,并学习如何综合考虑商业因素进行产品设计与推广,这样的实践经验将对学生未来的职业发展具有极为重要的积极影响。

参考文献

[1] 刘姚,阳桂芳,阳光,张金云,宋杰,吴世军."岗课赛创融合、德智技育兼修"的"沉浸式"教学范式——以"农旅产品开发"课程为例[J].新课程教学:电子版,2023(3):170—171.

[2] 成寓寓.文化自信视域下高职文创产品设计课程思政融入与创新研究[J].中国民族博览,2023(1):141—143.

[3] 杨静.创新创业视角下民族特色产品造型设计教学实践[J].西部皮革,2023,45(5):73—75.

中职特教学生在高星级饭店运营与管理专业实践活动中的探索

酒店组　黄煜棋

[摘　要]2021年12月国务院发布了《"十四五"特殊教育发展提升行动计划》(以下简称"十四五行动计划"),为新时期特殊教育指明了方向,重点之一就是推动职业教育和特殊教育融合。中职特教班是推进职业教育和特殊教育融合的重要载体,但目前中职学校已开设的专业(如"中餐烹饪")不足以满足不同残疾层次特殊学生的需求,因此结合高星级饭店运营与管理专业茶饮类岗位认知实践活动,可以培养适合此类学生的多样化职业技能,有利于更好地实现"育人为本、尊重差异、促进融合、支持就业"的培养目标。

[关键词]职业教育　高星级饭店运营与管理专业　中职特教学生　实践活动

一、研究背景

随着健康养生意识的增强、人均可支配收入的提高以及消费理念的提升,人们对茶叶、咖啡的接受度不断提高,带动了茶饮类行业的快速发展。2023年,中国现制咖啡市场规模突破1600亿元,达到1623.5亿元,增长极为明显;预计到2025年,中国现制咖啡市场规模将突破2200亿元。

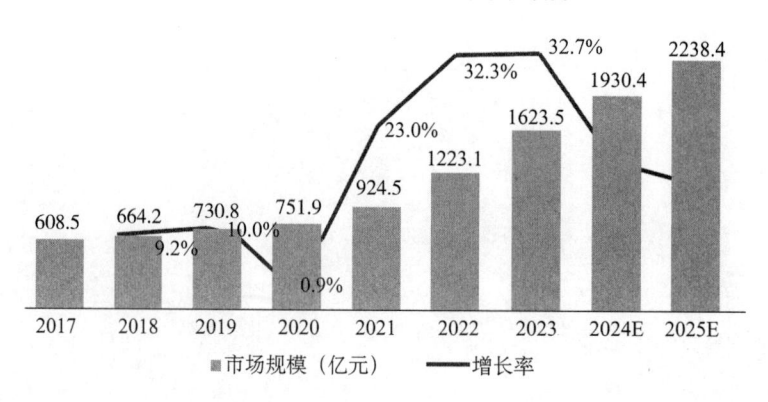

2017—2025年中国现制咖啡市场规模及预测

年份	市场规模(亿元)	增长率
2017	608.5	
2018	664.2	9.2%
2019	730.8	10.0%
2020	751.9	0.9%
2021	924.5	23.0%
2022	1223.1	32.3%
2023	1623.5	32.7%
2024E	1930.4	
2025E	2238.4	

2023年，中国咖啡企业成立数量高达 3.9 万家，接近 4 万家，这一数据是 2022 年的 1.8 倍，创下了新纪录。

2015—2023年中国咖啡企业成立数量（家）

茶饮类岗位属于餐饮服务，目前在国家人社部发布的 2023 年四季度全国"最缺工"的 100 个职业排行榜中餐厅服务员位列第四。茶饮服务员培养以院校和社会培训为主，培训质量良莠不齐，以考证为目的，缺乏相应的职业能力，忽略职业素养的培养。除此之外，上海市不少区县残联把咖啡制作作为阳光之家活动之一。

二、研究目标

中职特教学生在高星级饭店运营与管理专业实践活动中的探索，以茶饮类岗位认知为例，围绕"职业要求—典型任务—活动模式—个性化评价"等关键要素，探索职业指导的新思路。依托职业教育优势专业探索职业教育与特殊教育融合的新实践，实现资源的有效整合，有效拓展融合教育的深度和广度。

三、研究内容

（一）岗位认知实践活动内涵分析

岗位认知实践活动是一种深入实际工作环境，全面了解和认知特定岗位工作内容的实践活动。它能够将学生在校所学的理论知识与实际工作相结合,帮助学生加深对专业知识的理解与掌握,并提升他们的实践能力。通过实践,学生可以亲身体验岗位的工作职责和要求,培养职业素养和责任心,为未来的职业发展奠定坚实基础。同时,岗位认知实践活动也是了解行业发展和就业前景的重要途径。学生可以通过实践接触行业的最新动态,了解不同岗位的职业发展路径,从而更好地规划自己的职业方向。此外,这种实践活动还是一种有效的学习方式,学生可以通过观察、模仿和实践来积累经验,提升自己的技能水平。所以,岗位认知实践活动具有丰富的内涵,对学生来说是一次宝贵的学习机会。

(二)开展高星级饭店运营与管理专业茶饮类岗位认知实践活动

"认知能力差、习得能力弱、精细动作不完善"是中职特教学生的外显特点,复杂的技能学不会,精细的技能学不好。

结合我校高星级饭店运营与管理专业特点,已有餐饮、调酒、会务服务、茶艺等课程的实训室,茶饮类岗位服务中的对客接待、言语沟通、咖啡制作、茶饮制作等较适合中职特教学生的发展。通过从知识、技能到情感、态度、价值观层面的充分参与,中职特教学生可以多角度对更多不同的职业生活进行了解分析,进而可以联系自己的兴趣爱好、能力特长、性格体力情况,去思考融入社会、实现就业的可能路径。

(三)高星级饭店运营与管理专业茶饮类岗位认知实践活动实施策略研究

创设贴近企业真实职业场所的学习情境,以德国职业教育行动导向教学方法为指导,根据实践活动的内容和形式采用不同的教学方法,如角色扮演法、任务引领法等。

此外,高星级饭店运营与管理专业茶饮类岗位认知实践活动是融合教育的有机组成部分,是促进特殊学生和普通学生融合的重要载体。因此,想方设法创设不同的情境,来促进特殊学生和普通学生共同学习,实现互帮、互助、互学、互动,形成良好的学习氛围。

四、主要任务

依托学校高星级饭店运营与管理专业"职业能力为本位"的专业课程体系和实训基地沉浸式教学特色,重点对茶(类)饮料调饮、咖啡制作等职业岗位实践活动进行研究探索。主要借鉴国家茶（类）饮料调饮师和咖啡师两种职业和相应的资格标准，一方面基于特教学生的特点对典型工作任务进行简化，设计不同层次的岗位实践活动方案，如咖啡制作员、茶品制作员、迎宾员、点餐员、出餐员及保洁员等，开发活动课程及相关资源；另一方面对特教学生进行基本能力测试，进行分类分层训练，同时开展学生生涯规划和职业指导，推动特教学生认识更多的职业岗位，创造更多的就业机会。

五、主要成果

改革教育评价方式，才能促进学生全面、个性化发展。我们围绕落实立德树人根本任务，以社会主义核心价值观、特殊学生身心成长规律为依据，结合学生职业能力和职业资格标准选取了四个维度进行评价：语言能力、沟通能力、操作能力和服务意识。从优秀5、良好4、一般3、合格2、不合格1五个等级进行测评。中职特教学生在经过一学年的培养后都得到了不同程度的提升，在与高星级饭店运营与管理专业的同学们共同实践活动中，他们感到快乐、放松，这也大大增强了中职特教学生适应社会的能力，实现互帮、互助、互学、互动，形成良好的学习氛围。

六、特色和创新之处

（一）突破了专业限制，拓展了中职特教学生的就业能力

智力障碍学生不同于肢体残疾学生，可选择的职业岗位范围更小，就业困难度更大，因此在中餐烹饪专业技能之外，拓展与专业相近的职业技能有利于学生实现支持性的就业。结合高星级饭店运营与管理专业茶饮类岗位认知实践活动，以典型工作任务为支撑，学校实训场地为载体，创建真实的工作场景，使教学与岗位对接，在学习和交流中了解自己的兴趣爱好，培养学生对茶饮类职业的初步认识，提高学生的基本专业技能、肢体灵活性和各方面的适应能力，让中职特教学生实现通过劳动获得报酬，得到社会尊重，满足生活、安全和社会的需要，提高生活质量。

（二）茶饮类岗位认知实践活动是职业教育与特殊教育相互融合的重要载体

在充分发挥学校与企业广泛联系的基础上，形成校企合作运行机制。以高星级饭店运营与管理专业的学生作为试点，在茶饮类岗位认知实践活动中与中职特教学生共同参与实践成立实践团队，目的在于使更多中职特教学生能融入普通班级、普通学生之中，让中职特教学生适应普通人的角度，适应社会、获得社会生存技能，得到更多教育平等及社会理解、支持的机会，从而改革传统的封闭的特殊教育模式，深入推进教育领域综合改革。

参考文献

[1] 王雪莲.茶饮服务员需求分析与培养策略[J].中国食品,2022(09):58—61.
[2] NCBD|2023年中国餐饮开关店报[EB/OL].2024.

思维导图在中职软件类内容教学中的应用探究
——以"云智付智慧系统"学习为例(客户服务)

酒店组　孙　鑫

[摘　要]中职软件类内容的学习具有综合性、实践性、系统性、复杂性等特点,思维导图能将其中大量图形化的内容进行关键词的转化、归纳和整理。而思维导图是放射性架构,非常重视知识之间的连接,它能帮助学生了解软件设计师的设计初衷和设计逻辑,同时促进学生对于软件的熟悉与记忆。在中职软件类内容教学过程中,在学生无法实操的情况下,思维导图可以在一定程度上提高相关内容教学的有效性,缓解此类教学过程中缺少教学资源的困境。

[关键词]思维导图　中职教学　软件教学

一、什么是"思维导图"?

20世纪60年代,英国心理学家托尼·巴赞提出了一种记笔记的方法,我们现在称之为"思维导图"。根据托尼·巴赞的定义,思维导图是一种"笔记方法"。通过这种"笔记方法"(原著中称之为"Note Taking"和"Note Making"),使用者可以将资料内容进行分析整合,并且能够更容易找到资料内容的中心及知识之间的层级关系,从而将思考的结果以"图形"的方式表达出来。

思维导图就是对已获得的资料进行思考、整理,并以相对固定的形式进行个性化表达的过程。它是将知识节点、分支、关键词作为基本元素,由元素构成从中心向四周发散的非线性结构,因此,思维导图又称非线性笔记。分支和节点表示知识的层级关系与逻辑关系,能够把复杂、系统的知识整理成清晰的知识框架。

目前,思维导图在教育中的应用越来越广泛,也越来越呈现低龄化的趋势,许多社会教育机构已经在孩子的学前教育中用到"思维导图"。这是因为人的左右脑分别控制不同的工作,左脑负责语言、文字、逻辑关系、词汇、数字等,右脑负责色彩、图像、符号、韵律和节奏等。一个思维导图就可以在树状结构图上把所有的信息都组织起来,且每一个分支写着不同的关键词句,图上又充满色彩和图像,能够同时刺激人的左右脑,在记忆、分析、触发灵感的同时发挥潜能。可见,思维导图在大脑的训练方面有着显著的作用,因此,在课堂教学中使用思维导图,能够促进学生思维能力、学习能力的发展,进而增强学习效果。在国外教学应用研究中,思维导图的研究已经比较成熟,但是在国内尚处于起步阶段。

二、中职软件类内容教学的现状分析

"职业教育的目标是培养技术人才和具有一定文化水平以及掌握专业知识技能的劳动者。"中职学校大部分的毕业生将直接进入社会,面临就业等现实问题。应用型软件的掌握将直接提升学生的信息技术水平,进而提高中职学生在就业方面的综合竞争力。因此,软件类内容往往作为专业课程的核心内容进行教学和实操。

目前我国中职的软件类内容教学大多采用传统教学模式,老师注重理论知识的讲解,授课方式以老师教授为主。其中主要原因来自相关软件没有办法及时进入课堂,软件价格昂贵、软件申购流程复杂、软件申购周期较长、软件版本更新过快、老师没有机会去企业接触行业内最新的应用软件,诸如此类的问题都导致了软件类内容教学往往停留在老师的课件上,学生无法进行及时、有效的实操训练。

与此同时,中职学生往往自身学习能力较弱,又缺乏学习主动性,而软件类内容的学习又具有很强的实用性和操作性,学生在学习过程中要配合发散性思维和自主探究。单纯依靠老师的课堂讲解,知识在学生的脑海中非常抽象,知识点之间往往是互相割裂的,学生无法形成稳定的知识框架,最终导致知识被大量遗忘,也大大降低了学生的学习兴趣。

而思维导图作为一种可视化工具,可以将复杂的、综合性强的软件类内容简化成容易理解的可视化"图形",并在图形中展示知识之间的逻辑关系和层级关系;能够显著促进中职软件类内容的教学发展,思维导图将"老师教"为主的授课方式转变为鼓励学生"自主发现"的授课方式;能够充分展示学生的个性,在个性被尊重的环境下,能够给予中职学生任务达成的成就感,充分发挥学生的自主探究能力,培养思维方式,实现有效教学。

三、思维导图在软件类内容教学中的具体应用

以中职酒店专业"客户服务"课程中"博星卓越 CRM 系统"学习为例（图1所示），在与企业相关工作人员沟通后得知，书本上类似的 CRM 系统已经无法在当前的企业工作环境下广泛适用，教学内容与企业的实际用工需求之间存在着明显的"代沟"；而类似企业定制的软件价格又特别昂贵，学校不可能为了一个章节的教学内容花费巨资进行软件采购。教学内容滞后问题尤为凸显。于是，我通过学校举办的"教师下企业社会实践活动"这样一个机会，接触到了爱企谷的"云智付智慧系统"（图2）。作为新的教学内容，它将是原有内容的补充和升级。目前我校有多位酒店专业的学生在该企业实习，企业也迫切希望学生们可以在入职前对于该系统有一定的了解。

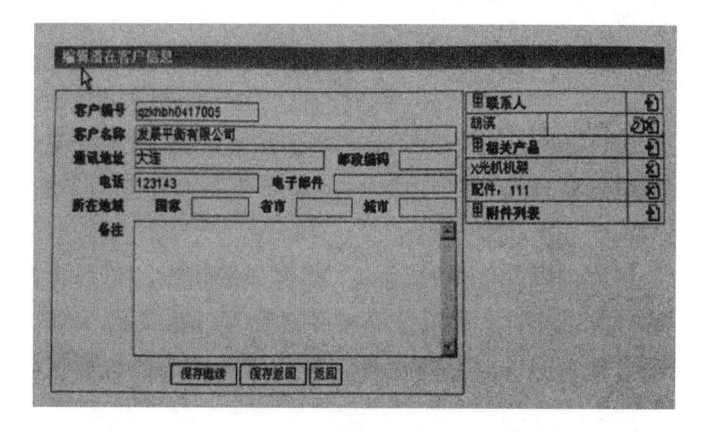

图1

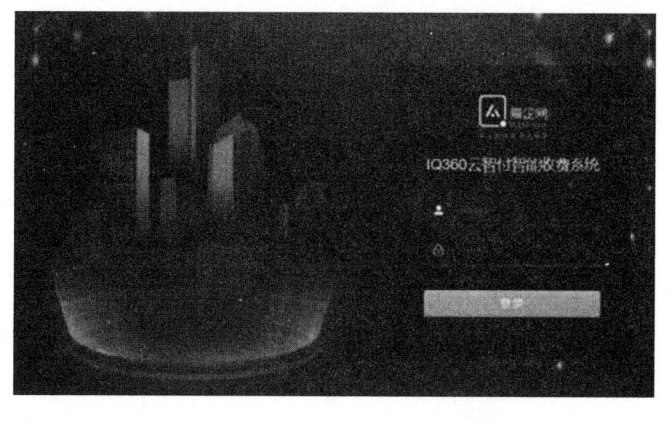

图2

于是，我通过引入"思维导图"的方式，在教学的过程中与同学们一起分析软件的设计逻辑，慢慢勾勒出各功能板块间的关系，最终共同完成软件的图形推演。在整个教学过程中，尽管无法对该软件进行实操训练，但是整个推演的过程，实际就是对软件的理解过程。比如系统内的"租户管理"功能板块，通过向学生们展示软件操作界面的截图（图3），引导学生分析界面内所包含的信息填制、设计者为什么要设计收集这些信息、信息会被提交到哪个功能板块下进行管理等，最终形成以关键词为主要呈现方式的结构图（图4），以此代替原有的软件操作界面。通过这种方式的教学和训练，学生们对于软件的界面及操作内容会有更全面、更深入的了解，将来到了工作岗位上，即使没有实际操作过该软件，同样也可以快速上手，极大地缩短了企业对于新员工的培训周期。在整个教学过程中也尽可能地避免了"无软件可用"造成的学生无法体验、无法实操的教学困境。

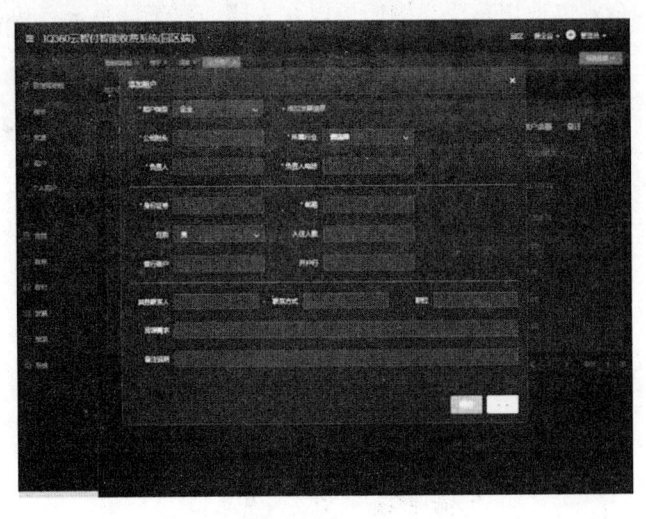

图3

通过思维导图对软件的模拟推演，学生不再是软件的学习者，而是成为软件的"设计师"，有的同学甚至在某些软件功能上提出了更好的建议。与此同时，还可以把色彩融入思维导图中，利用色彩的敏感程度代表知识的重要程度，不仅可以使图更加美观，也可以帮助学生进行比较，发现问题，区分知识的难易度。

除此之外，在其他授课环节，我也在尝试通过"思维导图"逐步代替传统课件。

新课的导入环节，我会使用思维导图制作简单的教学计划和流程图，通过颜色区分教学内容的重难点，让学生对于本节课的内容有一个基本的心

图 4

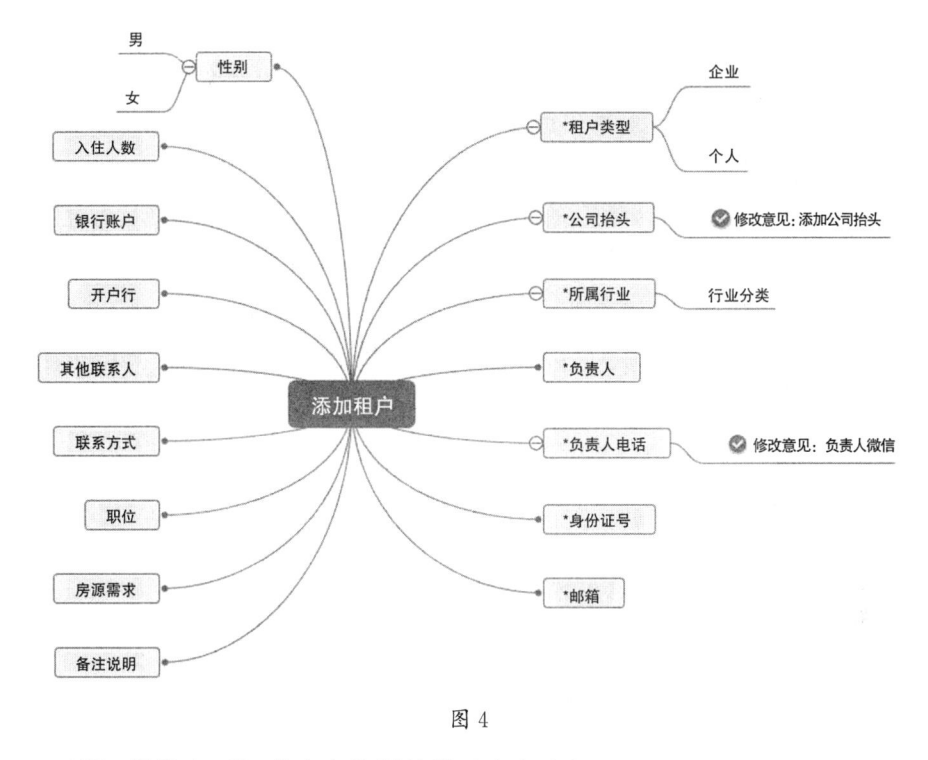

理预期,使学生更加明确本节课的学习内容(图 5)。

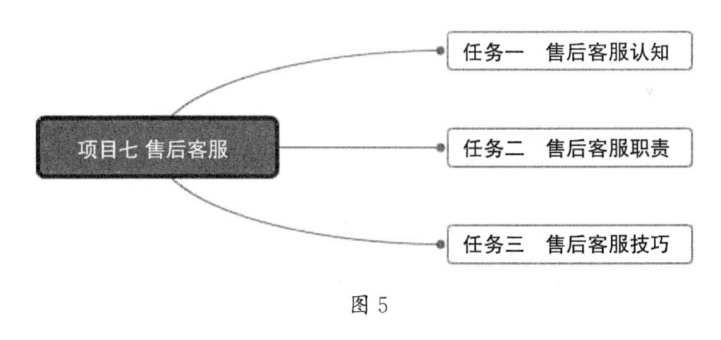

图 5

在课后复习的环节,我会借助思维导图进行课程的归纳、总结。指导学生对所学的知识进行归纳、整理、总结、巩固和运用,帮助他们了解知识之间的联系。学生利用思维导图将原本碎片化的知识串联起来,以图形的方式进行可视化的输出。

思维导图的制作会让学生直接参与到对知识的归纳和整理过程中。基于任务驱动教学法,结合"思维导图"的使用,我在上复习课的时候还设置了"五步走"的复习方法:

第一步,确定复习的内容(即制作思维导图的主要内容);

第二步,分组讨论,将学生每 4 人分为一组,针对重难点进行讨论,再浓

缩成思维导图必要的关键词,确定知识点之间的层级逻辑关系;

第三步,小组成员各自分工,确定每个人的任务,通过小组交流完成思维导图的制作,最终完成小组成员各自板块的完整拼接,这样可以集思广益,实现知识共享,进一步实现知识发散;

第四步,反思评价,学生将每个小组制作的思维导图进行展示,思维导图没有固定的模式,以思维导图中展示的知识系统性、发散程度、表达清晰程度作为评判标准,进行评价;

第五步,评价结束后,小组根据评价意见修改原有的"图形",同时引导学生探索"思维导图末端最小单位是否还可以继续划分"的可能性(图6)。

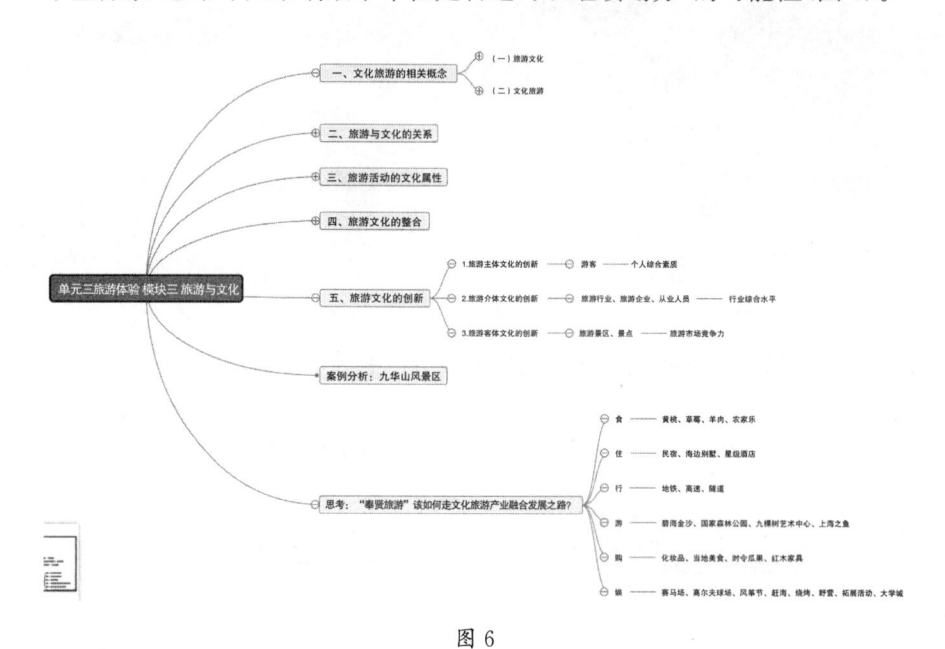

图 6

四、结　　论

思维导图能够将抽象的软件知识具象化,帮助学生构建清晰的知识框架,促进知识的深入理解和长期记忆。通过思维导图的模拟推演,学生不仅能够成为软件的"设计师",还能在实际操作前对软件有全面的认识,从而缩短学生未来入职实习时,企业对新员工的培训周期。

此外,思维导图还能应用到教学过程中的其他环节,包括新课导入、课后复习和知识归纳总结等,有效促进学生的主动学习和知识共享。思维导图的科学应用,可以有效提升教学质量,激发学生的学习兴趣和创造力,培养他们的自主学习能力和创新思维。

参考文献

[1] 胡建军.思维方法与汽车故障诊断(八)——思维导图的应用与总结[J].汽车维修与保养,2006(2):69.

[2] 王朝云,刘玉龙.知识可视化的理论与应用[J].现代教育技术,2007(6):18.

[3] 张艳霞.使用思维导图支持探究性学习教学案例研究[D].首都师范大学,2006.

[4] 王功玲.浅析思维导图教学法[J].黑龙江科技信息,2000(4):66.

探索优化数媒专业课程教学考核评价体系

网络营销组　王　赟

[摘　要]数字媒体专业是一门综合性的应用学科,它是以计算机技术为基础,将各种数字媒体素材结合在一起,完成对信息的处理和设计,学生需要不断通过实践操作来强化技能。而对学生的课堂考核评价不仅能检验教师整个课堂教学的效果,也是对学生学习过程和结果进行综合考察的方式,是教学中非常重要的组成部分。本文分析数字媒体技术专业课堂评价现状,提出优化有效性评价的方法,以便提升课程教学质量。

[关键词]数字媒体　课堂评价　现状　优化

一、研究背景

关于考核评价,中共中央、国务院印发了《深化新时代教育深评价改革总体方案》,对我国教育评价改革作出了总体要求,明确提出健全立德树人落实机制,扭转不科学的教育评价导向,坚决克服唯分数的顽疾,提高教育治理能力和水平,加快推进教育现代化,实现教育强国的根本目标。①

数字媒体专业是近几年随着信息技术发展和计算机应用专业转型而产生的新型专业,培养学生广告设计制作、多媒体音视频制作、网页设计制作等技术能力,基于该专业实践性的学科特征,课堂教学、作业大都在多媒体教室内完成,课堂考核评价也需要及时高效地在课堂内进行。本文针对课堂评价存在的问题开展分析研究,提出相应的改进策略。

二、考核评价中存在的问题和分析

考核评价是指运用科学的评价方法,对教学过程及结果进行的价值判

---

① Http://www.gov.cn/gongbao/content/2020/content_5554488.htm。

断,对学生的学习成效起着关键的作用。课堂考核评价的目的在于引导学生积极参与教学活动、鼓励学生肯定他们的学习成果、促进学生学习兴趣的提高、激发学生的主动性和创造性。在实际教学过程中,很多教师将重点放在三维目标的制定、教学方法的应用,往往忽略课堂评价的开展。课堂评价往往存在着以下几类问题:

1. 评价方式单一

由于数字媒体课程实践性强的学科特性,学生的作业基本要求在课堂内完成,教师的评价和反馈也需要在课堂内同时完成。传统的课堂评价一般采用学生练习、教师讲解、最后打分这种模式,部分教师对于作业只有分数评价,而没有针对性讲解反馈,导致作业布置形式化。长期在这种单一又枯燥的课堂评价体系下,学生容易兴趣,使课堂效率低下。

2. 评价考核依据单一

当前的评价模式,教师往往重视学生的学习成果,对学生的评价考核来源于学生在课堂上完成的作业,数字媒体课程的作业一般具有主观性、独创性、设计性,无法用统一的客观标准来评价学生作品的优劣,如果教师对学生的作业评价用知识性和技能性,只会让学生更加熟练地运用技能,而不是用技术服务于实践。

3. 评价来源单一

传统的课堂评价来源于教师的评价打分,这种单一的评价容易造成评价的结果比较主观和片面,也会导致学生对评价结果不认同,影响结果的客观公正性。教师包办评价考核,学生被动地接受,没有参与度,无法真正领会到作业中存在的问题,没有改善的方向,很可能打击学生的积极性,也会造成学生只以教师的标准为标准,没有发展性和创新性。

三、改进课程有效性评价的策略

1. 运用多元化评价体系

传统评价模式,教师只重视对学习结果的评价,也就是只对作业进行打分,这样的评价对学生是片面的。它忽视了学生在整个教学过程中的提升,对学生的评价应该围绕知识、技能、素养,多元化评价学生的学习成效。

知识评价体现于教师在授课过程中,关注学生对课堂内容是否有思考、会总结,以及学生对于课程内容本身知识性的掌握情况,技能评价体现在完成课堂任务的过程中,关注学生对知识的融会贯通程度,是否能运用所学的软件知识与实际应用相结合,解决实际问题,在进行综合性实操过程中能够举一反三、触类旁通。素养评价则体现在关注学生学习过程中是否具备乐观、积极、合作、探究等品质。多元化的评价数据,系统地记录每位学生的课堂情况,为教师实时指导现场学生提供数据依据,帮助教师关注学生的综合学习状态。

以信息技术课程为例,淡化了软件操作的技能,增加了人工智能、大数据等前沿知识,全面融入贴近社会的经济、政治、文化、生态建设领域,意在通过增强学生的信息意识、发展计算思维、培养信息素养、提高创新能力,形成融知识、能力、素养于一体的内容体系。

2. 开展过程化评价

每位学生存在差异性,如果采用统一的评价标准难免导致不公平。因此对于学生的评价,应纵向开展,采用过程化、发展化、个性化的评价手段。

对于基础较弱的学生,鼓励完成教学的初步目标,评价重点为表扬成长和进步,发现闪光点,激发学习兴趣和热情,帮助学生提升变化。对于有一定操作能力的学生,通过评价引导掌握更高难度的知识,培养自主学习的能力,并引导改进的方向,激励他们完善提高。对于操作能力较强的学生,通过评价挖掘自身潜能,拓展领域,多呈现个人的想法和创新,形成创造性学习。

以影视编辑项目教程中视频特效的应用为例,在进行任务布置的过程中,对不同基础学生进行任务的分层。对基础较弱的学生要求完成某一个特效的应用,如动态跟踪或局部马赛克的处理。对有一定操作能力的学生要求在此基础上进行延伸,能进行场景的叠加合成效果。对操作能力强的同学,要求根据素材,设计呈现效果,添加个性化的特效。在此基础上,教师对学生在学习过程中的发展和变化进行持续性的观察、反馈、指导,才能让每一位学生树立信心并在原来的水平上得到提升。

3. 发挥学生主体性评价

以往的教学评价过程中,由教师单向评价学生,忽视了学生的主体地位。学生参与评价不仅可以调动学生的课堂积极性和参与度,也能让学生逐步形成对课堂学习的自主评价能力。

学生主体性评价可以分为学生自评、学生互评、小组互评等几种方式。学生自评要求学生通过自我观察、自我总结、自我反思和自我矫正来认识自己的学习行为和能力。在这个过程中,学生逐步形成自我分析和完善的能力。学生互评要求发现自己和别人作品的优缺点,能对比进行取长补短,从而提高欣赏和评价能力。小组互评是以小组为单位开展评价活动,自由讨论,对所有作品进行评价,提出自己的意见,倾听他人的看法,是最为公平公正的评价方法。

以摄影摄像课程为例,在进行视频拍摄项目任务时,将学生分为几个小组,根据任务设置摄影师、剪辑师、脚本、助理等岗位,并推选编导组组长,学生自行了解岗位职责和具体工作。通过小组的合作完成任务拍摄。学生讨论、归纳、总结出评分标准,欣赏对比所有作品,进行交流分享,更好地领悟课程内容。

4.展示优秀作品

平时的课堂作品,提交后没有展示的机会,学生的价值得不到认同。教师可以在课上为学生预留一定的作业展示时间,在学生们进行相互评价之后,挑选出评分最高的优秀作品,刊登在学校的微信公众号上,也可以将优秀作品进行收集,举办形式丰富多样的大型作品展,如学校的橱窗展示、电子屏滚动播放等,以作品展示形式给予学生肯定,进一步提升学生的自信心和成就感。

四、总　　结

评价活动是衡量教学过程、方法和效果的重要手段,评价反馈是师生之间的一种互动交流方式,教师要充分认识到课堂考核评价的重要性,不断地发现和解决问题,不断总结经验,逐渐完善自身的教学方法和考核评价策略,进而提高课堂教学的有效性。本文针对数字媒体专业课堂考核评价进行探索,为其他专业的课堂评价提供一些思考。

参考文献

[1] 仪晓芹.大数据时代数字媒体技术专业教学评价模式的发展刍议[J].新课程,2017(5).

[2] 邬英习.基于大数据背景的数字媒体技术专业教学评价模式探究[J].现代职业教育,2019(8).

以学生互评为主的翻转课堂构建
——以"财经法规与会计职业道德"教学为例

商贸教研组　李佳臻

[摘　要]为了响应中小学信息技术教育改革，我校于2013年开始通过学校乐学网实行翻转课堂教学实践活动。文章记录了将翻转课堂教学模式与多元评价理论进行融合并在"财经法规与会计职业道德"教学中实践的过程，分享了适用于日常教学的翻转课堂结构模型，包括其组成、流程和实施要点及反思。

[关键词]中职生　财经法规　翻转课堂　多元评价

一、前　　言

根据《中国未成年人互联网运用状况调查报告（2013—2014）》的结果，早在2014年，国内就已经有超过九成的未成年人使用互联网，学生的手机拥有率超过90%。《教育信息化十年发展规划（2011—2020）》中指出："人类社会进入二十一世纪，信息技术已渗透到经济发展和社会生活的各个方面，人们的生产方式、生活方式以及学习方式正在发生深刻的变化，全民教育、优质教育、个性化学习和终身学习已成为信息时代教育发展的重要特征。"随着"互联网＋"时代的急速推进，即使学校未系统化地为学生提供资源，微课、MOOC、翻转课堂、移动学习等新型学习模式、教学模式也已经通过腾讯课堂、网易公开课、沪江网校等众多商用App及培训机构的运营走进了学生的生活，持续改变着学生的学习习惯、学习方式及学习理念。传统的强调传递知识为主要形式的教学模式正在被淘汰，而以"学"为核心关注点，注重已学知识的横向及纵向交叉为主的生态化成长型教学模式越来越受到学生们的欢迎。在这样的时代背景下，我开始思考职业教育应当如何立足智能化设备，开展有效的翻转课堂教学。

二、研究背景

（一）翻转课堂教学模式发展现状

翻转课堂又称颠倒课堂。2007年针对美国缺课学生这一特殊群体，乔纳森·伯格曼和亚伦·萨姆斯两位老师开始使用翻转课堂，指导学生在家中以及课外通过观看上传的教学视频进行自学预习，并将课堂时间主要用于师生交流和完成作业。这一教学模式取得了良好成效，之后便在美国流行起来。[1]翻转课堂的教学特征为，认为知识的获取需要文化的参与，在现有文化知识的支撑下，学生才能更好地消化新知识。在个体活动之后，学生还能通过人与人的互动完成对知识深层次的了解。与传统教学模式相比，翻转课堂存在以下几点显著变化。[2]

1. 课堂组织形式变化

通过微视频、导学视频或导学案等手段，引导帮助学生进行自主学习，从而充分锻炼学生的四项基础能力。同时课堂实践的设计以师生互动、生生互动的形式为主，帮助教师在教学活动中了解学情，针对性作出教学调整，提高教学活动的针对性，从而改善教学效果。

2. 课堂时间分配变化

翻转课堂要求将更多的教学时间投入引导学生进行自主研究上，培养学生在课堂中的主体意识，并在此过程中融会、运用知识，暴露学习薄弱点、疑惑及错误，从而了解学生的学习情况并通过教师解惑获得教学成效。

3. 教学评价方法变化

翻转课堂相对于传统课堂，更重视过程评价，应采取多元化评价方式。

我国自2012年起已有《中小学信息技术教育》刊载多篇文章对翻转课堂应用于国内中职教育的可能性进行实践和研究。教师们对这一新型教学模式有很高的热情并积极投入实践。2021年10月12日印发的《关于推动现代职业教育高质量发展的意见》中指出要推进职业教育育人方式和办学方法的改革，加快构建现代职业教育体系，[3]也加快了翻转课堂等新型教学模式在中职学校运用及趋向普及的速度。然而在各所学校及教学案例描述中，我们也不难发现，该模式在普通高中、重点高中等教学环境中的教学效果的提升比中职学校普遍更明显，该教学模式对学生的学习能动性依赖比较明显。

(二)中职学校应用翻转课堂教学模式出现的实际问题及成因分析

唐丽丽、孔卫拿于2021年10月发表的《翻转课堂在中职教育中的应用研究》中指出,中职学校应用翻转课堂效果不理想是由于以下成因。[4]

1. 课前学生自觉性低

中职学生由于群体特性,其自学能力相较普通高中生更低,自我约束能力也更不理想。在使用互联网和智能设备学习教学资源、完成学习任务的过程中,学生更容易遇到具体的学习困难,因此降低其学习能动性。此外,在此过程中学生也更易受到互联网不相干信息的干扰。线上学习缺少了教师的现场监管以及同学共同学习的良好学习环境,便更易暴露中职生自我管理能力差、自我约束效果弱的缺陷。

2. 课中教室设备设置不合理

传统教学的教室布局并不适合开展学生讨论,这增加了开展讨论的准备时间成本。中职生是否在校允许带手机一直是让中职学校非常头痛的问题,如果不允许学生持有自有设备,而由学校提供设备进行线上教学,对学校多媒体教室的建设又提出了较高的要求,不利于翻转课堂的普及和推广。此外在配有人手一台平板电脑的会计实训室授课过程中,平板电脑的功能维护也是一个大问题,学生的不当操作大大增加了学校设备的故障率和维护成本。

3. 课中师生共同参与度低

课中环节学生应在教师的指导下开展讨论,进行案例分析及问题解决,教师以丰富的专业知识和较强的组织能力引导学生积极讨论、解决问题,促进学生进一步内化所学知识。[5]

由于中职学生群体个体学习基础差异性大、学习积极性不佳、学习信心不足的特点,学生更习惯于被动接受知识,因此有相当一部分学生会对课堂讨论和学习任务采取回避态度,从而造成课堂秩序的混乱。自学能力不足也是无法达成预期教学效果的客观因素之一,它会导致学生课前准备不充分、课中学生讨论不充分,最终无法解决预设问题。在这样的教学环境下,学生的反应往往无法围绕教学主题,教师会遇到更大的教学压力,在课堂中更容易出现学生提问涉及教师准备的盲区、引导不到位、课堂时间安排不合理等问题,导致翻转课堂教学模式的应用流于形式。

4. 课后学生学习压力增加与学习效果不佳

翻转课堂形式需要学生在课前投入更多的时间,这相当于将传统的课后巩固学习任务"翻转"至课前和课中。[6]然而相当一部分教师在使用翻转课堂的教学模式同时,仍以大量的题目练习和记忆背诵作为课后巩固手段,或因课前、课中教学效果不佳,回归传统作业模式,增加了学生的作业量,更侵占了学生课前自主学习的时间,降低了预习效果,造成恶性循环。与此同时,繁重的作业也增加了学生对翻转课堂教学模式的抵触情绪,造成其学习效果不佳。

三、以学生互评为主的高校翻转课堂构建

(一)《财经法规与会计职业道德》课程特征及翻转课堂可行性分析

《财经法规与会计职业道德》是中职会计专业的核心课程之一,也是初级会计职称考试的科目之一,因此目前该科目的教学现状往往围绕着考证需求,重应试、轻运用,侧重知识点记忆并辅以题海战术。因此学生对这门课往往缺乏学习兴趣,课堂缺少互动性,教学方式多年保持着以讲授教学为主的枯燥形式。

然而近年初级会计职称考试试题越来越重视具体理论在实际会计工作中的运用能力,严峻的就业环境也对中职生提出了更高的要求,需要他们更快适应真实的会计工作环境。在往年会计专业三年级实习期间,部分实习单位含蓄地表达了对实习生实操技能不足的不满。因此拟真的教学情境创设和学习任务设计迫在眉睫。

此外,《财经法规与会计职业道德》有相当一部分知识点很适合通过微课学习,如原始凭证、记账凭证的填制及审核,账簿记录发生错误的更正等,方便学生课前学习和课后复习。学校多媒体教室硬件设施的日趋完善也为翻转课堂开展提供了必要的硬件条件。

(二)翻转课堂教学结构分析

参照美国翻转课堂教学先行者 Robert Talbert 教授所提出的翻转课堂教学实施模型(见图1),[7]结合课程特点,我们将其模型进行了进一步细化,构建了一个更具体的翻转课堂模型(见图2)。

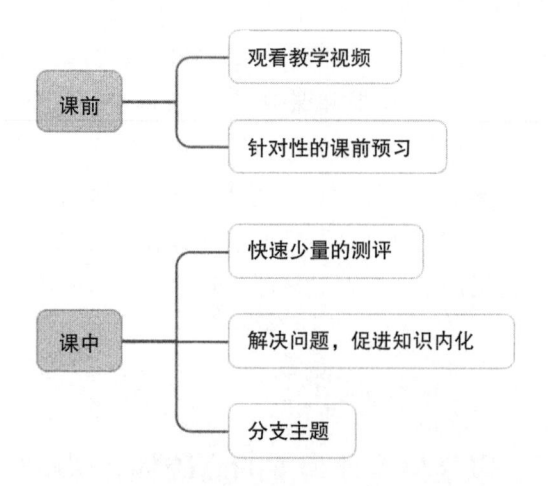

图 1　Robert Talbert 翻转课堂教学实施模型

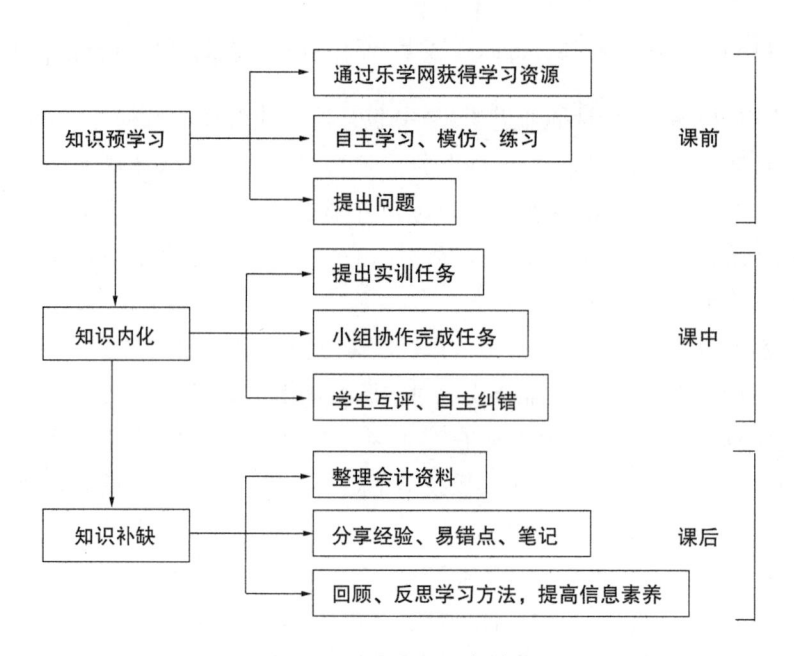

图 2　细化的翻转课堂模型

（三）以学生互评为主的翻转课堂评价方式

课前　为了让更多的学生参与到课前准备活动中来,课前准备环节应不仅仅为学生提供一种形式的导学设计模式。多种知识呈现方式既可以丰富课堂设计的选择性,也可以让不同基础的学生自行选择适合自己的预习方法。根据学期初的授课计划,明确本阶段具体的教学目标及涵盖知识点,教研组结合课堂教学经验制作供学生自主学习的学习材料,其形式包括文本指南、PPt、网络教学视频、教师自制演示视频、历届学生成果展示等,供学生在自学过程中自由组合使用,并配合材料提供自测习题,帮助学生梳理知识要点,自动记录学生高频错题,留待教师在课堂上答疑。

自学归纳能力较弱的同学,可以选择观看若干与预授课程有关的短小精悍兼具趣味性的知识点微课视频如"秒懂金融"系列视频或教师自制实操演示视频,并留下观看笔记。自主学习任务单是导学预习的主要形式,如附件1"支票的课前学习任务单",在微课视频的帮助下大部分的学生都能完成部分或全部任务单。个别成绩优异的同学可以选择完成附件2"四种票据比较汇总"中的填表任务,结合之前已学的票据结算知识,对支票结算形式有更全面的认识。

在课前学习环节,应该给学生提供多元化的评价体系,本过程以学生自评为主,教师仅作"安置性评价",即对学生的自学完成情况和对知识点的认知理解程度进行评估,并以此作为课堂活动设计的重要依据。

不论是微课视频观看时长还是做自学笔记、完成任务单或挑战任务,还是积极参与小组互评、小组讨论、回答小组答疑、根据教师点评订正作业,都应作为学生学习的一部分给予肯定,计入平时成绩,从而促进学生在非课堂时间自主学习、参与讨论和思考问题的动力生成以及保持。

课中 既然"知识预学习"已经在课前完成了,并且几乎所有的学生都已进行了动手实践,那么课中的首要任务便不再是教授,而是通过学习活动促进学生深层次学习,加速知识技能内化的进程。

为了提升每位学生的课堂参与度,在教室的布局上,可大胆采用"U"形或"O"形组合桌椅,以适应学生小组讨论的需求,如有条件可以配备触屏一体机、教学实录设备等,增加学生回顾课堂的可能性和兴趣。

项目驱动及情景模拟教学活动非常适合在翻转课堂教学中使用。教师可以首先引入"概念地图"将学习脉络完整地展现给学生,引导学生自拟出阶段性任务主题。针对每个学习任务,教师可以创设具体的教学情境,鼓励学生在该教学情境中使用课前学到的知识分析问题、解决问题。例如在学习支付结算法律制度中支票的相关内容时,学生已经通过课前预学习对支票的使用和注意事项有了初步了解,在课中,教师可以为学生设定一个情景:"甲公司于某月某日向乙签发一张金额为100万元的现金支票,必要信息如下(省略),请根据以上信息尝试完成支票填制。乙当天拿票去银行,甲公司存在银行的钱只有80万元。请问甲公司开具的是空头支票吗?银行应该如何处理这件事?甲公司是否会面临罚款或赔偿?"在任务书完成的过程中,学生可以通过实际操作将预学习内容进行实践、纠错、深化,通过模拟乙保障自己的合法票据权利的过程,深入理解空头支票的概念以及其相关行政处罚具体操作内容。

  对于相对复杂的案例,可以采用拼图法,将其分解为多份任务书,分别分发给不同的学习小组。每个学习小组分头完成不同的任务书,并在最后将其拼凑成一个完整的案例,如企业所得税的计算题,可将不同的企业所得分派给不同的小组分头计算,然后最后再汇总算出本年应缴企业所得税的总额。

  活动过程中,可以充分利用小组互评的方式,肯定学生的参与过程,并通过教师点评的方式及时汇总学生疑点、帮助学生总结知识,共同完成思维导图,使学生的知识架构更加完整,触类旁通,也能使基础薄弱的同学更易融入讨论,不再惧怕犯错。

  课后 拓展应结合课上案例,并将其复杂化。为了讲清楚理论知识,学生刚接触的案例情景铺设往往会相对简单,但实际发生的经纪业务条件更为复杂。比如,将学生在课上已经讨论解决的案例"甲公司于某月某日向乙签发一张金额为100万元的现金支票,乙当天拿票去银行,甲公司存在银行的钱只有80万元。过了几天,甲又存了足够的钱在银行,请问甲公司开具的是空头支票吗?银行应该如何处理这件事"改写为"甲公司于2022年5月20日向乙签发一张金额为100万元的现金支票,乙于当年5月22日将支票背书转让给丙公司支付一笔个人消费,丙公司持支票于5月31日向银行提示付款,甲公司在该银行的账户余额足以支付支票,但银行拒绝付款。请问银行是否有权拒绝付款?为什么"作为家庭作业。

  螺旋上升的难度能激发学生的挑战欲望,将学到的理论真正学以致用,也降低了其解读案例的时间成本,减轻了学生的负担,还可以提高学生的综合解题能力。

四、翻转课堂教学模式的实践效果分析及反思

  在实施过程中,需要注意以下几个要点:

  1. 课堂活动的前提是学生已经完成了充分的预学习,因此教师需要帮助学生养成预学习的习惯,加强督促学生及时完成线上学习任务;

  2. 课堂小组活动开展前,教师需给予完善的任务指引、案例示范,比较复杂的情景还需帮助学生分解任务,引导学生在组内分工,确保学生明确且

有能力完成任务目标；

3. 学生的评价即为平时成绩,应充分重视,为了有效弱化学生评价中不客观、受感情因素影响的不准确性,实施学生互评及小组互评时,教师要为学生提供清晰、可操作的评价量表(如下表所示),引导学生客观评价,同时提醒学生规范自己的课堂行为,保障评价活动顺利进行。

角　度	标　准	总分	得分
任务书完成情况	答案准确	10	
	完成速度快	5	
	回答完整详尽	10	
所学知识的运用	准确检索相关法律条文	10	
	迅速发现同组成员实训失误	15	
	会计书写整洁规范	10	
任务成果的展示汇报	完成最终展示的会计资料填制(根据参与程度确定得分)	10	
	语言表达清晰流畅	10	
	观点清晰、呈现连贯	10	
	关注听众,回应其他组同学的提问	10	

自2013年我校开始推广乐学网辅助教学以来,不同学科都在探索翻转课堂教学模式的有效模式和优化路线。不甚理想的教学效果也给不少学科带来了打击,甚至停用了这一教学模式,然而不论是问卷调查中翻转课堂的受欢迎程度,还是其本身更接近学习本质的操作模式,都吸引着我和同事们再一次实践,再一次踏出"教学舒适圈"。随着教学资源和学生可选学习任务的丰富化,翻转课堂的教学效果终于开始体现出来了。

根据这一经验,可知翻转课堂教学模式的关键在于积累学生感兴趣的课前导学资源,给予学生更丰富的选择,以及借由此提供学生多元化的教学评价模式,尽量让每个学生都能找到适合自己的预习方式,并从中获得学习成就感。这绝不是一个教师能做到的,也绝不是一年能完成的积累。因此,为了还原学习的本质,保护学生的学习原动力,我们应对翻转课堂多一分耐心,看到会计专业越来越活跃的学习氛围和学生更积极的学习态度,我们的努力都变得物有所值。

参考文献

[1] 刘荣.翻转课堂:学与教的革命[J].基础教育课程,2012(12):28.
[2] 樊小明,杨静.翻转课堂本土化教学实践研究——以内蒙古工业大学博士英语教学

为例[J].内蒙古农业大学报:社会科学版,2021(1):34—38.

[3] 李敬川,王中林,张渝江.让课改的阳光照进教育的现实——重庆聚奎中学"翻转课堂"掠影[J].中小学信息技术教育,2012(3):16—18.

[4] 唐丽丽,孔卫拿.翻转课堂在中职教学中的应用研究——以安徽省某中职学校公共管理与服务类专业为例[J].职业技术,2022(21):3.

[5] 张金磊."翻转课堂"教学模式的关键因素探析[J].中国远程教育,2013(10):59—64.

[6] 朱文辉,李世霆.从"程序重置"到"深度学习"——翻转课堂教学实践深化路径[J].教育学报,2019,15(02):41—47.

[7] Talbert R. Inverting the Linear Algebra Classroom[EB/OL]. http://prezi.com/dz0rbkpy6tam/inverting-the-linear-al-gebra-classroom/,2013-09-19.

附件1：

银行非现金支付业务——3-13支票的课前学习任务单

班级：_____ 姓名_____

任务1：分辨支票的种类

① 现金支票：只能用于支取现金

② 转账支票：只能用于转账

③ 普通支票：可以用于支取现金，也可用于转账。在普通支票左上角划两条平行线的，为划线支票，划线支票只能用于转账，不能支取现金。

种类：现金支票	(√)现金，(×)转账

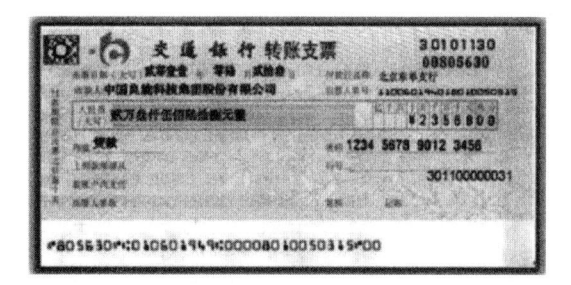

种类：_____支票	( )现金，( )转账

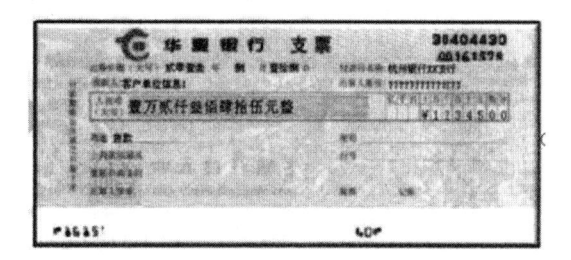

种类：_____支票	( )现金，( )转账

任务 2：指出支票的必须记载事项

(六项)没有收款人名称

标明"支票"的字样、出票日期、确定的金额、付款人名称、出票人签章、无条件支付的委托。

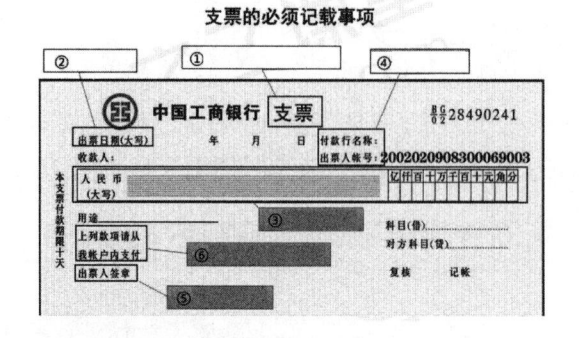

支票的必须记载事项

任务 3：支票使用的注意事项：空头支票、签章不符。

甲公司于某月某日向乙签发一张金额为 100 万元的现金支票，乙当天拿票去银行，甲公司存在银行的钱只有 80 万元。过了几天，甲又存了足够的钱在银行。根据案例请思考：

甲公司开具的是空头支票吗？

银行应该如何处理这件事？

甲公司是否会面临罚款或赔偿？

附件2:

四种票据比较汇总

	商业汇票	银行汇票	银行本票	支票
地域范围	异地和同城			
能否支付现金	不能			
能否背书转让	能			
出票人	付款单位或收款单位			
付款人	付款单位或收款单位			
付款期限	最长6个月(电子:1年)			
基本当事人	出票人、付款人、收款人			
绝对记载事项	七项(略) 电子九项(略)			
相对记载事项	付款日期、付款地、出票地			
授权补给事项	——		——	——
票据时效	到期日起2年			
能否贴现	远期满足条件时能贴现			
提示承兑期	① 定日付款、出票后定期付款的,在汇票到期日前承兑 ② 见票后定期付款的,自出票日起1个月内承兑 ③ 见票即付的汇票无须提示承兑			
提示付款期	自到期日起10日之内(即付票据自出票日起1个月之内)			
超过提示付款期限提示付款的后果	在作出说明后,承兑人或者付款人仍应当继续对持票人承担付款责任			

基于钉钉平台在线教学互动激发学生学习兴趣的实践研究
——以"信息技术基础"课程为例

网络营销组　徐　萍

[摘　要]2020年由于疫情,中华人民共和国教育部出台了"停课不停学"的政策,全国各地纷纷采取措施,通过网络进行教学,为莘莘学子搭建学习的平台。在上海各大中职学校,"信息技术基础"等计算机类课程转战线上教学,给老师和学生都带来了不小的挑战。在两次线上教学过程中,"信息技术基础"课程遇到的问题有:直播课程中教师讲得口干舌燥,学生听得昏昏欲睡;在线教学节奏快,学生跟不上进度;教师隔着屏幕无法实时掌握学生实操情况,不能针对学情有的放矢地教;学生投机取巧,出现抄袭作业现象。

本文针对以上种种问题,在实践过程中不断摸索形成行之有效的方法:改变教师一言堂模式,进行在线课堂学习模式;教师录制微课,学生观看微课进行学习与巩固;让学生成为主播,共享屏幕分享操作;激发学习兴趣,进行小组作品PK。通过以上方法来提高学生在线学习热情,提升学生自主学习成效。

[关键词]钉钉平台　线上教学　学习兴趣

一、背景分析

(一)开展线上教学的意义

教基〔2021〕1号《教育部等五部门关于大力加强中小学线上教育教学资源建设与应用的意见》指出:学校要加强学生线上自主学习指导,科学设置学习任务和学习目标,帮助学生制订线上学习计划,有效利用平台学习资源,合理选择其他线上资源,科学安排课后学习时间,主动做好预习复习,开展探究式学习和项目式学习等,促进学生养成自主学习习惯,提高自主学习能力,增强师生互动交流。[1]

《上海市中等职业教育信息化建设行动计划(2019—2022)》指出:深化

教育教学模式创新,开展信息化环境下的职业教育教学模式创新研究与实践,大力推进信息技术与教育教学的深度融合,全面提升教师信息化教学能力,帮助教师应用信息技术优化课堂教学、转变教与学方式,将信息技术与专业知识深度整合。[2]

(二) 学校"信息技术基础"课程在线教学开展的现状

2020年疫情期间,本课程采用钉钉直播教学模式,学生一半以上没有电脑,主要以老师讲解和操作演示为主,导致教学难度大,效果差。5月恢复线下授课,发现很多学生对网课期间的内容掌握得较差。

2022年线上教学期间,以平面2102班为例,全班42人,41人家中配备有电脑。前期,同学们已经学习了图文信息处理与应用和数据整合与处理,在线教学主要学习演示文稿的处理与应用,及网络信息的互动交流等课程内容。

二、在线教学存在的问题

(一) 教师讲得口干舌燥,学生听得昏昏欲睡

2020年疫情刚开始时,我校采用钉钉直播方式进行在线教学,以老师讲解提问、操作演示为主,学生通过文字互动回答,完成课堂任务后提交。在线教学初期,学生充满新鲜感,积极性较高,互动良好,作业完成率高。但这个热情仅仅持续了两周左右的时间,两周后大部分同学的学习热情大幅度下降,经常是教师提问后无人回答,积极回答的永远是几个学生。学生开始变得沉默,老师也慢慢失去上课的激情。

(二) 在线教学节奏快,学生跟不上进度

在线教学中,为不影响教学进度,教师往往根据授课计划展开教学,再加上遇到对着屏幕喊话无人回应的状态,就自然而然会加快教学节奏。学生如果稍有走神,就跟不上老师的操作,如果没有及时补课,就会彻底掉队,不像线下上课,老师可以通过观察学生的表情,及时了解学生掌握情况,从而调整教学内容。

(三) 教师无法掌握学生实操情况,不能有的放矢地教

在线教学中教师无法看到学生实际操作情况,不能像线下一样及时发

现学生的问题并给予指导。学生一旦跟不上,不主动提问,也没有老师盯着,就会层层脱节,老师也无法做到有的放矢地教。

(四)学生容易投机取巧,出现抄袭作业现象

线下教学时,在计算机房上交作业会根据机器号生成相应的文件夹,不存在抄袭现象。但是在线教学期间,学生通过网络传递作业,部分学生就会投机取巧,抄袭他人作业,导致老师无法真正掌握学生的学习情况。

三、解决思路

(一)改变教师一言堂模式,进行在线课堂学习模式

钉钉平台除了最初的直播功能,后期又推出了在线教学功能,在实际的使用中,发现在线教学模式能尽可能地还原线下教学模式。在线课堂模式,老师和学生都可以开启摄像头和麦克风,师生面对面直接对话,可以举手发言,可以全员静音,可以在线讨论,让课堂回归真实。

在讲授"探秘电子邮件"时,教师使用了在线课堂模式。教师布置任务:发一封邮件,邮件内容是自我介绍,要求附上自己小时候的照片。同学们自己研究QQ邮箱的发件功能,动作快的会边做边说,给其他同学作参考。随后,教师展示收到的第一份邮件,让大家猜猜这个学生是谁,同学们你一言我一语,最后邀请主角视频出镜,讲述这张照片背后的故事。同时,为了巩固收发邮件的内容,老师邀请同学演示操作过程,看到同学的模样,听到熟悉的声音,整堂课同学们在轻松愉快的环境中完成学习。老师作为一个学习的引导者、参与者,学生成为课堂中真正的主体。

(二)教师录制微课,学生观看微课进行学习与巩固

利用互联网资源,教师制作微课,同样的教学内容,学生更喜欢观看视频的方式,不懂的地方反复看。[3]

在讲授演示文稿章节时,教师制作了"PPt排版技巧"微课,用案例讲解了排版中的布局之美——即距离之美、对齐之美、对称之美和留白之美,文字图形化处理的方法,图文排版之单图排版、双图排版、多图排版的方法。同学们可以根据微课上的方法修改自己的PPt页面,没掌握的也可以反复观看,理解体会后进行操作实践。

在讲授网络信息的互动交流章节时,教师制作了"认识 E-Mail"微课,通过微课学生了解电子邮件的收发过程,看似从发送到接收不到一秒的时间,其实要经过很多环节。让学生总结电子邮件和传统信件的优缺点。引导学生明白,电子邮件虽快捷方便,但无法取代传统信件的地位。书信是中国历来的传统文化,同学们应该静下心来给长辈、朋友、师长写写信,在课中融入了课程思政元素。

(三) 让学生成为主播,共享屏幕分享操作

在线课堂模式,教师可以设置学生为主讲,学生通过分享屏幕来展示当前操作情况,教师可把握学生的完成情况。另外,也可以让学生主讲操作难点等,让学生真正成为课堂的主体,给每一个学生展示自己的机会。

在制作"世界睡眠日"演示文稿时,八个学习小组代表进行了屏幕共享,首先展示了他们各自小组前期的设计作品。在老师提出问题并进行微课学习后,再通过屏幕分享来现场操作修改某一张页面,并讲述修改使用到的技巧。小组间相互学习,相互切磋,共同进步。学生成为主播,有的紧张,有的侃侃而谈,无论怎么样,都把课堂交给了学生。

图 1 学生共享屏幕操作界面

在学习因特网操作内容上,教师组织学生每个小组认领一个知识点,通过前期小组学习后派代表进行课上操作讲解。八个小组分别讲解设置主页、保存网页、保存图片、网页添加到收藏夹、设置历史记录天数、删除临时文件、网页文字大小、网页缩放的操作方法等。

(四) 小组作品 PK,激发学生学习兴趣

每次小组作品完成后,除了由组长屏幕分享展示外,还会上交钉钉指定

图 2　作品评价

文件夹，同学们可以下载完整版 PPt 更好地学习和给出评价。小组之间相互监督，有效避免 copy 事件的发生。

通过问卷星，每位学生评价当日其他同学的作品，给出客观的评价，如整体效果最佳、主页设计最佳、文字图形化最佳等作品，让每一组都有出彩的机会。

四、成效和展望

图 3　评价结果数据化呈现

（一）提升学生学习兴趣，同时提升信息技术能力，小组学习的模式增强了学生团结协作能力和集体荣誉感

使用钉钉平台在线课堂互动，拉近了老师和学生的距离，提高了学生在线课堂的学习热情，提升了学生自主学习能力。

线上教学不仅提高了学生的学习兴趣，同时也提升了学生信息获取、信息整理的能力，提升了制作演示文稿的水平。学生会更多地利用网络资源进行学习，在制作演示文稿时，力求做出有设计感的作品。

在线学习小组的成立，让学生不再孤单地学习，以小组学习的形式，成员通过小组群交流探讨，学习起来更轻松愉快。为了在作品 PK 赛中获胜，

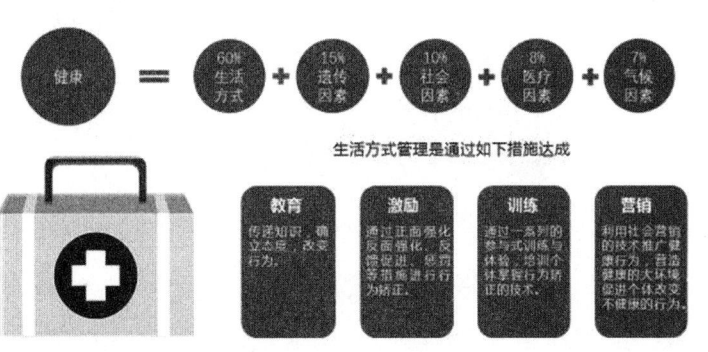

图4 作品前后对比

大家都竭尽全力,分工明确,团结协作,大大增加了同学们的集体荣誉感。

（二）提升教师的信息化教学能力,在线教学师生互动效果好,探索个性化教学模式

在线教学提升了教师的信息化教学能力,教师不光要熟悉直播设备、软件,还要制作各种微课、设计问卷等提升学生学习兴趣。

在线教学让老师看到了孩子的另一面,有些孩子在线下课中沉默不语,在线直播课中却侃侃而谈,积极和老师互动,课后,也会通过钉钉平台与老师私聊,距离产生美,师生关系比线下更友好,教学互动也更好。

在线教学更有利于教师开展分层教学,教师将任务设计成基本任务和拓展任务,能力强的小组在完成基本任务后,自行开展拓展任务,利用网络

资源开展自我学习。

（三）辐射和展望

教师通过线上实践，不断摸索行之有效的教学方法，通过钉钉平台的在线教学互动，激发学生学习兴趣。希望这种良好的教学方法，可以在校内外进行辐射和推广，帮助更多的教师提升在线教学的实用技巧，让更多的师生受益！

在今后的在线教学的过程中，教师还需在教学设计、教学能力上进一步努力，积极挖掘更多的小妙招，解决在线教学的学习问题，让在线教学真正发挥出它的优势。

参考文献

[1] 教育部等五部门关于大力加强中小学线上教育教学资源建设与应用的意见[J].中华人民共和国教育部公报,2021(05):51—55.

[2] 关于印发《上海市中等职业教育信息化建设行动计划(2019—2022)》的通知,http://edu.sh.gov.cn/xxgk2_zhzw_ghjh_01/20201015/v2-0015-gw_3022019003.html,2019-09-03.

[3] 赵洲.论微课在中职计算机教学中的应用[J].科幻画报,2022(05):267—269.

中职幼儿保育专业教玩具制作课程的实践研究

幼儿保育组　张奕玫

[摘　要]近年来,培养学生综合能力逐渐成为中职院校新的教育重心。传统的教学法渐渐无法满足学生专业能力发展的需要,各种新式的教学法层出不穷。项目教学法已经在中职院校的各个专业被广泛应用,但在幼儿保育专业应用很少。依据项目教学法开展的课堂中,学生通过一段时间对真实的、复杂的问题进行探究,并从中获得知识和技能。其特点之一是学生需要应用知识,并能够对知识进行迁移。这样的项目式学习效果与"教玩具制作"的教学目标是不谋而合的,以项目教学法开展"教玩具制作"课程是可行的,也是有效的。

[关键词]项目教学法　中职幼儿保育　教玩具制作

一、中职幼儿保育专业教玩具制作课程开展现状

"教玩具制作"是一门中职幼儿保育专业综合能力类课程,课程的主要目的是使学生掌握幼儿园教玩具制作所必需的教育学与美学的基本理论知识和基本技能,获得初步的幼儿园教玩具制作能力,为中职毕业生未来的实际岗位工作做准备。该课程理论与实践并重,具有其独特性。传统教学法重理论而轻实践,往往基于理论,罗列各类教玩具的图片,过于"纸上谈兵",实践课时较少,即使是实践操作,也仅仅是要求学生根据教材上的制作步骤图,依葫芦画瓢进行模仿,学生缺少独立、广泛的思考,以致理论和实际严重脱节,无法建构专业知识体系,从而无法将学到的理论知识应用到实际工作中去,做出来的教玩具不符合要求,缺乏教育价值,或是幼儿不喜欢玩。且传统教学评价方式还是以理论考试成绩为主要的评价依据,无法真正客观地评价学生制作教玩具的能力。

另外,有些"教玩具制作"教材的理论部分十分冗长,虽然理论是实践的基础,也很重要,但是过于繁重的理论学习会渐渐消磨中职学生对于该门课程的兴趣。由于教材无法紧跟社会变化实时更新,教学情景比较单一,其中

的案例和实景图片视频等往往容易过时,待学生踏上工作岗位发现在实际工作中类似的教玩具已经无人使用,濒临淘汰了。

由此可见,传统的教学模式并不是很适合"教玩具制作"这门课程,面对中职学生的身心发展特性,以及该课程的特点,使用合适的教学手段开展教学是极具意义的。

二、项目教学法在中职教玩具制作课程中的可行性分析

1. 项目教学法的理念和中职幼儿保育"教玩具制作"的课程目标是相符的。

依据项目教学法开展的课堂中,学生通过一段时间对真实的、复杂的问题进行探究,并从中获得知识和技能。其特点之一是学生需要应用知识,并能够对知识进行迁移。这样的项目式学习效果与"教玩具制作"的教学目标是不谋而合的。

中职幼儿保育"教玩具制作"课程的教学目标之一是学生能根据各年龄段幼儿的特点创设适宜的保教环境,并能合理利用各种材料设计制作教玩具。在托幼园所,各类教玩具是幼儿开展游戏的主要道具,是教育环境的一部分。幼儿教师根据每月主题、节庆活动、幼儿发展水平及兴趣等因素设计教玩具的用途和玩法,不断修正思路,改进作品,是一个将理论运用至实践,又从实践中感知理念的复杂过程。教玩具制作是一门以教具、玩具的创意设计为前提,以系统的规划和科学的论证为主题,以手工制作为主要呈现手段的课程,看似是一门注重动手实践的实操类课程,但其背后联系着儿童发展心理、幼儿卫生与保健、幼儿一日生活保育、基础美术等其他课程,非常考验一名合格的幼儿园保教人员所必需的综合素质。由此可见,项目教学法的理念和中职幼儿保育"教玩具制作"的课程目标是相符的,都要求学生能够将知识进行跨学科的迁移和应用,在真实的情境中解决问题。

2. 项目教学法受中职学生的青睐,能够实现有效的学习。

中职学生普遍学习能力较差,课堂专注力较低,部分学生厌学情绪重,传统的教师为主体的课堂教学模式对他们来说过于枯燥,难以实现有效的学习。项目教学法以学生为主体,摆脱了传统的学生坐在教室里听教师"一言堂"的局面,有效重塑师生关系,改善课堂氛围,点燃学生的学习热情,激发学生学习的积极性和独立性,在主动学习的过程中,构建课程知识体系,学生的学习能力、合作能力和解决问题的能力都能得到相应的提高。中职

学生学习的重心不仅限于文化课,专业技能的掌握也十分重要。项目教学法可以根据学生的兴趣和时下的教育趋势灵活选择合适的项目开展教学,大大提高了学生的参与度和主体性。

3. 应用项目教学法顺应了我国对中等职业教育的时代需求。

随着社会各界越来越重视幼儿保育工作者的水平资质,中职学生就业后的教学能力也引起了广泛的关注。大多数人对中职幼儿保育专业毕业的学生存有质疑,他们是否有能力胜任幼儿园保教人员这个重要的岗位?中职学生自身的学习能力不强,又怎么去引导和启蒙幼儿学习呢?在"教玩具制作"课程中应用项目教学法能够加强中职学生在校学习与幼儿园工作实际需要的联系,避免理论与实际脱节的情况。项目教学法涵盖了调研项目、搜集信息、制定计划、确定目标、实施计划、评价结果和修正计划等环节,学生参与项目的全部过程,而一个项目涉及的内容是多方面的、综合性的。所谓"纸上得来终觉浅,绝知此事要躬行",学生在真实的情境中开展项目,解决问题,尝试将理论应用到实践,同时在实践中验证理论,产生复利效应,学生的综合职业素养和综合职业能力可以得到一定的提升,在未来踏上工作岗位时,也能够更加顺利地适应实际工作情况,胜任工作岗位的需求。

综上所述,以项目教学法开展"教玩具制作"课程是十分必要且可行的。

三、教玩具制作项目教学方案设计与实施

在前期分析工作的基础上,编制项目教学方案,其中,健康领域板块下安排2个项目,分别针对动作发展和健康认知;语言领域板块下安排1个项目;社会领域板块下安排1个项目;科学领域板块下安排2个项目,分别针对科学和数学;艺术领域下安排2个项目,分别针对音乐和美术。项目教学为期一学期,按照学校的教学安排,一个项目对应四课时,分两周完成。

该项目教学方案的开展对象是本校幼儿保育专业二年级学生,在班主任的帮助下,综合考虑成绩优劣、能力强弱、性格差异、性别及班干部分配等因素,将37名学生分成6组,5组6人,1组7人,尽量满足同组异质、异组同质,这样的分配有利于实现同组之间互补互助、共同提高,异组之间能力均衡、公平竞争。该分组与幼儿园见习分组一致,所设计的教玩具年龄段也与见习所在年龄段一致,便于后期教玩具的投放和相关评价的收集。

课前,学生以小组为单位,根据教师下发的项目任务单,搜集资料,进行初步解读。

在第一课时，每个小组分享对项目的理解和困惑，教师进行集体答疑，并扼要介绍该次项目对应的课程领域目标、各年龄段幼儿的身心发展要点，学生对项目有了进一步理解之后，组长根据组员的意愿和能力情况进行分工，小组讨论、合作设计项目草稿，教师进行个别指导。

在第二、第三课时，学生在实训室完成教玩具的制作，教师巡回观察指导，观察学生是否正确选择和使用各类材料和工具，操作是否规范，是否主动解决产生的问题，是否虚心交流、积极沟通等，发现学生遇到的问题并进行记录。

作品完成后，于幼儿园半日见习活动时投放至每个小组见习所在班级，在不影响幼儿园师生正常教学活动的前提下，观察记录幼儿的操作使用情况，由带教老师进行点评。在下一次的见习活动中再次进行观察记录，并向带教老师收集在此期间幼儿操作教玩具的情况。

在第四课时，每个小组进行复盘分享，包括但不限于设计思路、组内分工合作情况、手工制作、材料与工具的选择、作品完成度、幼儿操作情况、带教老师点评、不足与可改进之处等。教师根据观察记录和各小组的复盘反思，总结本次项目的重难点，联系其他专业核心课程知识，为学生提供理论支持，帮助学生梳理专业知识体系。

在评价环节，除了教师评价，还有自我点评、小组互评，幼儿园带教老师以及观察幼儿实际操作情况等其他评价角度，更加多元、客观、公正。教玩具成品采用袁爱玲(2012)编制的幼儿园教玩具评价表，评价包括操作性、教育性、实用性、创新性、简易性、科学性和安全性六大方面。自我评价和组内评价涉及自主探索能力、社会实践能力、问题解决能力、合作交流能力、自律能力和责任承担能力等综合能力。

四、"教玩具制作"项目教学实践结论

1. 学生的设计制作能力更强，教玩具更优质。

根据综合评价结果，笔者发现项目教学模式下学生设计制作的教玩具实用，具有操作性。随着项目的开展，学生表示自己在设计制作教玩具的时候会运用其他专业知识，比如会根据班级幼儿年龄特点和发展水平，选择合适的材料，设计适宜的配色和尺寸，根据幼儿发展的个体差异设计不同层次的玩法等。在幼儿园见习活动中，学生通过观察教师和幼儿操作使用教玩具的情况，及时复盘，讨论教玩具的可改进之处，避免在下次设计制作过程

中犯同样的错误,比如小班幼儿的精细动作发展尚不完善,一些需要操作的教玩具部件,不能做得太小或太紧,否则幼儿不方便操作,渐渐也就对教玩具失去了兴趣。在一次次的项目中,学生不断优化作品的设计和制作,使教玩具具有实际的教育价值。在这样的良性循环下,学生的作品质量越来越高,基本能满足评价表中的各项指标。

2. 项目教学法有效激发学生的学习兴趣。

在学期末对该班学生进行问卷调查,发现学生对"教玩具制作"课程的学习兴趣较高,大部分学生表示这样的上课模式很有趣,自己在课堂中的参与度高了,愿意积极参加每一个项目。学生的兴趣不仅仅体现在课堂中,在课后,学生表示会继续讨论和项目相关的话题。通过后续访谈了解到,有学生表示希望这样的教学模式继续应用在其他科目上,改变传统的、单一的上课模式。通过投放教玩具到幼儿园这一环节,看到教师和幼儿操作自己制作的教玩具,大部分学生表示非常有成就感,即使刚开始的作品不是很好,但一次次从观察中反复改进,吸取经验,逐渐变得越来越自信,越来越积极,真正主动地在参与项目,而不是仅仅为了完成任务,获得学分。

3. 学生综合职业能力得到大幅度提升。

学生以小组为单位开展项目,经历了讨论、分工、合作、组间评价等环节,通过问卷调查结果,可以看出学生在自主探索能力、社会实践能力、问题解决能力、合作交流能力、自律能力、责任承担能力这些方面都得到了一定的提升。这些能力在传统课堂中并不被纳入评价范围内,往往不受到重视,但这些能力却是中职生毕业后在工作岗位上非常重要的关键能力,是每一个职场人职业发展的基石。

五、建议与展望

项目教学法颠覆了传统课堂中先集中讲授理论知识,再按步骤操作的模式,采用"理实一体化"的模式,将理论渗透在项目的每一个环节中,通过学生的亲身实践,主动建立理论与实践之间的联系。这是可行的,但还没有达到理想的教学成效。要收获更理想的教学成果,前提是教师必须对项目教学法有充分的理解,能够合理设计项目教学方案,选择合适的项目,把握自身角色,会观察学生,能够给予适宜且适量的支持,帮助学生梳理并搭建学科知识框架等。学生也需要提前适应项目教学法的步骤和节奏,明确自身的学习任务,才能尽快投入项目学习中去。另外,教学内容皆以项目为载体开展,知识点被打散,渗透在各个项目之中,对于学生来说,要系统地建构学科知识框架有一定的难度。而系统地传授知识是传统教学法的优点,如果能将传统教学法和项目教学法有机结合,就可以互相弥补短板,实现更有效的教学。

项目教学法在中职幼儿保育专业中的关注度还不够高,大多数中职教师仍倾向于使用传统教学法,通过重复练习保证学生的技能习得。社会大众也更多关注职校学生单项技能的掌握,而不是全方面的职业素养的培养。虽然学生可以通过不断地训练,考职业资格证书证明自己的技能能力,然而技能只是上岗的基石,综合职业素养才是职业道路上的"发展永动机"。从个体的长远发展角度来看,类似项目教学法的新型教学法有必要在中职院校广泛应用。

参考文献

[1] 徐国庆.职业教育项目课程开发指南[M].上海:华东师范大学出版社,2005.

[2] 任魏娟.职业教育项目教学法研究[D].华东师范大学,2011.

[3] 陈玉萍.学前教育专业"幼儿活动设计"项目教学方案开发研究[D].华东师范大学,2018.

[4] 陈颖颖.学前教育教玩具制作课程浅析[J].艺术科技(文艺教研),2019,32(15).

[5] 陈颖颖.基于超星学习通的"教玩具制作"教学实践初探[J].南国博览,2019(02):210—211.

[6] 顾灿.浅析幼教专业中玩具制作的课程教学[J].教师,2012(12):63—66.

[7] 孙坤琚,缪建国.手工玩具书总动员——幼教专业美工课综合制作的新形式[J].科技资讯,2010(26):189—189.

[8] 张秀芹.项目教学法在中职专业课教学中的应用及成效研究——以《液压与气压传动》为例[D].上海师范大学,2017.

项目教学法在中职"燃气工程施工"课程教学中的实践探索

燃气组　卫晶菁

[摘　要]引入项目教学法开展"燃气工程施工"课程的教学改革,通过项目设计和任务引领,促进教与学的优化,使教学更贴近生产,活动更贴近岗位,把灌输式教学转换成以学生为主体的自主、合作活动,通过学习方式的转变促进学生知识和技能的掌握和职业素养的形成。

[关键词]燃气工程施工　项目教学法　任务引领

一、项目教学法概述

项目教学法 16 世纪产生于欧洲建筑学校,到 20 世纪后期,逐渐走向成熟并应用到各专业领域。在职业教育上,德国部分职业学校首先把项目教学法引进课程教学并获得较好的效果。项目教学法在国内的研究和运用起步较晚,直到 20 世纪 80 年代,才逐步受到重视。

项目教学法以岗位工作内容为载体,在教师的组织带领下,学生通过模仿学习、合作学习、自主探究等途径,以完成一个项目为任务,开展教学活动。项目教学法是使职业学校学生接触社会、体验职业实际、发挥学习主体性和主动性、获得知识和技术、培养和发展解决实际问题的能力、形成职业能力的有效教学方法之一。

二、项目教学法在"燃气工程施工"课程中的实践意义

城市燃气智能输配与应用专业是我校援疆建设项目,旨在培养满足新疆地区燃气行业发展需求的高素养技能型人才。其中"燃气工程施工"课程是该专业核心课程,该课程以燃气行业为背景,以职业为导向,以企业岗位为要求,具有很

强的实践性和相对完整的系统性。针对新疆学生汉语能力相对薄弱、对理论教学缺乏兴趣、喜欢动手操作、对未来职业岗位充满好奇等特点,我们探索引入项目教学法开展课程教学的研究,实现以职业能力要求设定教学目标,以典型项目为载体开展教学内容,以学生为主体安排教学组织,以职业实践贯穿教学过程,立足学生学习特点,激发学生学习兴趣,培养学生学习自信心和自觉性,通过职业体验和训练,形成职业能力和职业素养,学生在专业知识与实践操作能力等方面达成教学目标。在"燃气工程施工"课程中开展项目教学法应用和实践具有重要意义。

三、项目教学法在"燃气工程施工"课程中的教学实践

中职"燃气工程施工"课程具有一定的知识性、技能性和技术性,其教学设计基于燃气行业的岗位要求,既要体现基础性,让学生能够适应基本的工作要求,同时要兼顾先进性,融入新技术、新工艺、新方法以满足行业发展要求。由于没有现成的合适教材,因此我们对照课程标准,将教学设计进行了重构。

(一)教学内容项目化

以燃气管路连接及其安装岗位工作为线索,从室外到室内,设计6个项目并覆盖课程主要教学内容,通过理实交替,把方案设计、情景模拟、校内实训等形式有机联系并开展教学活动,同时引入工学结合、校企合作等培养模式,突出实践,形成和提高学生职业操作能力。课程项目化方案如下图所示:

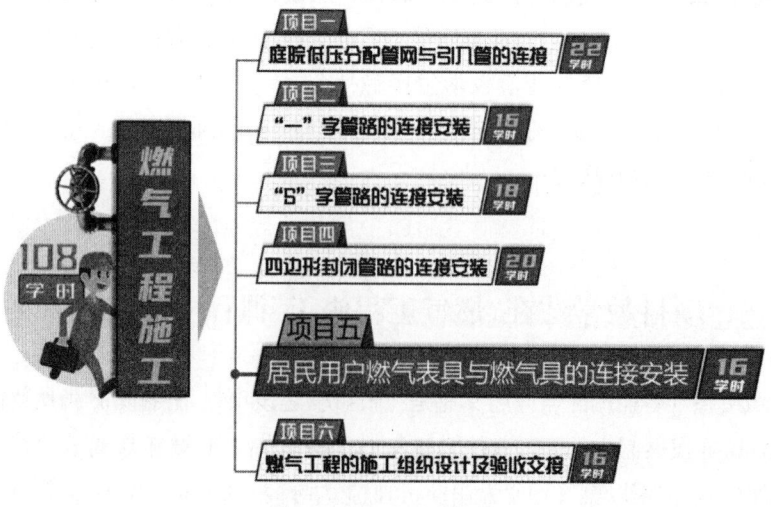

图1 课程项目化图解

（二）项目教学任务化

每个项目围绕若干工作任务，对知识和实践进行重构，将项目进行任务分解，并形成学习任务链，使专业知识直观化，技能操作具体化，学习结果可视化。以"项目五　居民用户燃气表与燃气具的管道连接安装"为例（见表1），将该项目内容分解成7个子任务，基于燃气管道安装工的岗位要求，围绕户外到室内任务，由易到难、由单项技能到综合训练的梯度安排，既符合学生的学习规律，也满足技能形成规律。详见下表所示：

表 1　项目五的任务明细表

工作项目	工作任务
项目五　居民用户燃气表与燃气具的管道连接安装	任务1：室外燃气管入户连接安装
	任务2：居民用户燃气表模拟安装
	任务3：居民用户燃气表安装
	任务4：基于镀锌钢管的民用灶具连接安装
	任务5：基于波纹管的民用灶具连接安装
	任务6：基于波纹钢管的多台套民用燃气具的混合连接安装
	任务7：居民用户入户燃气设施设备安装综合实训

（三）教学过程流程化

我们按照学生认知和技能形成规律，以工作任务链为主线，设计"六环节"教学活动。

1. 课题引入

借助多媒体，回顾上节课学习的知识点，模拟工作情景引入本次课题，形成学习链，激发学生学习兴趣。

2. 任务确定

（1）教师下发工作任务单，小组研究识读施工图纸，了解施工任务和明确工作要求，小组讨论确定施工所需的材料、机具及工具和注意事项。

（2）师生共同学习本次任务所需的新知识，了解技能要求和相关标准。

3. 示范演示

通过教师的操作演示，了解工作过程，强调注意事项，明确标准要求。在这个过程中，学生还可以通过观察学习，感受教师认真、严谨、细致的工作态度，内化规范意识。

4. 任务实施

在任务实施中，小组成员需进行角色更换并完成每人一次的安装任务，每次安装任务完成都有自评互评、教师点评和修正优化环节。最后一次安装任务完成需进行质量检查。通过学生实践、点评优化,再实操修正,提升学生实操技能。

5. 任务点评

在气密性检查期间,学生将自己的成果上传到学校信息化教学平台,小组间进行互评,教师打分,评选出本次施工过程的操作之星和最优小组,提升学生学习兴趣。同时,教师对施工过程中的典型问题进行点评。

6. 归纳小结

师生共同回顾和总结本节课教学内容,梳理重点,明晰知识结构体系,巩固所学,提升学习成效。最后布置作业及下节课的课前预习内容。

四、教学实践效果

通过项目化改造,我们形成了覆盖课程标准的项目系列,形成了"课程项目—项目任务—教学流程"课程设计和实施方法,取得了以下的成效。

(一)项目化改造,突出技能培养

通过课程项目化改造,形成以岗位活动为参照,实现以技能培养为主线,学生内容与工作活动有效对接,更有利于围绕职业技能培养学生。

(二)任务化设计,分解知识技能难度

围绕项目将学习任务进行分解形成任务链,通过设置教学活动的任务节点,实现有目标、有步骤、有递进的分段学习,学习环节清晰,教学重点突出,降低了知识和技能的学习难度,提高了学生的学习积极性和参与度。

(三)流程化教学,优化教学过程

"教学活动六环节"是基于学生认知和技能形成规律,以任务为主线,通过强化教学实施设计,优化教学活动,教学过程程式化,使得教学安排更加合理,活动更加稳定,操作技能更容易掌握。

(四)工作化情景,提高岗位对接度

教学项目和任务都是基于企业岗位工作内容,把岗位工作任务通过项目化和任务化转化为学习目标,提高了岗位的对接度,一方面工作情景激活了学生学习的主动性,一方面根据企业要求开展教学活动,提高了教学的针对性。

（五）自主化学习,提升学习积极性

教学实施环节设置任务书,在教师的引导下,通过学生自主学习、合作讨论,配合操作,自我评价与相互评价结合,从简单的灌输变成任务驱动下的教学活动,体验成果的喜悦,探究失败的原因,提高学生学习的主动性和积极性。

（六）理实一体,形成职业素养

在项目法实施中,我们注重理论联系实际,推行做学一体,通过"知识准备及知识运用",引导学生自主学习知识,与操作活动联系,把专业知识和职业技能、行业标准和工作评价有机结合,促进职业素养形成和提高。

五、反思小结

项目教学法在"燃气工程施工"课程中的实践成效显著,但是也面临诸多的困难,特别在专业建设、课程优化、师资条件、设备配套等方面。

（一）进一步加大专业建设力度

项目教学法是基于岗位工作要求和特点来设计和实施,依赖燃气专业整体的建设水平。需加大课程建设的力度,在设备投入、场地安排、师资配置等方面给予配套,为项目教学法落地创造良好条件。

（二）加大校企合作和校校合作

形成和提高学生专业技能培养,应当以行业标准为引导,以岗位要求为基础,对接行业需求,闭门造车往往不得要领,因此要加强校企合作,更广泛地把行业标准和企业要求融入课程教学,通过顶岗实习、跟岗实习等方式让项目教学更接地气,使课程教学更具活力;同时要加强校际沟通和协作,提高课程建设的整体实力。

（三）不断提高教师的课程执行力

落实教学"六环节"是实施项目化教学的重要前提,要做到活动有序、活而不乱、时间分配合理、任务完成可控、过程评价可测,前提是对任务安排、教学目标要胸有成竹,器材准备充分,掌控自如,教师需要不断提高自己的课堂掌控力及课程执行力。

(四)不断提高教师项目化设计能力

在"三教"改革大环境下,项目教学法在职业教育中的应用大受关注。项目教学法与课程内容的实践知识相结合,打破了传统的讲授教学模式,更注重学生活动,强调做学一体,教师不仅要紧跟行业发展、企业需求,同时要提升对项目化教学理论及实践的研究和运用能力,使项目化教学成为提升课程教学质量的重要法宝。

参考文献

[1] 陈旭辉,张荣胜.项目教学的项目开发、教学设计及应用[J].中国职业技术教育,2009(8):59—61.

[2] 聂世超.项目教学法在中职课程中的应用研究[D].山东师范大学,2021.

[3] 刘大宇.德国职业教育的教学方法[J].职业技术教育,1998(3):36—37.